西部地区新型城镇化研究

发展目标、动力机制与绩效评价

杨佩卿 著

Research on the New-style Urbanization
in Western China:
Development Target, Dynamic Mechanism
and Performance Evaluation

中国社会科学出版社

图书在版编目(CIP)数据

西部地区新型城镇化研究：发展目标、动力机制与绩效评价 / 杨佩卿著.
—北京：中国社会科学出版社，2020.8
ISBN 978-7-5203-7102-5

Ⅰ.①西… Ⅱ.①杨… Ⅲ.①城市化—发展—研究—西北地区—2012-2015②城市化—发展—研究—西南地区—2012-2015
Ⅳ.①F299.21

中国版本图书馆 CIP 数据核字(2020)第 164092 号

出 版 人	赵剑英
责任编辑	王 衡
责任校对	朱妍洁
责任印制	王 超

出　　版	中国社会科学出版社
社　　址	北京鼓楼西大街甲 158 号
邮　　编	100720
网　　址	http://www.csspw.cn
发 行 部	010-84083685
门 市 部	010-84029450
经　　销	新华书店及其他书店

印　　刷	北京明恒达印务有限公司
装　　订	廊坊市广阳区广增装订厂
版　　次	2020 年 8 月第 1 版
印　　次	2020 年 8 月第 1 次印刷

开　　本	710×1000　1/16
印　　张	21.75
插　　页	2
字　　数	313 千字
定　　价	119.00 元

凡购买中国社会科学出版社图书，如有质量问题请与本社营销中心联系调换
电话：010-84083683
版权所有　侵权必究

前　言

改革开放40年来，中国的城镇化高歌猛进，城镇化率持续飙升，从1978年的17.92%增长到2017年的58.52%，实现了世界上人口最多的发展中国家城镇化的快速稳步发展。然而，在城镇化发展整体辉煌成就的背后，困难问题也层出不穷，既往的城镇化道路已然难以继续，亟须调整发展模式，向新型城镇化转型。不唯如此，中国各区域城镇化发展情况差异较大，2017年，中、东部地区城镇化率已高达54.89%和66.99%，而西部地区仅为51.65%。西部地区不仅城镇化率滞后于中、东部地区，还存在一系列深层次问题，陷入了重物轻人，以及市场配置资源的能力始终不强、自我发展的能力始终较弱的困境，更为迫切地需要从传统城镇化向新型城镇化转型嬗变。同时，西部地区城镇化特殊的演进历程和复杂的发展现状，决定了其新型城镇化不可能照搬照抄其他区域的既有模式，而必须根据自身区情，探索一条适宜自身发展的新型城镇化道路。可见，西部地区是中国城镇化整体发展水平最低、推进难度最大的区域，其城镇化进程是否顺畅关乎国家整体城镇化、工业化，乃至现代化发展的速度与质量，这迫使我们不得不对西部地区城镇化发展道路进行反思和研究。鉴于此，本书从西部地区传统城镇化"自上而下"的发展模式中汲取经验教训，从实际出发，融入西部特色，坚持新型城镇化以人为本的根本命题，以创新、协调、绿色、开放、共享的新发展理念为引领，构建了西部地区新型城镇化发展的多维目标体系和均衡动力机制，并对西部11个省（自治区、直辖市）的新型城镇化发展绩效和动力机制进行了客观评价与测度，进一步地，研究了西部地区新型城镇化发展绩效与动力机制的相关性，促使西部地区新型城镇化在外生力量和内生力量的协调驱动下，利用数字经济新时代的大数据、云计算、互联网、人工智能等先进信息技术，兼顾"经济发展"和"人的全面发展"，实现西部地区新型城镇化的健康、顺利、可持续推进，从而日渐消除人民日益增长的美好生活需要和不平衡不充分的发展之间的矛盾。这不仅丰富了西部地区新型城镇化的理论研究，而且为西部地区新型城镇化的具体实践提供了现实依据，具有重要的理论价值和较强的现实意义。

  本书按照历史与逻辑相统一的顺序，沿着"文献梳理与评述—理论层面阐释—历史与现状分析—实证评价研究—政策建议"的思路展开。首先，在对城镇化发展目标、动力机制的一般理论进行阐释的基础上，剖析西部地区传统城镇化出现问题的根源，从而构建了涉及生活宜居化、要素市场化、产业集聚化、城市生态化、城乡一体化五个维度的西部地区新型城镇化多维目标体系，以及涵盖产业发展动力、市场环境动力、外向经济动力、政府行政动力四个方面的西部地区新型城镇化均衡动力机制，并对西部地区新型城镇化发展目标和动力机制之间的相关关系作了理论探析。其次，通过古代、近代、现代三个历史时期的回顾，从宏观上把握西部地区城镇化发展演变的总体脉络与总体特征，并分析了西部地区城镇化的发展现状，对其已取得成就和尚存在问题作了归纳概括。再次，在理论阐释的基础上，构建了西部地区新型城镇化发展绩效评价指标体系，以及西部地区新型城镇化动力机制测度指标体系，并运用2012—2015年的相关数据，对西部地区新型城镇化的发展绩效和动力机制进行了客观评价与测度，进一步地，研究了西部地区新型城镇化发展绩效与动力机制的相关性，并对东、西部地区的实证结果作了比较分析。最后，在理论阐释、历史与现状分析、实证研究的基础上，依托数字经济为新型城镇化发展带来的新机遇、新视角、新模式，立足西部特殊区情，提出了推进西部地区新型城镇化

前 言

高质量发展的政策建议。

本书的创新之处在于：第一，分析了西部地区传统城镇化陷入困境的根源。西部地区传统城镇化之所以陷入困境，固然是多方面因素叠加累积的结果，但究其主要原因，笔者认为，在于西部地区传统城镇化发展的缺陷，即"经济增长至上"的单一城镇化发展目标，以及以政府外生力量为主导的、过于行政化的、失衡的城镇化动力机制。第二，设计了西部地区新型城镇化发展的多维目标体系和均衡动力机制。本书秉承新型城镇化以人为本的核心思想，以创新、协调、绿色、开放、共享的新发展理念为引领，设计了由产业集聚化、城乡一体化、城市生态化、要素市场化、生活宜居化五个维度构成的西部地区新型城镇化多维目标体系；从产业发展动力、市场环境动力、外向经济动力、政府行政动力四个方面入手，构建了西部地区新型城镇化均衡动力机制；并对西部地区新型城镇化发展目标和动力机制之间的相关关系进行了理论剖析。从而试图以多维目标体系和均衡动力机制消除西部地区传统城镇化出现的种种弊端与问题，以期推动其新型城镇化的健康顺利发展。第三，构建了西部地区新型城镇化发展绩效评价指标体系及动力机制测度指标体系。本书在对西部地区新型城镇化发展目标和动力机制进行理论阐释的基础上，于实证层面构建了涉及生活宜居化、要素市场化、产业集聚化、城市生态化、城乡一体化五个维度的西部地区新型城镇化发展绩效评价指标体系，以及涵盖产业发展动力、市场环境动力、外向经济动力、政府行政动力四个方面的西部地区新型城镇化动力机制测度指标体系，进一步地，运用偏最小二乘回归分析的方法，探究了西部地区新型城镇化发展绩效与动力机制的相关性，实现了理论层面阐释与实证层面评价的逻辑统一。

目 录

第一章 导论 ……………………………………………… (1)
    一 研究背景与意义 ………………………………… (1)
    二 研究思路与方法 ………………………………… (4)
    三 研究内容与框架 ………………………………… (6)
    四 本书的创新点 …………………………………… (10)

第二章 国内外研究进展及述评 ……………………… (11)
    一 概念辨析与界定 ………………………………… (11)
    二 国内外研究动态及述评 ………………………… (16)

**第三章 西部地区新型城镇化发展目标与动力机制：
            理论分析** ……………………………………… (50)
    一 城镇化发展目标的一般理论 …………………… (50)
    二 城镇化动力机制的一般理论 …………………… (52)
    三 西部地区传统城镇化发展目标 ………………… (66)
    四 西部地区传统城镇化动力机制 ………………… (68)
    五 西部地区传统城镇化发展的困境及其根源 …… (73)
    六 西部地区新型城镇化发展目标 ………………… (78)
    七 西部地区新型城镇化动力机制 ………………… (94)
    八 西部地区新型城镇化发展目标与动力机制的
       相关关系 ………………………………………… (102)
    九 小结 ……………………………………………… (108)

第四章　西部地区城镇化的历史演进与特征分析 …………（110）
　　一　西部地区城镇化的历史回顾 ………………………（110）
　　二　西部地区城镇化的历史特征 ………………………（126）
　　三　小结 …………………………………………………（129）

第五章　西部地区城镇化的现状分析 ……………………（130）
　　一　西部地区城镇化发展的成效 ………………………（130）
　　二　西部地区城镇化发展的不足 ………………………（148）
　　三　小结 …………………………………………………（162）

第六章　西部地区新型城镇化发展绩效评价分析 ………（164）
　　一　新型城镇化发展绩效评价指标体系的构建 ………（164）
　　二　新型城镇化发展绩效评价方法的选择及数据处理 …（174）
　　三　西部地区新型城镇化发展绩效评价 ………………（177）
　　四　2012—2015 年西部地区新型城镇化发展绩效
　　　　评价排名变动情况分析 ……………………………（211）
　　五　小结 …………………………………………………（220）

第七章　西部地区新型城镇化动力机制测度分析 ………（222）
　　一　新型城镇化动力机制测度指标体系的构建 ………（222）
　　二　新型城镇化动力机制测度方法的选择及数据处理 …（228）
　　三　西部地区新型城镇化动力机制测度 ………………（230）
　　四　2012—2015 年西部地区新型城镇化动力机制测评
　　　　排名变动情况分析 …………………………………（253）
　　五　小结 …………………………………………………（262）

第八章　西部地区新型城镇化发展绩效与动力机制相关性的
　　　　　实证分析 ……………………………………………（263）
　　一　新型城镇化发展绩效与动力机制相关性的研究
　　　　方法及数据处理 ……………………………………（263）

二　西部地区新型城镇化发展绩效与动力机制的
　　　相关性 …………………………………………………（267）
　三　小结 ……………………………………………………（291）

第九章　推进西部地区新型城镇化高质量发展的政策建议 …………………………………………（293）
　一　推进西部地区新型城镇化高质量发展应坚持的
　　　原则 ……………………………………………………（293）
　二　推进西部地区新型城镇化高质量发展的主要对策……（298）

第十章　结论及有待进一步研究的问题 ………………（311）
　一　主要结论 ………………………………………………（311）
　二　有待进一步研究的问题 ………………………………（315）

参考文献 ………………………………………………………（317）

后　记 …………………………………………………………（334）

第一章　导论

一　研究背景与意义

（一）研究背景

前世界银行首席经济学家、诺贝尔经济学奖获得者约瑟夫·斯蒂格利茨（Joseph E. S.）曾断言："21世纪影响世界进程和改变世界面貌的有两件大事：一是美国高科技产业的发展，二是中国的城市化进程。"[①]的确，城镇化作为人类社会发展的重要阶段和客观趋势，是经济发展和社会进步的必然产物，是产业聚集、人口聚集，以及公共资源向城镇聚集的实践过程，深刻影响着人类经济社会的发展进程。作为中国区域经济和社会发展的强大引擎，城镇化是全面建成小康社会的关键环节，正在重塑和优化中国的发展路径。改革开放40年来，中国的城镇化高歌猛进，城镇化率持续飙升，从1978年的17.92%[②]上升到2017年的58.52%[③]，实现了世界上人口最多的发展中国家城镇化的快速稳步发展。然而，在城镇化发展整体辉煌成就的背后，困难问题也层出不穷，传统城镇化道路已然难以继续，亟须调整发展模式，向新型城镇化转型。印发于2014年3月的《国家新型城镇化规划（2014—2020年）》，对新型城镇化的指导思想、

[①] 中国指数研究院：《中国新型城镇化发展理论与实践》，经济管理出版社2014年版，第1页。
[②] 张二勋：《试论中国的城市化道路》，《地域研究与开发》2002年第1期。
[③] 中华人民共和国国家统计局：《中国统计年鉴（2018）》，中国统计出版社2018年版。

发展目标、实施重点、体制建设等做出明确、具体的部署，这显示了我国对具有中国特色的城镇化规律的深刻认识和全面把握，并意在变革传统城镇化的发展模式，标志着新型城镇化发展时期的到来。

中国各区域城镇化发展情况差异较大，西部地区最为落后。从城镇人口比重来看，2017年，中、东部地区城镇化率已高达54.89%和66.99%，而西部地区仅为51.65%[①]，明显滞后于中、东部地区；从城镇化发展质量来看，西部地区存在城镇化发展不均衡、城镇体系不健全、城镇承载能力低下、产业支撑能力不足、城乡居民生活水平不高、城乡差距显著、资源环境恶化等诸多深层次问题，陷入了重物轻人，以及市场配置资源的能力始终不强、自我发展的能力始终较弱的困境。西部地区城镇化进程阻力重重，更为迫切地需要从传统城镇化向新型城镇化转型嬗变。与此同时，西部地区城镇化特殊的演进历程和复杂的发展现状，决定了其新型城镇化不可能照搬照抄其他区域的既有模式，而必须根据自身区情，探索一条适宜自身发展的新型城镇化道路。可见，西部地区是中国城镇化整体发展水平最低、推进难度最大的区域，是国家城镇化实践的短板之一，其城镇化进程是否顺畅，关乎国家整体城镇化、工业化，乃至现代化事业发展的速度与质量。这就要求我们必须对西部地区城镇化给予高度关注，对其既往发展实践予以系统总结反思，汲取经验教训，从新型城镇化的新视角出发，融入西部特色，探索适合西部地区自身区情的新型城镇化发展模式，以推进西部地区新型城镇化在又好又快的科学轨道上持续健康前行。

本书正是基于此背景，在对西部地区传统城镇化"自上而下"的发展模式予以回顾分析的基础上，得出西部地区传统城镇化之所以陷入困境，难以为继，根本原因在于：城镇化发展目标单一，极度重视经济增长而忽视人的全面发展；城镇化动力机制失衡，政府外生动力强力主导而市场机制遭受抑制。可见，西部地区要实现新

---

① 中华人民共和国国家统计局：《中国统计年鉴（2018）》，中国统计出版社2018年版。

型城镇化，首要的任务是构建以人为本的多元新型城镇化发展目标，以及均衡新型城镇化动力机制。鉴于此，笔者坚持新型城镇化以人为本的根本命题，以新发展理念为统领，设计了由产业集聚化、城乡一体化、城市生态化、要素市场化、生活宜居化五个维度构成的西部地区新型城镇化多维目标体系；从产业发展动力、市场环境动力、外向经济动力、政府行政动力四个方面入手，构建了西部地区新型城镇化均衡动力机制。试图以多维目标和均衡动力消除西部地区传统城镇化出现的种种弊端与问题，促使西部地区新型城镇化在外生力量和内生力量的协调驱动下，利用数字经济新时代的大数据、云计算、互联网、人工智能等先进信息技术，兼顾"经济发展"和"人的全面发展"，实现西部地区新型城镇化的健康、顺利、可持续推进，从而日渐消除人民日益增长的美好生活需要和不平衡不充分的发展之间的矛盾。

（二）研究意义

1. 理论意义

近年来，学者从不同角度对新型城镇化这一广泛而深远的课题展开了分析，研究成果可谓汗牛充栋，但对于西部地区这一落后地域的新型城镇化的探讨还略显不足。本书基于政治经济学、区域经济学、发展经济学、城市经济学、空间经济学、生态经济学、制度经济学、经济地理学等相关理论，从城镇化发展出现的种种问题入手，立足西部特殊区情，在阐释了其传统城镇化陷入困境的根源在于发展目标单一和动力机制失衡的基础上，秉承新型城镇化以人为本的核心思想，坚持新发展理念，设计了包括产业集聚化、城乡一体化、城市生态化、要素市场化、生活宜居化五个维度的西部地区新型城镇化多维目标体系，以及涵盖产业发展动力、市场环境动力、外向经济动力、政府行政动力四个方面的西部地区新型城镇化均衡动力机制，并分析了西部地区新型城镇化目标体系和动力机制的相关关系。由此，本书从理论层面上对西部地区新型城镇化发展目标和动力机制进行了系统的剖析和解读，构建了西部地区新型城镇化的理论分析框架,丰富了西部地区新型城镇化的理论研究,具有一定的理论价值和指导意义。

2. 现实意义

中国要在21世纪中叶实现的现代化,必然是包括广大西部地区在内的全国范围的现代化。没有西部地区的现代化,也就没有全国的现代化,而西部地区实现现代化不可逾越的发展阶段就是城镇化。因此,我国要实现现代化的战略目标,就必须下大力重点扶持西部地区,切实推进西部地区新型城镇化高质量发展。本书通过对西部地区城镇化进行历史回顾和现状分析,较为详细地描述了其城镇化所取得的成就及存在的不足;构建了西部地区新型城镇化发展绩效评价指标体系和动力机制测度指标体系,并运用2012—2015年的相关数据,对西部11个省(自治区、直辖市)的新型城镇化发展绩效和动力机制进行了客观评价与测度,进一步地,研究了西部地区新型城镇化发展绩效与动力机制的相关性,并对东、西部地区新型城镇化的发展状况作了对比分析。这有利于全面理解西部地区新型城镇化进程中的优势与短板,为西部地区新型城镇化的具体实践提供了现实依据,对于制定推进西部地区新型城镇化持续稳步发展的政策举措,富有借鉴价值。这不仅对西部地区加快新型城镇化发展具有重要的实践意义,而且对中国跨世纪战略目标的实现具有较强的现实意义。

二 研究思路与方法

(一) 研究思路

遵循历史与逻辑相统一的科学原则,本书沿着"文献梳理与评述—理论层面阐释—历史与现状分析—实证评价研究—政策建议"的思路展开。

首先,西部地区新型城镇化的理论阐释。在对城镇化发展目标、动力机制的一般理论进行阐释的基础上,分析了西部地区传统城镇化发展目标与动力机制,并指出西部地区传统城镇化难以为继的根源在于:城镇化发展目标单一,城镇化动力机制失衡。由此,笔者坚持新型城镇化以人为本的根本要义，以新发展理念为指引，从理论层面构建了涉及生活宜居化、要素市场化、产业集聚化、城市生态化、城乡一体化五个维度的西部地区新型城镇化多维目标体系，以及涵盖产业发展动力、市场环境动力、外向经济动力、政府行政动力四个方面的西部地区新型城镇化均衡动力机制，并对西部地区新型城镇化发展目标和动力机制之间的相关关系作了理论剖析。

其次，西部地区城镇化的历史与现状分析。通过对古代、近代、现代三个时期的历史回顾，梳理了西部地区城镇化的发展轨迹，并得出西部地区城镇化具有政府行政力量主导的历史特征。进一步地，较为系统地描述了西部地区城镇化现状，概括了西部地区城镇化的主要成就及其问题不足。

再次，西部地区新型城镇化的实证研究。在理论阐释的基础上，构建了涉及生活宜居化、要素市场化、产业集聚化、城市生态化、城乡一体化五个维度的西部地区新型城镇化发展绩效评价指标体系，以及涵盖产业发展动力、市场环境动力、外向经济动力、政府行政动力四个方面的西部地区新型城镇化动力机制测度指标体系，并运用2012—2015年的相关数据，对西部地区新型城镇化的发展绩效和动力机制进行了客观评价与测度，进一步地，研究了西部地区新型城镇化发展绩效与动力机制的相关性，并对东、西部地区的实证结果作了比较分析。

最后，推进西部地区新型城镇化高质量发展的政策建议。在理论阐释、历史与现状分析、实证研究的基础上，依托数字经济为新型城镇化发展带来的新机遇、新视角、新模式，立足西部特殊区情，提出了推进西部地区新型城镇化高质量发展的政策建议。

（二）研究方法

1. 历史分析方法

本书运用历史分析方法，通过对古代、近代、现代三个历史时期的回顾，厘清了西部地区城镇化的发展轨迹，对其已取得的成绩与存在的问题进行了全面的分析与论述，并总结出西部地区城镇化的历史特征，旨在揭示西部地区城镇化发展的规律与趋势。

2. 比较分析方法

西部地区在地域上与中、东部对应，研究西部地区新型城镇化必定离不开与全国及中、东部的对比。本书运用比较分析方法，一方面进行纵向比较，通过对比西部地区不同时期城镇化的发展状况，探究其发展特征与规律；另一方面进行横向比较，通过对比东、中、西部地区及全国的城镇化进程，以便较为清晰地分析西部地区的优劣势，进而立足西部特殊区情，提出适合西部地区新型城镇化高质量发展的政策建议。

3. 定性分析与定量分析

本书将定性分析与定量分析相结合，以求达到对西部地区新型城镇化的全面、深入研究。在对西部地区新型城镇化发展目标和动力机制进行阐释时，主要运用定性分析的方法；在对西部地区新型城镇化发展绩效和动力机制进行评价与测度时，主要运用定量分析的方法；在对西部地区城镇化历史和现状进行分析时，则运用定性与定量相结合的方法。

4. 规范分析与实证分析

本书将规范分析与实证分析相结合，以期实现理论层面阐释与实证层面评价的逻辑一致。从理论上构建了多维的西部地区新型城镇化目标体系，以及多方面的西部地区新型城镇化动力机制，并对西部地区新型城镇化发展目标和动力机制的相关关系作了理论剖析；从实证上对西部地区新型城镇化发展绩效和动力机制进行了评价与测度，并研究了西部地区新型城镇化发展绩效与动力机制之间存在的实践关系，以此明确了西部地区新型城镇化的优势和短板，为其下一步的发展提供了理论与实践依据。

三 研究内容与框架

（一）研究内容

本书在对城镇化发展目标、动力机制的一般理论进行爬梳归纳的基础上，阐释了西部地区传统城镇化之所以难以为继，根本原因在于其存在发展目标单一和动力机制失衡的缺陷，由此，本书从理论层面构建了西部地区新型城镇化发展的多维目标体系和均衡动力机制，并对西部地区新型城镇化发展目标和动力机制之间的相关关系作了剖析；接下来，全面、系统地描述了西部地区城镇化的历史与现状；进一步地，对西部地区新型城镇化发展绩效和动力机制进行了客观评价与测度，探究了西部地区新型城镇化发展绩效与动力机制的相关性，并将东、西部地区的实证结果作了比较分析；进而提出推进西部地区新型城镇化高质量发展的政策建议。具体章节安排如下：

第一章，导论。阐明本书的研究背景与意义、思路与方法、内容与框架，以及创新之处。

第二章，国内外研究进展及述评。首先对研究所涉及的概念作了辨析与界定，其次梳理总结了国内外学术界关于城镇化这一课题的研究动态，并进行了简要评述，为后续章节的研究奠定了基础。

第三章，西部地区新型城镇化发展目标与动力机制：理论分析。在对城镇化发展目标、动力机制的一般理论进行阐释的基础上，分析了西部地区传统城镇化发展目标与动力机制，并指出西部地区传统城镇化陷入困境的根源在于：发展目标单一，动力机制失衡。鉴于此，本章秉承新型城镇化以人为本的核心思想，以新发展理念为引领，从理论层面设计了西部地区新型城镇化多维目标体系，以及西部地区新型城镇化均衡动力机制，进一步地，对西部地区新型城镇化发展目标和动力机制之间的相关关系进行了理论分析，为后续章节的实证研究作了理论铺垫。

第四章，西部地区城镇化的历史演进与特征分析。通过对古代、近代、现代三个历史时期的回顾，从宏观上系统梳理了西部地区城镇化的发展脉络，并总结了西部地区城镇化的历史特征。

第五章，西部地区城镇化的现状分析。对西部地区城镇化发展已取得的成就及尚存在的不足进行了概括总结，为西部地区新型城镇化的推进提供了现实依据。

第六章，西部地区新型城镇化发展绩效评价分析。在前文对西部地区新型城镇化发展目标进行理论阐释的基础上，本章从实证层面构建了涉及生活宜居化、要素市场化、产业集聚化、城市生态化、城乡一体化五个维度的西部地区新型城镇化发展绩效评价指标体系，并基于2012—2015年的相关数据，运用主成分分析法和聚类分析法，对西部11个省（自治区、直辖市）的新型城镇化发展绩效进行了总体和分维度评价，并将东、西部地区新型城镇化的绩效评价结果作了对比分析，为推进西部地区新型城镇化高质量发展提供了现实依据。

第七章，西部地区新型城镇化动力机制测度分析。在前文对西部地区新型城镇化动力机制进行理论分析的基础上，本章从实证层面设计了涵盖产业发展动力、市场环境动力、外向经济动力、政府行政动力四个方面的西部地区新型城镇化动力机制测度指标体系，并利用2012—2015年的相关数据，采用熵值法和聚类分析法，对西部11个省（自治区、直辖市）的新型城镇化动力机制进行了总体和分方面测度，并将东、西部地区新型城镇化的动力机制测度结果作了对比分析，为推进西部地区新型城镇化高质量发展提供了现实依据。

第八章，西部地区新型城镇化发展绩效与动力机制相关性的实证分析。在前文对西部地区新型城镇化发展目标与动力机制之间的相关关系进行理论剖析的基础上，本章以新型城镇化发展绩效为因变量，以新型城镇化动力机制为自变量，采用2012—2015年的相关数据，运用典型相关分析和偏最小二乘回归分析的方法，对西部地区新型城镇化发展绩效和动力机制的相关性进行了实证研究，并将东、西部地区新型城镇化的回归结果作了对比分析，为推进西部地区新型城镇化高质量发展提供了现实依据。

第九章，推进西部地区新型城镇化高质量发展的政策建议。在前文理论阐释、历史与现状分析、实证研究的基础上，本章立足西部特殊区情，并将大数据、云计算、互联网、人工智能等先进信息技术扩充到新型城镇化的发展框架之中，提出了推进西部地区新型城镇化高质量发展应坚持的原则与对策建议。

第十章，结论及有待进一步研究的问题。对本书的研究作了概括总结，并指出专著存在的罅漏与局限，进而提出西部地区新型城镇化下一步的研究方向。

（二）本书框架

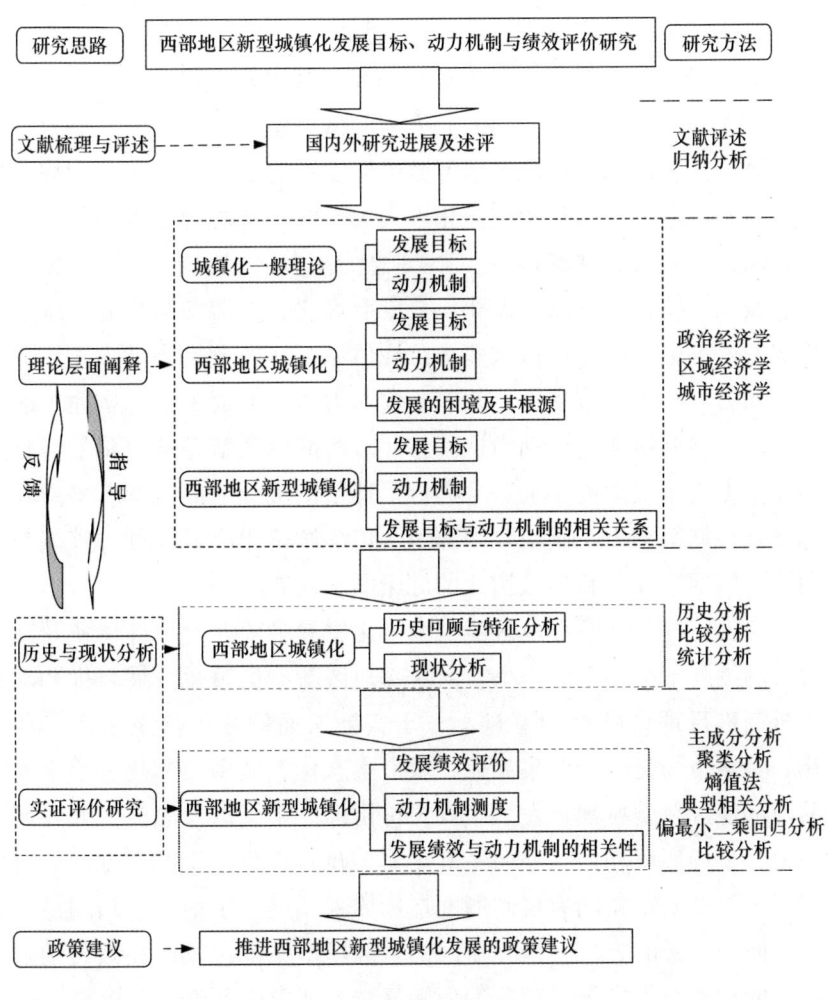

图1 本书框架

四　本书的创新点

本书立足于前人的研究成果，对西部地区新型城镇化进行了较为深入的研究与探讨，可能得出的创新之处如下所示。

第一，分析了西部地区传统城镇化陷入困境的根源。西部地区传统城镇化之所以陷入困境，固然是多方面因素叠加累积的结果，但究其主要原因，笔者认为，在于西部地区传统城镇化发展的缺陷，即"经济增长至上"的单一城镇化发展目标，以及以政府外生力量为主导的、过于行政化的、失衡的城镇化动力机制。

第二，设计了西部地区新型城镇化发展的多维目标体系和均衡动力机制。本书秉承新型城镇化以人为本的核心思想，以创新、协调、绿色、开放、共享的新发展理念为引领，设计了由产业集聚化、城乡一体化、城市生态化、要素市场化、生活宜居化五个维度构成的西部地区新型城镇化多维目标体系；从产业发展动力、市场环境动力、外向经济动力、政府行政动力四个方面入手，构建了西部地区新型城镇化均衡动力机制；并对西部地区新型城镇化发展目标和动力机制之间的相关关系进行了理论剖析。从而试图以多维目标体系和均衡动力机制消除西部地区传统城镇化出现的种种弊端与问题，以期推动其新型城镇化的健康顺利发展。

第三，构建了西部地区新型城镇化发展绩效评价指标体系及动力机制测度指标体系。本书在对西部地区新型城镇化发展目标和动力机制进行理论阐释的基础上，于实证层面构建了涉及生活宜居化、要素市场化、产业集聚化、城市生态化、城乡一体化五个维度的西部地区新型城镇化发展绩效评价指标体系，以及涵盖产业发展动力、市场环境动力、外向经济动力、政府行政动力四个方面的西部地区新型城镇化动力机制测度指标体系，进一步地，运用偏最小二乘回归分析的方法，探究了西部地区新型城镇化发展绩效与动力机制的相关性，实现了理论层面阐释与实证层面评价的逻辑统一。

第二章 国内外研究进展及述评

一 概念辨析与界定

(一) 城市化与城镇化

"城市化"和"城镇化"均来自西班牙工程师 A. Serda 于 1867 年首次在其著作 *The Basic Theory of Urbanization* 中提出的"Urbanization"一词,词头"urban-"包含"城市"(city)和"城镇"(town),意为"都市的""市镇的",词尾"-ization"表示行为的过程,意为"化"。

马克思指出,"现代的历史是乡村城市化,而不像在古代,是城市乡村化"[①],明确了农村向城市转化的时序。美国出版的《城市世界》一书将 Urbanization 界定为了一个过程,包括两个方面的变化,"一是人口从乡村向城市运动,并在城市中从事非农工作;二是生活方式由乡村型向城市型转变,涉及态度、行为和价值观等方面。第一方面强调人口的密度和经济职能,第二方面则强调社会、心理和行为因素"[②]。由于在西方发达国家中,Urbanization 这两方面的变化是互动的,工业化与 Urbanization 是同步推进的,城市与城镇是并行发展的,又因为国外许多国家城镇的人口规模比较小,有的甚至没有"镇"的建制,当人口达到一定

[①] 中共中央马克思恩格斯列宁斯大林著作编译局编译:《马克思恩格斯全集》(第 30 卷),人民出版社 1995 年版,第 474 页。

[②] 陈甬军:《中国城市化发展实践的若干理论和政策问题》,《经济学动态》2010 年第 1 期。

规模时就直接升级为"城市"。在这种情况下，Urbanization 往往仅指人口向"城市"（city）迁移，所以，国外学界通常将 Urbanization 译为"城市化"。

20世纪70年代末，地理学家吴友仁将 Urbanization 引入中国，并译为"城市化""都市化""城镇化"。由于中国长期存在着城乡二元结构，以及人口统计所显示的复杂性（一般而言，在中国的人口统计中，统计城市人口不包括城镇，而统计城镇人口包括城市），再加上中国特殊的历史发展背景决定了政府设有"镇"的建制，其人口规模相当于国外的小城市，人口在向"城市"（city）集聚的同时，也不断地向"城镇"（town）转移，这导致国内学者在探讨 Urbanization 的内涵时，对"城市化"和"城镇化"概念的理解产生了分歧。

第一种观点认为 Urbanization 应译为"城市化"。宋俊岭指出，Urbanization 词头"urban-"作为形容词，意为"城市性"，而小城镇作为城市的初级形态，并不具备真正意义上的"城市性"，故"城市化"的表达更为合适[1]。"城市化"的概念得到了不同学科不同视角的诠释：一是从物质要素转化的视角来定义城市化。人口学认为，城市化是农村人口不断向城市涌入的过程，是城市人口比重不断增加的过程；经济学认为，城市化是生产要素向城市集中的过程，是农业资源、农业产业的非农化过程，是经济活动由乡村型向城市型的过度。二是从精神要素转化的视角来定义城市化。社会学认为，城市化是人类生产生活方式、价值观念、宗教信仰等的社会演化过程，是个人、群体和社会之间相互依赖性不断加强的过程，是传统性逐步减弱、现代性逐渐强化的过程[2]。尽管不同学科对城市化的理解存在差异，但较为一致的看法为：城市化是指随着社会生产力的发展和变革，人类生产方式、生活方式由传统的乡村型向现代的城市型转化的趋势和过程，体现为城市数量的增多、城市规

---

[1] 宋俊岭：《中国城镇化知识15讲》，中国城市出版社2001年版，第35—36页。
[2] 张沛：《中国城镇化的理论与实践——西部地区发展研究与探索》，东南大学出版社2009年版，第2—3页。

模的扩大，非农产业和非农人口的持续集聚，以及城市功能、城市环境的不断提高和改善①。

第二种观点认为 Urbanization 应译为"城镇化"。成德宁指出，Urbanization 词头"urban-"同时涉及"城市"（city）和"城镇"（town）两层含义，其中城市又包括一般城市（city）和大都市（metropolis），故而 Urbanization 不能简单地译为"城市化"。此外，由于中国是一个人口大国，城镇的规模一般比较大，差不多相当于甚至大于国外小城市的建制，因此，Urbanization 在我国不仅表现为人口向城市（city）的集聚，还体现为向城镇（town）的转移，所以，将 Urbanization 表述为"城市化"或"都市化"都不确切，都不能涵盖我国人口同时向城市和城镇"转移、集中和聚集"的全过程，而"城镇化"一词则较为妥当，更加符合我国的实际情况②。关于"城镇化"的定义，学界众说纷纭，至今尚无统一的界定。李克强指出，城镇化并不是单纯的人口比例增加和城市面积扩张，而是要在产业结构、就业方式、人居环境、社会保障等层面实现一系列由"乡"到"城"的重要转变，这是一个极其复杂的系统化工程③。黄学贤强调，城镇化是一个双向运动过程，其不仅涵盖农村人口、社会经济关系，以及农村生活方式、思维方式、价值观念向城镇的集聚，还涉及城镇社会经济关系，以及城镇生活方式、思维方式、价值观念向农村的扩散④。张彧泽、胡日东的观点是，城镇化是一个国家或地区由传统的、生产力低下的乡村，转化为现代的、生产力高度发达的城镇的过程，同时伴随农村人口较多、居住分散的社会，转变为城镇人口较多、居住集中的社会

---

① 王家庭、贾晨蕊：《我国城市化与区域经济增长差异的空间计量研究》，《经济科学》2009 年第 3 期。

② 成德宁：《城市化与经济发展——理论、模式与政策》，科学出版社 2004 年版。

③ 李克强：《认真学习深刻领会全面贯彻党的十八大精神促进经济持续健康发展和社会全面进步》，http://gbzl.people.com.cn，2012 年 11 月 21 日。

④ 黄学贤：《中国农村城镇化进程中的依法规划问题研究》，中国政法大学出版社 2012 年版。

的过程，这是一个国家或地区从传统的农业社会过渡到先进的现代化工业社会的必经之路[①]。一般意义上讲，关于城镇化较为权威的定义是《国家新型城镇化规划（2014—2020年）》中的表述："城镇化是伴随工业化的发展，非农产业在城镇集聚、农村人口向城镇集中的自然历史过程，是人类社会发展的客观趋势，是国家现代化的重要标志。"[②]

第三种观点认为 Urbanization 既可译为"城市化""都市化"，也可译为"城镇化"，不必强调必取其一。简新华、黄锟认为，就 Urbanization 的内涵而言，"城市化"与"城镇化"并没有本质区别，二者基本一致，都是指第二、第三产业陆续向城市集聚，农村人口不断向非农产业和城市转移，从而使城市数量增多、规模扩大，同时城市生产生活方式向农村扩散传播，城市物质文明、精神文明向农村推广普及的经济社会发展过程[③]。《中华人民共和国国家标准城市规划基本术语标准》一书中对 Urbanization 的官方界定为："城镇化是人类生产与生活方式由农村型向城市型转化的历史过程，主要表现为农村人口转化为城市人口，以及城市不断发展完善的过程。又称城市化、都市化。"[④] 从官方文献看，城市化与城镇化是同一个概念。

根据文献，中国自"十五"规划正式提出以"城镇化"替代"城市化"之后，"城镇化"的说法比较流行，这主要是出于我国特殊的国情考虑。作为一个农业大国，中国的剩余劳动力十分富余，城镇人口的规模相当庞大，有的甚至并不亚于许多国家的中小

---

① 张彧泽、胡日东：《我国城镇化对经济增长传导效应研究——基于状态空间模型》，《宏观经济研究》2014年第5期。

② 中共中央、国务院：《国家新型城镇化规划（2014—2020年）》，http://www.gov.cn，2014年3月16日。

③ 简新华、黄锟：《中国城镇化水平和速度的实证分析与前景预测》，《经济研究》2010年第3期。

④ 朱巧玲、龙靓、甘丹丽：《基于人的发展视角的新型城市化探讨》，《宏观经济研究》2015年第4期。

城市，所以，笔者认为，使用"城镇化"更具有针对性，更能准确反映中国人口同时向"城市"（city）和"城镇"（town）转移、集中和聚集的客观过程和现象，更符合中国实际情况，更能体现"中国特色城市化"的特点。鉴于此，本书涉及世界城市化问题、进行国际比较，以及原作者的说法时，使用"城市化"一词，而在论述中国问题时，则统一使用"城镇化"的概念。

（二）新型城镇化

"新型城镇化"，笔者认为，是以人为本，以科学发展观为指导，体现新型工业化、信息化、新型城镇化、农业现代化"四化协调"，以及经济建设、政治建设、文化建设、社会建设、生态文明建设"五位一体"的具有中国特色的现代城镇化。具体地，新型城镇化是以人的城镇化为核心，实现农业转移人口市民化的城镇化；是以城市群为主体形态，推动大中小城市、小城镇、新型农村社区协调发展的城镇化；是以综合承载能力为支撑，提升城市可持续发展水平的城镇化；是以体制机制创新为保障，通过改革释放城镇化发展潜力的城镇化。

新型城镇化已成为实现中国梦的一个注解，新型城镇化的"新"，在于其不再片面强调人口城镇化率或非农业人口比例的上升，不再单一追求城镇数量增加和空间规模扩张，而是更加注重集约高效、社会和谐、政治稳定、环境友好、城乡一体等方面的内容，更加注重人的全面发展。

（三）新型城镇化动力机制

动力，原意是机械做功的各种作用力，比喻对工作、事业等前进和发展起促进作用的力量。城镇化动力，即是对城镇化产生、发展起推进和拉动作用，促使各种要素向城镇集中的力量。城镇化动力机制，是指促进这些力量生成与强化，并使之在城镇化过程中持续、有序发挥作用的方式，是以既定资源为约束，以资源配置方式为条件，以各种制度为保障的综合系统①。新型城镇化动力机制，则更多体现"新型"，笔者认为，是以科学发展观为指导，体现"四化协调"和"五位一体"的、推动新型城镇化发展的内在工作方式与作用机理，是助推新型城镇化前进的各种力量之间相互作用、相互制约的结构关系和演化规律。

二　国内外研究动态及述评

（一）国外相关研究动态

1. 关于城镇化发展规律的研究

美国地理学家诺瑟姆（Northam R. M.）通过对1800年以来世界各国城市人口占总人口比重变化轨迹的研究，发现城市化进程并非始终呈直线上升趋势，而是具有明显的阶段性变化规律，全过程呈现一条稍被拉平的"S"形曲线，即著名的生长理论曲线——逻辑斯蒂曲线。根据该曲线的描述，城市化发展需要经过初期阶段（城市人口占总人口比重小于30%）、加速阶段（城市人口占总人口比重为30%—70%）、后期阶段（城市人口占总人口比重大于70%）三段历程（见图2）②。尽管逻辑斯蒂曲线所揭示的是城市化发展的非线性过程，但从城市化每一阶段的图形和相关数据来看，其仍表现出不断提升的线性变化特征。此外，美国著名城市学家约翰·弗里德曼（Friedmann J.）将城市化过程划分为城市化Ⅰ和城市化Ⅱ两个阶段，其中，城市化Ⅰ是指人口和非农业活动的地域集中，以及非城市景观向城市景观转化的地域推进，即物化的或实体化的过程，城市化Ⅱ则是指城市文化、生活方式和价值观在农村的地域扩散，即抽象的或精神上的过程③。

---

① 张沛：《中国城镇化的理论与实践——西部地区发展研究与探索》，东南大学出版社2009年版，第85页。
② Northam R. M., *Urban Geography*, New York: John Wiley & Sons, 1979.
③ 朱巧玲、龙靓、甘丹丽：《基于人的发展视角的新型城市化探讨》，《宏观经济研究》2015年第4期。

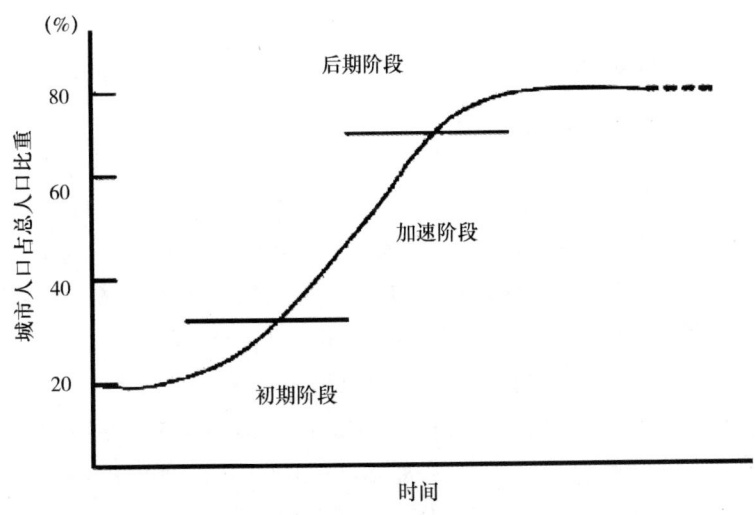

图 2　逻辑斯蒂曲线

2. 关于城镇化与区域发展关系的研究

（1）城镇化与经济发展关系的研究

Henderson 指出，城市化持久地、稳定地作用于经济增长，城市化演进与经济增长的关系呈螺旋上升之态，并计算得出世界各国城市化与人均 GDP 对数变量之间的相关系数高达 0.85，还提出保持城市化与经济增长之间正相关性的首要任务，是需为城市发展提供制度性和政策性的支持，此外，他亦从实证的角度，指出有些国家由于城市化发展速度过快，导致出现过度城市化现象，阻碍了经济的持续增长[1]。Fay 和 Opal 通过对非洲国家近 40 年数据的分析，认为尽管这些国家出现了快速城市化与灾难性经济负增长并存的"异象"，但这只能说明城市化演进与经济增长受到其他外生变量，如收入结构、政治稳定性、宗教冲突和城乡收入差距等的影响，而

---

[1] Henderson J. V., *How Urban Concentration Affects Economic Growth*, Washington, D. C.：World Bank Policy Research, 2000.

并不能推翻"经济增长甚至持续的增长总是伴随城市化演进"的结论[①]。Henderson 使用生产函数和不同国家不同时段的面板数据考察城市化与经济增长之间的关系,认为二者的关系是动态变化的,即在某些时期城市化与高经济增长并行,而在另一些时期城市化则可能面临低经济增长甚至经济负增长,同时指出,推动经济增长的并非城市化本身,而是城市化的结构[②]。Bertinelli 和 Black 认为城市化的动态收益取决于集聚效应与拥挤的不经济两方面的权衡:在经济发展初期,集聚效应大于拥挤的不经济;当经济发展到一定程度,拥挤的不经济将大于集聚效应[③]。Baldwin 和 Martin 以及 Baldwin 等均认为,城市的外部经济效应和集聚效应是推动城市发展和经济增长的因素,同时后者运用加拿大 1989—1999 年的地区面板数据将这一结论进行了实证检验[④]。Duranton 和 Puga 认为,城市化是人口和产业在地理空间上集聚的过程,其通过使投入品得到广泛的分享、生产要素得到较好的匹配、获得更多的学习机会三种微观机制,发挥出了城市化的集聚效应,提高了劳动生产率,从而使城市化带来的集聚效应成为经济增长的引擎[⑤]。Messina 采用面板数据对 27 个 OECD 国家 1970—1998 年的经济发展作了计量分析,结果显示,城市化率每提高 1 个百分点,服务业将增加就业 0.32%,城市

[①] Fay M., Opal C., *Urbanization Without Growth*: *A Not So Uncommon Phenomenon*, Washington, D.C.: World Bank Press, 2000.

[②] Henderson J. V., "The Urbanization Process and Economic Growth: The So-What Question", *Journal of Economic Growth*, 2003, V8 (1): 47 – 71.

[③] Bertinelli L., Black D., "Urbanization and Growth", *Journal of Urban Economics*, 2004, V56 (1): 80 – 96.

[④] Baldwin R. E., Martin P., "Agglomeration and Regional Growth", *Handbook of Regional and Urban Economics*, 2004 (4): 2671 – 2711; Baldwin J. R., Brown W. M., Rigby D. L., "Agglomeration Economies: Microdata Panel Estimates from Canadian Manufacturing", *Journal of Regional Science*, 2010, V50 (5): 915 – 934.

[⑤] Duranton G., Puga D., "Micro-Foundations of Urban Agglomeration Economies", *Handbook of Regional and Urban Economics*, 2004 (4): 2063 – 2117.; Duranton G., Puga D., "From Sectoral to Functional Urban Specialisation", *Journal of Urban Economics*, 2005, V57 (2): 343 – 370.

化的提高对服务业相对规模的扩大具有正向的作用[1]。Brülhart 和 Sbergami 认为城市化集聚对经济增长的正向作用具有一定的前提或界限，并指出人均收入的临界值约为1万美元，超过这一临界值，经济增长与城市化将不再保持同向变化[2]。Bai 等研究指出，城市化和经济增长之间的正相关关系在中国的部分区域有显著的溢出效应，城市化水平越高的地区，其经济越发达，能够较好地带动周围腹地的经济发展[3]。

（2）城镇化与生活水平关系的研究

一直以来，城市化与人们生活水平的改善是理论界研究的热点问题，学者的研究成果形成了两类截然相反的观点。一方面，一些学者认为，城市化可以消除贫困。Shahbaz 和 Amir 以及 Awan 等研究发现，城市化能有效降低贫困的发生，特别是农村贫困率随着城市化水平的上升而下降[4]。另一方面，也有学者指出，城市化进程导致人们的生活质量和福利水平不升反降。Ravallion 等指出，虽然城市化确实对消除总体的绝对贫困发挥了显著作用，但其对于"城市贫困"状况的改善却是杯水车薪，致使城市的贫困问题在近20年来并没有得到改观，这种情况在拉丁美洲、非洲、东亚等国家和地区更为糟糕[5]。

（3）城镇化与生态环境关系的研究

美国环境经济学家 Grossman 和 Krueger 提出了著名的环境库兹

---

[1] Messina J., "Institutions and Service Employment: A Panel Study for OECD Countries", *Labour*, 2005, V19 (2): 343 – 372.

[2] Brülhart M., Sbergami F., "Agglomeration and Growth: Cross-Country Evidence", *Journal of Urban Economics*, 2009, V65 (1): 48 – 63.

[3] Bai X., Chen J., Shi P., "Landscape Urbanization and Economic Growth in China: Positive Feedbacks and Sustainability Dilemmas", *Environmental Science and Technology*, 2012, V46 (1): 132 – 139.

[4] Shahbaz M., Amir N., "Urbanization and Poverty Reductio: A Case Study of Pakistan", *Journal of Infrastructure*, 2010, V8 (4): 23 – 37; Awan M. S., Malik N., Sarwar H., et al., "Impact of Education on Poverty Reduction", *International Journal of Academic Research*, 2011 (3): 660 – 666.

[5] Ravallion M., Chen S., Sangraula P., "New Evidence on the Urbanization of Global Poverty", *Population and Development Review*, 2007, V33 (4): 667 – 701.

涅茨曲线（EKC）假设，即随着城市经济水平的提高，城市生态环境质量呈倒"U"形演变的规律[1]。此外，已有学者发现，城市化带来的不仅是经济发展，还有环境的污染和生态的恶化。Duranton 和 Puga 认为，城市化一方面发挥了集聚效应，另一方面也导致了交通拥堵、环境污染等不良结果[2]。

（4）城镇化与区域发展其他方面问题的研究

国外学者从区域发展的其他方面对城市化问题进行了研究。在城市化发展的政策方面，Davis 和 Henderson 认为，政府的基础投资、贸易保护和价格控制等政策都会对城市化进程产生一定的影响，实践表明，一些曾经实行过计划经济的国家，如中国、波兰等，其所采取的户籍政策已经明显地影响到了各自的城市化水平[3]。在城市化发展的人力资本积累方面，Bertinelli 和 Zou 依据多国经验数据分析发现，城市化与人力资本之间呈"U"形变动关系，当城市化率不足40%时，城市化对人力资本的积累产生阻碍效果[4]。

3. 关于城镇化动力机制的研究

中国的城镇化，堪称是世界历史上最大规模的乡村—城市人口迁移工程，国外学者对其动力机制展开了广泛的研究。Seeborg 等对中国人口流动作了分析，认为农村地区大批剩余劳动力的释放、城市对劳动力需求的增加，以及城乡政策的改变、合同用工制度的形成、民营经济的发展，共同促进了中国农村人口向城市的转移[5]。Douglass 将城市发展的动力归因于经济发展，认为贸易自由化、生

---

[1] Grossman G., Krueger A., "Economic Growth and the Environment", *Quarterly Journal of Economics*, 1995, V110 (2): 353–377.

[2] Duranton G., Puga D., "Micro-Foundations of Urban Agglomeration Economies", *Handbook of Regional and Urban Economics*, 2004 (4): 2063–2117.

[3] Davis J. C., Henderson J. V., "Evidence on the Political Economy of the Urbanization Process", *Journal of Urban Economics*, 2003, V53 (1): 98–125.

[4] Bertinelli L., Zou B., "Does Urbanization Foster Human Capital Accumulation?", *The Journal of Developing Areas*, 2008, V41 (2): 171–184.

[5] Seeborg M. C., Jin Z., Zhu Y., "The New Rural-Urban Labor Mobility in China: Causes and Impliations", *Journal of Socio-Economics*, 2000, V29 (1): 39–56.

产和金融全球化正在成为亚太地区加速城市转变的基础①。Zhang 运用 1978—2000 年的时间序列数据，得出经济增长、产业结构调整、FDI 流入，以及城市政策变化是中国城市化主要推动力的结论，其中，FDI 流入是内陆与沿海之间城镇化率差异显著扩大的原因②。Zhang 和 Song 指出，中国城市化之所以会发生，根本动因是巨大的城乡收入差距③。Ma 则认为，户籍与土地制度才是中国城市化最根本、最核心的驱动力④。Henderson 和 Wang 使用 1996—2000 年世界 142 个国家的城市数据对城市发展的动力机制进行研究，发现科技进步与民主化程度对城市化发展有着直接的影响⑤。

4. 关于数字经济相关问题的研究

（1）数字经济对传统经济影响的研究

作为一种新型经济形态，数字经济在当前蓬勃发展，为全球经济增长和转型升级赋予了新动能，引起了学术界的广泛讨论。Serbu 从实证角度肯定了数字经济部门在欧盟经济复苏中承担的关键职能⑥。在贸易方面，Subirana 认为，通过互联网进行的无形商品和服务交易，能够消除分销商的中介角色，在生产者与消费者之间

---

① Douglass M.，"Mega-Urban Regions and World City Formation：Globalisation，The Economic Crisis and Urban Policy Issues in Pacific Asia"，*Urban Studies*，2000，V37（12）：2315 - 2335.

② Zhang K. H.，"What Explains China's Rising Urbanisation in the Reform Era？"，*Urban Studies*，2002，V39（12）：2301 - 2315.

③ Zhang K. H.，Song S.，"Rural-Urban Migration and Urbanization in China：Evidence from Time-Series and Cross-section Analyseses"，*China Economic Review*，2003，V14（4）：386 - 400.

④ Ma L. J. C.，"Urban Transformation in China，1949 - 2000：A Review and Research Agenda"，*Environment and Planning A*，2002，V34（9）：1545 - 1569.

⑤ Henderson J. V.，Wang H. G.，"Urbanization and City Growth：The Role of Institutions"，*Regional Science and Urban Economics*，2007，V37（3）：283 - 313.

⑥ Serbu R. S.，"An Interdisciplinary Approach to the Significance of Digital Economy for Competitiveness in Romanian Rural Area Through E-Agriculture"，*Procedia Economics and Finance*，2014，V16（16）：13 - 17.

建立直接联系,最终降低客户成本、增加生产者利润[1]。在金融方面,Bihari 以印度为研究对象得出结论,随着普惠金融与网络技术的发展,手机银行逐渐被人们接受,一定程度上满足了贫困人群对金融的需求[2]。在健康服务业方面,Kucher 等以及 Lee 等指出,信息技术与健康服务业的融合,能够使健康服务业的服务质量得以改善、生产效率得以提升、生产成本得以降低、生产能力得以增强[3]。

(2)数字经济对生活水平影响的研究

数字经济的发展深刻改变着人们的生产生活方式,对就业产生了复杂的影响。Katz 等采用 2014 年以前与 2015—2020 年的数据,实证分析德国宽带投资对经济与就业的影响效应,测算得出前一阶段已带来 30.4 万就业岗位,后一阶段将新增 23.7 万就业机会[4]。Elsby 和 Shapiro 指出,美国移动通信技术从 2G 到 3G 的技术升级和基础设施建设已为美国创造了 158.5 万工作岗位;4G 普及率每增长 10 个百分点,将提供 23.1 万就业机会[5]。Rausas 等研究认为,截至 2009 年,互联网经济致使法国减少了 50 万工作岗位,但同时新增了 240 万就业机会[6]。

---

[1] Subirana B., "Zero Entry Barriers in a Computationally Complex World: Transaction Streams and the Complexity of the Digital Trade of Intangible Goods", *Journal of End User Computing*, 2000, V12 (2): 43-55.

[2] Bihari S. C., "Financial Inclusion for Indian Scense", *SCMS Journal of Indian Management*, 2011, V8 (3): 5-16.

[3] Kucher N., Koo S., Quiroz R., et al., "Electronic Alerts to Prevent Venous Thromboembolism Among Hospitalized Patients", *New England Journal of Medicine*, 2005, V352 (10): 969-977; Lee J., McCullough J. S., Town R. J., "The Impact of Health Information Technology on Hospital Productivity", *The RAND Journal of Economics*, 2013, V44 (3): 545-568.

[4] Katz R. L., Vaterlaus S., Zenhäusern P., et al., "The Impact of Broadband on Jobs and the German Economy", *Intereconomics*, 2010, V45 (1): 26-34.

[5] Elsby M. W. L., Shapiro M. D., "Why Does Trend Growth Affect Equilibrium Employment? A New Explanation of An Old Puzzle", *American Economic Review*, 2012, V102 (4): 1378-1413.

[6] Rausas M. P., Manyika J., Hazan E., et al., "Internet Matters: The Net's Sweeping Impact on Growth, Jobs, and Prosperity", https://www.mckinsey.com/industries/high-tech/our-insights/internet-matters, 2011-07-14.

(3) 数字经济对区域发展其他方面影响的研究

在政府数字化转型方面，Luna-Reyes 和 Gil-Garcia 通过对政府组织数字化转型的研究，提出了组织数字化转型过程中信息技术、组织网络和制度安排的协同演进理论[①]。在企业数字化转型方面，Westerman 和 Bonnet 认为，传统行业大企业的明智之举是率先进行数字化战略转型而非观望跟随，企业将从数字化转型中获得最大的商业收益[②]。Hess 等指出，CIO 和企业其他高管面临着如何把握企业数字化转型机遇以及如何防控转型风险的问题，并基于德国三家传媒企业的成功转型经验，提出了数字化转型的 11 项战略问答，以期为企业高管实施数字化转型战略提供指南[③]。Chen 等以中国台湾纺织行业中小企业为案例研究对象，运用定性和定量分析方法，研究了数字化转型对中小企业组织绩效的影响[④]。

（二）国内相关研究动态
1. 关于城镇化水平测量的研究

目前，关于城镇化水平测量的研究已基本成熟，学者普遍运用的测量方法主要有单一指标法和复合指标法。单一指标法，又名主要指标法，是通过某一个最具本质意义、最具象征意义和最能反映问题的指标来定量描述某一区域的城镇化水平，常用的有人口比重指标法和城镇土地利用比重指标法。单一指标法简单明了地反映了城镇化的本质，虽然便于统计分析，具有很强的实用性，却难以包含城镇化的全部内涵，也无法传达城镇化的全面状况，且以这种方

[①] Luna-Reyes L. F., Gil-Garcia J. R., "DigitalGovernment Transformation and Internet Portals: The Co-Evolution of Technology, Organizations, and Institutions", *Government Information Quarterly*, 2014, V31 (4): 545-555.

[②] Westerman G., Bonnet D., "Revamping Your Business Through Digital Transformation", *MIT Sloan Management Review*, 2015, V56 (3): 10-13.

[③] Hess T., Matt C., Benlian A., et al., "Options for Formulating a Digital Transformation Strategy", *MIS Quarterly Executive*, 2016, V15 (2): 103-119.

[④] Chen Y. Y. K., Jaw Y. L., Wu B. L., "Effect of Digital Transformation on Organisational Performance of SMEs: Evidence from the Taiwanese Textile Industry's Web Portal", *Internet Research*, 2016, V26 (1): 186-212.

法得出的城镇化率随国家设市标准的不同而变化较大。

复合指标法,又名综合指标法、多项指标法,是通过建立起一套完整、科学的评价指标体系来反映某一区域的城镇化水平,常见的有调整系数法和指标体系法。复合指标法从多层面、多角度描述城镇化水平,强调全面达标,这虽然有助于对城镇经济社会发展状况的整体把握,但由于工作量巨大、资料搜集较难,许多指标无法量化,再加上各地具体情况差异等限制条件,导致这一测量方法实际操作比较困难。

2. 关于城镇化与区域发展关系的研究

(1) 城镇化与经济发展关系的研究

一些学者通过模型构建和指标选取,验证了城镇化与经济增长之间的内在规律。齐红倩等研究了中国城镇化发展对经济增长速度和质量影响的时变特征及规律,结果显示,城镇化发展对经济增长动态变化存在长期的正向促进作用,但2005年之后其促进效应逐渐减弱,特别在经济新常态期间出现了明显弱化[1]。靖学青基于1978—2011年中国中部地区的省级面板数据,实证分析了产业城镇化和人口城镇化对中部地区经济增长的影响及作用,得出结论,产业城镇化对中部地区经济增长具有显著的促进作用,而人口城镇化对其影响并不明显[2]。郑鑫使用一个包含人口城镇化和土地城镇化在内的、涉及多种城镇化变量的广义生产函数进行定量分析,发现近年来中国经济增长对土地城镇化的依赖性不断增强,而人口城镇化对经济增长的贡献率有所下降[3]。王家庭、贾晨蕊引入空间滞后回归模型分析得出,受到空间地理位置和城市聚集力的影响,我国城市化对区域经济增长的作用存在显著的空间差异,且城市人口

---

[1] 齐红倩、席旭文、高群媛:《中国城镇化发展水平测度及其经济增长效应的时变特征》,《经济学家》2015年第11期。

[2] 靖学青:《城镇化进程与中部地区经济增长——基于1978—2011年省级面板数据的实证分析》,《财贸研究》2014年第1期。

[3] 郑鑫:《城镇化对中国经济增长的贡献及其实现途径》,《中国农村经济》2014年第6期。

规模所产生的规模不经济，已经抑制了城市化对区域经济增长的贡献[①]。金荣学、解洪涛和曹裕等认为，只有在经济相对落后的区域，城市化对于经济增长的促进作用才显著体现[②]。而姚奕、郭军华和韩燕、聂华林却持截然相反的观点，他们指出，城市化对经济增长的推动作用在经济发达的地区效果更明显[③]。成德宁利用对数曲线模型拟合了世界银行公布的2002年76个经济体的城镇化率和人均GNP散点图，证明了二者之间存在着对数曲线关系，且相关系数为0.82[④]。张明斗以城市化水平和经济增长的内生性为链条进行研究，结果显示，中国城市化与经济增长呈倒"U"形发展，经济每增长1%，城市化率上升0.176%，预计2019年将达到城市化率为59.58%的拐点，此时经济增长水平最高[⑤]。

一些学者测算了城镇化水平对经济增长的贡献率，但由于假定条件、计量方法和数据来源的不同，所得出的结果相去甚远。段瑞君、安虎森通过格兰杰因果关系检验，得出城市化与经济增长之间的弹性关系：城镇人口增量变化1%，GDP增量变化11.56%—11.85%[⑥]。朱孔来等对中国2000—2009年的数据作了分析，发现城镇化率和人均GDP之间存在协整关系，且两者的弹性为7.1[⑦]。国务院发展研究中心和世界银行联合课题组根据中国目前农业与城

[①] 王家庭、贾晨蕊：《我国城市化与区域经济增长差异的空间计量研究》，《经济科学》2009年第3期。

[②] 金荣学、解洪涛：《中国城市化水平对省际经济增长差异的实证分析》，《管理世界》2010年第2期；曹裕、陈晓红、马跃如：《城市化、城乡收入差距与经济增长——基于我国省级面板数据的实证研究》，《统计研究》2010年第3期。

[③] 姚奕、郭军华：《我国城市化与经济增长的因果关系研究——基于1978—2007年东、中、西部、东北地区面板数据》，《人文地理》2010年第6期；韩燕、聂华林：《我国城市化水平与区域经济增长差异的实证研究》，《城市问题》2012年第4期。

[④] 成德宁：《城市化与经济发展——理论、模式与政策》，科学出版社2004年版，第79—130页。

[⑤] 张明斗：《城市化水平与经济增长的内生性研究》，《宏观经济研究》2013年第10期。

[⑥] 段瑞君、安虎森：《中国城市化和经济增长关系的计量分析》，《经济问题探索》2009年第3期。

[⑦] 朱孔来、李静静、乐菲菲：《中国城镇化进程与经济增长关系的实证研究》，《统计研究》2011年第9期。

市工业、服务业的生产率差距，得出每有1%的人口从农村迁移到城市，GDP便将提高1.2%的结论[①]。

还有一些学者从城镇化所产生的各种效应入手，研究城镇化与经济增长的关系。丁学东和王国刚指出，在当前有效需求，特别是消费需求不足的背景下，加快城镇化的推进有助于产业结构和消费结构的升级，有助于最大限度地释放投资和消费潜力，有助于促进国民经济的持续稳定增长[②]。朱昊、赖小琼从集聚和二元结构转变的综合视角研究发现，加入集聚因素的影响后，城市化对经济增长的促进作用更为显著[③]。中国经济增长与宏观稳定课题组分析得出，各国的城市化率随着人均GDP的增加而提高，同时城市化水平的提高可通过集聚效应对工业和服务业产生积极作用，但其所引起的成本上升却会对产业竞争力造成负面影响[④]。

邓祥征等和张自然等指出，世界主要国家的城镇化与工业化大致呈倒"U"形发展趋势：在城镇化发展进入稳定阶段之前，工业化处于发展的初始阶段，工业化率随城镇化率的提升而增加，二者正相关；当城镇化发展进入稳定阶段之后，工业化处于发展的中后期阶段，工业化率随城镇化率的提升而减少，二者负相关[⑤]。高志刚、华淑名阐释了新型工业化与新型城镇化耦合协调发展的内在机理，并通过构建评价指标体系得出二者存在长期协整关系，且弹性为0.9991[⑥]。赵红军等将交易效率引入工业化、城市化的一般均衡

[①] 国务院发展研究中心和世界银行联合课题组：《中国：推进高效、包容、可持续的城镇化》，《管理世界》2014年第4期。

[②] 丁学东：《关于扩大内需的几点思考》，《管理世界》2009年第12期；王国刚：《城镇化：中国经济发展方式转变的重心所在》，《经济研究》2010年第12期。

[③] 朱昊、赖小琼：《集聚视角下的中国城市化与区域经济增长》，《经济学动态》2013年第12期。

[④] 中国经济增长与宏观稳定课题组：《城市化、产业效率与经济增长》，《经济研究》2009年第10期。

[⑤] 邓祥征、钟海玥、白雪梅等：《中国西部城镇化可持续发展路径的探讨》，《中国人口·资源与环境》2013年第10期；张自然、张平、刘霞辉：《中国城市化模式、演进机制和可持续发展研究》，《经济学动态》2014年第2期。

[⑥] 高志刚、华淑名：《新型工业化与新型城镇化耦合协调发展的机理与测度分析——以新疆为例》，《中国科技论坛》2015年第9期。

模型，并根据来自中国1997—2002年的证据分析得出，工业化对城市化的贡献并不显著，而交易效率对城市化的贡献则十分明显，说明交易效率的改进为工业化、城市化提供了较好的支撑。因此，在市场经济环境下，一国交易效率的提高有助于其工业化、城市化和经济的健康发展[①]。

魏娟、李敏以江苏省为例的研究发现，产业结构高级化与城市化之间存在着长期稳定的动态均衡关系和单向因果关系，且相较于就业结构而言，产业结构高级化对城市化进程的促进作用更为显著[②]。具体地，学者对城镇化与三大产业之间的关系也做了大量研究。第一产业方面，谢杰认为，城镇化越过一定的门槛水平会出现农业生产效率跃升的现象，因此，城镇化率高的地区其农业生产效率也较高[③]。第二产业方面，胡尊国等首次构建了农业、可贸易、不可贸易及劳动力资源的四部门均衡模型，研究得出，只要初始可贸易就业人口比例较低，即使制造业和可贸易服务业的生产率无显著提高，短期内落后地区仍可能实现城镇化率的大幅度增加[④]。第三产业方面，郑吉昌、夏晴认为，服务业通过拉动非农就业的增长促进城市化率的上升，同时，城市化的加快也能推动服务业的扩张[⑤]。

关于城镇化与消费之间的关系，学术界并没有达成一致的意见，但大部分学者认为城镇化能够促进消费增长。周建、杨秀祯研究得出，城镇居民的人均消费水平是农村居民的3倍，故城镇化率

[①] 赵红军、尹伯成、孙楚仁：《交易效率、工业化与城市化——一个理解中国经济内生发展的理论模型与经验证据》，《经济学》（季刊）2006年第4期。

[②] 魏娟、李敏：《产业结构演变促进城市化进程的实证分析——以江苏为例》，《中国科技论坛》2009年第11期。

[③] 谢杰：《工业化、城镇化在农业现代化进程中的门槛效应研究》，《农业经济问题》2012年第4期。

[④] 胡尊国、王耀中、尹国君：《落后地区的城镇化与工业化——基于劳动力匹配视角》，《经济评论》2016年第2期。

[⑤] 郑吉昌、夏晴：《服务业与城市化互动关系研究——兼论浙江城市化发展及区域竞争力的提高》，《经济学动态》2004年第12期。

每增加1%，将带动全国零售消费品总额相应上升1.4个百分点[①]。潘明清、高文亮从劳动力流动的视角对城镇化影响居民消费的内在机制进行了分析，研究发现，由于城镇化的集聚效应大于"半城镇化"的外部成本效应，所以总体来看，城镇化对居民消费增长具有促进作用[②]。林卫斌等着重探讨了城镇化率与人均生活能源消费需求的关系，发现二者显著正相关，且存在4年左右的滞后效应，即4年前城镇化率每变动1个百分点，可使当期人均生活能源消费量增加4.23个百分点。研究还预计，2024年前后中国将出现生活能源消费需求增长的拐点，此后进入平稳增长期[③]。汤向俊、马光辉研究发现，市辖区人口规模对居民消费率的影响呈"U"形，目前中国大约2/3的市辖区人口仍处于"U"形曲线拐点的左半段。此外，市辖区人口规模与生产性服务业集聚交叉项对居民消费率的影响显著为正，且东部较为显著[④]。姜凌、高文玲的实证结果显示，城镇化有助于促进农村居民消费水平的提高，且其消费行为易受习惯的影响[⑤]。

（2）城镇化与生活水平关系的研究

对于城镇化与人们生活水平之间的关系，国内学者基于不同的视角展开了调查研究，得出了不完全一致的结论。一些学者认为城镇化的发展有利于人们生活水平的提高：在就业方面，陆铭等的研究显示，城市人口规模扩张对就业有很强的促进作用，且相较于高

[①] 周建、杨秀祯：《我国农村消费行为变迁及城乡联动机制研究》，《经济研究》2009年第1期。

[②] 潘明清、高文亮：《我国城镇化对居民消费影响效应的检验与分析》，《宏观经济研究》2014年第1期。

[③] 林卫斌、谢丽娜、苏剑：《城镇化进程中的生活能源需求分析》，《北京师范大学学报》（社会科学版）2014年第5期。

[④] 汤向俊、马光辉：《城镇化模式选择、生产性服务业集聚与居民消费》，《财贸研究》2016年第1期。

[⑤] 姜凌、高文玲：《城镇化与农村居民消费——基于我国31个省（区）动态面板数据模型的实证研究》，《投资研究》2013年第1期。

技能劳动力而言,其对低技能劳动力的效果更显著①。曾世宏、夏杰长认为,快速城镇化进程虽对服务业就业的吸纳能力有明显的改善作用,但并不是其格兰杰成因②。黄明、耿中元的时间序列结果显示,城镇化率的提高和城镇就业规模的扩大相互促进;面板回归结果显示,城镇就业率的增加会加速城镇化的发展,而城镇化率的提高对就业率的增加没有作用③。在收入方面,高虹基于空间均衡模型考察了城市规模变化对劳动力收入的影响,结果显示,城市规模每扩大1%,劳动力名义年收入和名义小时收入分别提高约0.19%和0.189%。此外,城市规模扩大对收入的促进效应并不是线性的,且相比于中、高收入劳动力来说,收入最低的劳动力受益程度相对较小④。李子联从理论和实证方面得出,新型城镇化所带来的农地制度、户籍制度和支农政策的调整为农民增收创造了机遇,能有效提升农民收入水平⑤。周云波探讨了城市化、城乡收入差距与全国居民总体收入差距之间的关系,结果显示,城市化是导致全国居民总体收入差距与经济发展之间呈倒"U"形变动的根本原因⑥。许秀川、王钊选取我国30个省份1997—2006年的面板数据,对城市化、工业化和城乡收入差距之间的互动关系进行了实证估计,指出城乡收入差距与城市化和劳动力的非农转移之间呈良性循环的状态⑦。

当然也有一些学者认为城镇化的发展并不利于人们生活水平的

---

① 陆铭、高虹、佐藤宏:《城市规模与包容性就业》,《中国社会科学》2012年第10期。

② 曾世宏、夏杰长:《中国快速城镇化进程为何不能提升服务业就业吸纳能力——兼论转型升级背景下中国服务业与城镇化互动模式创新》,《财贸研究》2016年第2期。

③ 黄明、耿中元:《我国城镇化与城镇就业的实证研究》,《中国管理科学》2012年第S2期。

④ 高虹:《城市人口规模与劳动力收入》,《世界经济》2014年第10期。

⑤ 李子联:《新型城镇化与农民增收:一个制度分析的视角》,《经济评论》2014年第3期。

⑥ 周云波:《城市化、城乡差距以及全国居民总体收入差距的变动——收入差距倒U形假说的实证检验》,《经济学》(季刊)2009年第4期。

⑦ 许秀川、王钊:《城市化、工业化与城乡收入差距互动关系的实证研究》,《农业经济问题》2008年第12期。

提高，或认为两者之间的关系尚不明确。在收入方面，张启良等认为，随着我国城市化进程的持续推进，在今后一段时期内，城乡收入差距还会继续扩大，且城市化率每提高 1 个百分点，将导致城乡收入差距扩大 0.3731%①。向书坚、许芳基于空间视角的分析得出，城镇化和城乡收入差距之间存在显著的空间正相关性，且相关程度先增强后减弱。此外，城镇化对城乡收入差距的影响还表现出较强的地区差异性②。王敏、曹润林采用 2005—2012 年我国 30 个省份的面板数据进行实证研究，得出城乡居民财产性收入差距随着城镇化的发展而不断拉大，城镇化进程加剧了城乡居民财产性收入差距的不平等程度③。在社会福利方面，王伟同实证考察了城镇化进程对社会福利水平的影响，研究表明，城镇化进程本身对于公共服务保障水平并没有起到提升作用，相反，现有城镇化模式甚至出现了降低总体公共服务水平的现象④。在减轻贫困方面，何蓉指出，对于发展中国家和地区来说，城市化或者超大城市的建成，经常导致城市的不平等、贫困和贫民窟等问题更加突出⑤。

(3) 城镇化与生态环境关系的研究

伴随我国城镇化进程的快速推进，城镇化与生态环境之间的关系日益成为学者关注的热点问题。吴振磊、朱楠认为，我国频发的雾霾天气与自身传统粗放的城市化发展方式密切相关，造成雾霾天气的因素主要有城市空间规模化扩张中的建筑污染、工业型城市化产生的大量污染、城市人口急剧增加带来的"生活效应"，以及滞

---

① 张启良、刘晓红、程敏：《我国城乡收入差距持续扩大的模型解释》，《统计研究》2010 年第 12 期。
② 向书坚、许芳：《中国的城镇化和城乡收入差距》，《统计研究》2016 年第 4 期。
③ 王敏、曹润林：《城镇化对我国城乡居民财产性收入差距影响的实证研究》，《宏观经济研究》2015 年第 3 期。
④ 王伟同：《城镇化进程与社会福利水平——关于中国城镇化道路的认知与反思》，《经济社会体制比较》2011 年第 3 期。
⑤ 何蓉：《城市化：发展道路、特征与当前问题》，《国外社会科学》2013 年第 2 期。

后的城市治理体系[1]。齐红倩等通过因子分析方法得出，在 1996—2013 年，资源与环境问题对我国城镇化的发展进度和质量提升表现出了长期的抑制效果[2]。郄希等将城市化划分为了城镇化和都市化两种模式，并揭示出了城市化与可持续发展之间的内在规律：百万以下人口城市的中小城镇化，显著增加了人均生态足迹与生态环境压力，总体上不利于可持续发展；百万以上人口城市的都市化，有助于降低人均生态足迹、缓解生态环境压力，总体上更符合生态环境的可持续性[3]。孙淑琴运用一般均衡方法分析了城镇化过程中的环境保护政策、最低工资制度以及关税保护政策的经济效应，得出结论：环境保护政策的实施虽会导致城市失业矛盾加剧，但其对全民福利的改善是积极的；利用关税保护重污染行业虽有可能减少失业，但会招致环境恶化，且其对全社会福利的提高是消极的；城市最低工资水平的提升虽会造成更多的失业，但其有利于自然环境和社会福利的改善[4]。蔡宁等研究认为，我国城镇化进程中的绿色发展正处于转型升级的关键阶段，大部分地区已基本实现基于绿色发展的新型城镇化，或具有一定的比较优势，但主要以"高绿色—高城镇化"和"低绿色—低城镇化"两种类型为主，发展程度两极分化明显，且空间分布不均匀[5]。

（4）城镇化与区域发展其他方面问题的研究

国内学者从区域发展的其他方面对城镇化这一课题展开了研究。在人口流动方面，路琪、周洪霞分析指出，人口流动使得流入省和流出省的城镇化率都有不同程度的提升，且这种现象在人口流

---

[1] 吴振磊、朱楠：《我国雾霾天气治理的城市化方式的转变》，《西北大学学报》（哲学社会科学版）2014 年第 2 期。

[2] 齐红倩、席旭文、高群媛：《中国城镇化发展水平测度及其经济增长效应的时变特征》，《经济学家》2015 年第 11 期。

[3] 郄希、乔元波、武康平等：《可持续发展视角下的城镇化与都市化抉择——基于国际生态足迹面板数据实证研究》，《中国人口·资源与环境》2015 年第 2 期。

[4] 孙淑琴：《城镇化中的城市污染、失业与经济发展政策的效应》，《中国人口·资源与环境》2014 年第 7 期。

[5] 蔡宁、丛雅静、吴婧文：《中国绿色发展与新型城镇化——基于 SBM-DDF 模型的双维度研究》，《北京师范大学学报》（社会科学版）2014 年第 5 期。

入大省和人口流出大省表现得尤为明显①。在农村发展方面，刘华军、刘传明在刘易斯模型的基础上探讨了城镇化与农村人口老龄化之间的双向影响机制，发现城镇化明显加剧了农村人口老龄化的程度，农村人口老龄化显著抑制了城镇化的发展②。在城市发展方面，陈钊、陆铭认为，全球化和城市化的进程对人口向首位城市的集聚具有加强作用，城市化水平和首位城市规模呈正相关关系③。在城乡发展方面，杨振宁对安徽省自经济转型以来，城乡统筹发展和城镇化之间的关系进行了比较全面的研究，得出二者存在长期正相关均衡关系和单向因果关系，且城镇化对城乡统筹发展具有比较持续的促进作用④。在资本方面，时慧娜指出，FDI与城镇化交叉项对人力资本积累具有负向效应⑤。李萍、田坤明认为，在新型城镇化复杂、多层面的社会经济空间变迁的动态过程中，文化资本承担着重要角色⑥。在科学技术方面，程开明指出，城市化与技术创新高度正相关，城市化是技术创新水平提高的格兰杰原因，且城市规模越大，技术创新能力越强。此外，城市规模、开放程度，以及地区差异对创新产出存在显著影响⑦。周笑非研究显示，内蒙古城市化与技术创新之间相关性较强，城市化对技术创新的冲击影响较大，而技术创新对城市化的冲击影响较小⑧。在政府作用方面，宋旭、李冀在各地财政支出不断扩张的背景下，选用2003—2013年我国

---

① 路琪、周洪霞：《人口流动视角下的城镇化分析》，《宏观经济研究》2014年第12期。

② 刘华军、刘传明：《城镇化与农村人口老龄化的双向反馈效应——基于中国省际面板数据联立方程组的经验估计》，《农业经济问题》2016年第1期。

③ 陈钊、陆铭：《首位城市该多大？——国家规模、全球化和城市化的影响》，《学术月刊》2014年第5期。

④ 杨振宁：《城乡统筹发展与城镇化关系的实证研究——基于安徽的数据》，《农业经济问题》2008年第5期。

⑤ 时慧娜：《中国城市化的人力资本积累效应》，《中国软科学》2012年第3期。

⑥ 李萍、田坤明：《新型城镇化：文化资本理论视阈下的一种诠释》，《学术月刊》2014年第3期。

⑦ 程开明：《城市化促进技术创新的机制及证据》，《科研管理》2010年第2期。

⑧ 周笑非：《内蒙古城市化与技术创新关联性分析》，《科学管理研究》2011年第3期。

地级及以上城市面板数据，实证检验了地方财政与城镇化质量的关系，得出结论，无论是以人均支出还是以单位 GDP 支出作为衡量地方财政能力的标准，该变量对城镇化质量的效应均显著为负，多数地区的财政支出效率低下，尤其东部发达地区这种负面作用更为明显。研究还发现，如果科教支出占比足够高，则财政能力对城镇化质量的抑制作用可有效弱化，进而改善财政支出效率[①]。胡尊国等认为，由于存在既定收入差距，"城市偏向政策"对城镇化率的提高存在较强的扩大效应，并对"消费性城市"的产生具有加速作用[②]。在其他方面，窦祥胜认为，企业振兴区的建立，不仅能促进城市现代化与城市经济的发展，而且还在城郊和乡村城市化和经济社会全面发展方面，发挥了重要的推动作用[③]。马孝先指出，总体上讲，生产要素的投入和经济发展是推动城镇化的根本力量，同时，人口素质和城镇的空间集聚效应在城镇化进程中也起到日渐关键的作用[④]。李华、伍芸玉采用重庆市 1997—2013 年的经济、产业和人口转移等数据，对影响人的城镇化发展的各因素进行了实证检验，得出经济发展、产业发展、科技创新、基础设施和农业现代化对人的城镇化发展均作用显著[⑤]。

3. 关于城镇化动力机制的研究

关于城镇化动力机制内涵的研究，钟秀明和吴靖认为，城市化的动力机制，是指推动城市化发生和发展所必需的动力系统的内在经济机理，以及维持和改善这种作用机理的各种经济关系、组织制

[①] 宋旭、李冀：《地方财政能力与城镇化质量关系的实证研究——基于地级及以上城市数据》，《财政研究》2015 年第 11 期。

[②] 胡尊国、王耀中、尹国君：《落后地区的城镇化与工业化——基于劳动力匹配视角》，《经济评论》2016 年第 2 期。

[③] 窦祥胜：《企业振兴区和工业化、城市化与区域经济发展》，《中国科技论坛》2009 年第 12 期。

[④] 马孝先：《中国城镇化的关键影响因素及其效应分析》，《中国人口·资源与环境》2014 年第 12 期。

[⑤] 李华、伍芸玉：《"人的城镇化"影响因素与愿景设计：自一个直辖市观察》，《改革》2015 年第 11 期。

度等构成的综合系统的总和①。

关于城镇化动力机制分类的研究,张培刚明确提出,工业化是城镇化的内生动力,农业是城镇化的外在条件和制约因素,没有工业化的城镇化是难以想象的,而缺乏农业支撑的城镇化也是难以为继的②。傅崇兰认为,农业与非农产业之间所存在的巨大收益势差,吸引着劳动力不断从农村向城镇转移③。辜胜阻、郑凌云指出,城镇化的发展基于四个动力要素,即信息化的城镇功能、社会分工的产业基础、人口流动的素质、二元结构的城镇管理体制④。辜胜阻等认为,我国城镇化体现了"政府推动"和"市场拉动"的双重动力机制⑤。李强等则指出,我国特有的政治经济体制决定了"政府主导模式"是城镇化发展的主要动力⑥。孙中和和吴靖认为,我国城市化发展的动力机制主要有四个:农村工业化的推进、比较利益的驱动、农业剩余的贡献、制度变迁的促进⑦。官锡强指出,城市化发展的动力主要来源于产业结构的转换、科学技术的进步、外向经济的发展,以及国家政策的调控⑧。纪晓岚、赵维良则强调,市场化是乡村人口和资源向城市聚集的基础性动力⑨。王志强认为,丰裕的社会经济资源、合理的资源配置方式、完善的激励约束制度这三个基本条件构成了小城镇发展的动力机制,并以江苏省为例,

---

① 钟秀明:《推进城市化的动力机制研究》,《山西财经大学学报》2004年第4期;吴靖:《中国城市化动力机制探析》,《经济学家》2007年第5期。
② 张培刚:《发展经济学教程》,经济科学出版社2001年版,第73页。
③ 傅崇兰:《小城镇论》,山西经济出版社2003年版,第103页。
④ 辜胜阻、郑凌云:《农村城镇化的发展素质与制度创新》,《武汉大学学报》(哲学社会科学版) 2003年第5期。
⑤ 辜胜阻、李华、易善策:《均衡城镇化:大都市与中小城市协调共进》,《人口研究》2010年第5期。
⑥ 李强、陈宇琳、刘精明:《中国城镇化"推进模式"研究》,《中国社会科学》2012年第7期。
⑦ 孙中和:《中国城市化基本内涵与动力机制研究》,《财经问题研究》2001年第11期;吴靖:《中国城市化动力机制探析》,《经济学家》2007年第5期。
⑧ 官锡强:《南北钦防城市群城市化动力机制的培育与重构》,《城市发展研究》2008年第1期。
⑨ 纪晓岚、赵维良:《中国城市化动力机制评价指标体系的构建》,《统计与决策》2007年第3期。

指出农业生产效率的提高、比较利益的驱动、乡镇企业的推进和政策制度的促进,分别是其小城镇发展的初始动因、市场动因、内生动因和外在动因①。杨新华指出,城镇化的动力机制既涵盖了经济全球化、国家经济发展战略和市场经济体制改革,也包括了产业结构的优化与升级,甚至还涉及工资收入水平、受教育程度、集聚经济等方面②。

  此外,还有一些学者对城镇化动力机制作了实证分析。李同升、赵新正、曹广忠研究认为,伴随经济的高速增长,我国东中西部地区的城镇化动力有所不同,东部地区各产业全面开花,中部地区以工业化为主导,西部地区则与农业发展的关联性较强③。欧向军等运用多元线性回归模型对城市化的主要动力进行比较分析,认为市场力、内源力、外向力和行政力依次是江苏省城市化发展的主要动力④。熊吉峰对比了湖北省与浙江省的农村城镇化动力机制,指出由于两省的区位环境、农业生产力水平、第二及第三产业的发育程度有所不同,使得各地农村城镇化进程产生了差异,体现了经济与社会发展综合水平的不平衡⑤。曾昭法、左杰的实证结果显示,经济发展、产业结构、金融发展、教育水平和城乡收入差距是驱动我国城镇化发展的核心因素。其中,经济、金融的推进与教育水平的提高在时间及空间维度上,产业结构的升级在时间维度上,对城镇化发展的正向作用明显;而城乡收入差距的拉大,在时间维度上

---

  ① 王志强:《小城镇发展研究》,东南大学出版社2007年版,第80—84页。
  ② 杨新华:《新型城镇化的本质及其动力机制研究——基于市场自组织与政府他组织的视角》,《中国软科学》2015年第4期。
  ③ 李同升、库向阳:《城乡一体化发展的动力机制及其演变分析——以宝鸡市为例》,《西北大学学报》(自然科学版)2000年第3期;赵新正、宁越敏:《中国区域城市化动力差异研究——基于灰色关联分析法的分析》,《城市问题》2009年第12期;曹广忠、刘涛:《中国省区城镇化的核心驱动力演变与过程模型》,《中国软科学》2010年第9期。
  ④ 欧向军、甄峰、秦永东等:《区域城市化水平综合测度及其理想动力分析——以江苏省为例》,《地理研究》2008年第5期。
  ⑤ 熊吉峰:《湖北与浙江农村城镇化动力机制比较》,《统计与决策》2008年第7期。

对城镇化水平的负面影响显著①。

4. 关于新型城镇化相关问题的研究

（1）新型城镇化内涵和特征的研究

刘立峰认为，新型城镇化不仅是吸引农村居民向城镇聚集的过程，而且是吸引城镇居民迁移至农村居住和就业的过程，另外，新型城镇化还包括城市文化的传承和城市记忆的延续②。国务院发展研究中心和世界银行联合课题组指出，所谓"新型城镇化"，即是高效、包容、可持续的城镇化③。张许颖、黄匡时认为，新型城镇化是以人为核心的城镇化，其基本内涵不仅体现为形式城镇化，即城镇人口数量和比重的增加，也就是以人口向城镇聚集为特征的城镇化；更体现为实质城镇化，即城镇化水平和质量的提高④。邓韬、张明斗指出，新型城镇化是可持续发展的城镇化，其基本内核主要体现为"四个转变"：发展方式由高碳经济向低碳经济转变，城镇建设由面积扩张向改善民生转变，农村土地由征用补偿向可流转交易转变，发展模式由人造城镇化向人的城镇化转变⑤。王国刚认为，相比于西方国家和一些发展中国家的城镇化，我国在体制机制深化改革中展开的新型城镇化，其"新"之处，首先，体现了社会主义生产目的的根本要求，以满足城乡居民消费结构从"吃、穿、用"向"住、行、学"升级为基本导向，是民生工程的具体体现；其次，反映了人类的主观能动性，是我国在经济社会发展过程中主动推进的战略性举措，是一项建立在认识世界基础上的改造世界的工程；最后，不仅是一种发挥市场机制的决定性作用以重新配置资源

---

① 曾昭法、左杰：《中国省域城镇化的空间集聚与驱动机制研究——基于空间面板数据模型》，《中国管理科学》2013年第S2期。

② 刘立峰：《对新型城镇化进程中若干问题的思考》，《宏观经济研究》2013年第5期。

③ 国务院发展研究中心和世界银行联合课题组：《中国：推进高效、包容、可持续的城镇化》，《管理世界》2014年第4期。

④ 张许颖、黄匡时：《以人为核心的新型城镇化的基本内涵、主要指标和政策框架》，《中国人口·资源与环境》2014年第11期。

⑤ 邓韬、张明斗：《新型城镇化的可持续发展及调控策略研究》，《宏观经济研究》2016年第2期。

的大调整过程,而且是一项对经济社会可持续发展有着决定性意义的系统工程①。

(2) 新型城镇化发展绩效评价的研究

刘静玉等从经济发展、社会发展、资源环境三个方面着手,构建了新型城镇化发展水平测度模型,并对河南省新型城镇化的空间演变格局进行了分析②。曾志伟等以环长沙、株洲、湘潭城市群为研究对象,设计了一个包含环境保护、经济发展和社会建设 3 个一级指标,以及 43 个二级指标的新型城镇化新型度的评价指标体系,其中,社会建设所占权重首次超过经济发展,成为最重要的指标③。牛文元依据完备性、精简性、普适性等原则,构架了中国新型城镇化指标体系(CNUIS),该指标体系涉及城乡发展动力系统、城乡发展质量系统、城乡发展公平系统三大系统,涵盖城乡基础实力、城乡统筹能力、城乡竞争能力、城乡自然质量、城乡人文质量、城乡社会保障、城乡一体化水平、城乡制度建设八个方面④。陈映雪等以"经济—社会—环境—科技创新"为主体,建立了中小城市新型城镇化发展评价模型⑤。孙长青、田园从经济发展、城镇水平、民生改善、集约协调、生态宜居五个方面出发,构建了涉及 28 个具体指标的新型城镇化评价指标体系⑥。牛晓春等提出了由人口、经济、生活质量、基础设施、城乡统筹、生态环境诸因素构成的新型城镇化评价指标体系,并运用熵值法对陕西省 10 个省辖市的新

---

① 王国刚:《关于城镇化发展中的几个理论问题》,《经济学动态》2014 年第 3 期。
② 刘静玉、刘玉振、邵宁宁等:《河南省新型城镇化的空间格局演变研究》,《地理研究与开发》2012 年第 5 期。
③ 曾志伟、汤放华、易纯等:《新型城镇化新型度评价研究——以环长株潭城市群为例》,《城市发展研究》2012 年第 3 期。
④ 牛文元:《中国新型城市化报告 2012》,科学出版社 2012 年版,第 262—270 页。
⑤ 陈映雪、甄峰、翟青等:《环首都中小城市新型城镇化路径研究——以张家口怀来县为例》,《城市发展研究》2013 年第 7 期。
⑥ 孙长青、田园:《经济学视角下新型城镇化评价指标体系的构建》,《河南社会科学》2013 年第 11 期。

型城镇化水平进行了实证分析①。安晓亮、安瓦尔·买买提明构建了包括资源与环保、经济发展、社会发展3个二级指标的新型城镇化评价指标体系，并综合运用熵权法和多指标评价模型，定量研究了新疆15个地州市的新型城镇化水平②。戚晓旭等以可持续指标体系为核心，提出了由社会进步、经济发展、生态环境支持、城市生活质量、制度建设5个一级指标组成的、注重可持续发展的新型城镇化评价指标体系③。吕丹等在对城镇化质量评价指标体系的沿革进行系统梳理的基础上，从人口城镇化指数、经济发展指数、生态环境支持指数、城乡统筹指数、基本公共服务均等化指数五个方面出发，构架了包括5个一级指标、17个二级指标、55个三级指标的新型城镇化绩效评价指标体系④。杜忠潮、杨云构建了涵盖人口城镇化、经济城镇化、居民生活质量、基础设施与环境建设方面的22项指标的区域新型城镇化评价指标体系，并采用主成分分析法和聚类分析法，对陕西省咸阳市所辖县区的城镇化综合水平及其空间差异进行了定量评价研究⑤。

（3）新型城镇化发展对策的研究

张许颖、黄匡时将新型城镇化的政策框架概括为以人的需求为导向、以人的素质为基石、以人的就业为关键、以人的保障为支撑、以人的居住为重点五个方面⑥。刘嘉汉、罗蓉通过将传统城镇化与新型城镇化进行比较分析之后，提出了以下政策主张：以生计

---

① 牛晓春、杜忠潮、李同昇：《基于新型城镇化视角的区域城镇化水平评价——以陕西省10个省辖市为例》，《干旱区地理》2013年第2期。

② 安晓亮、安瓦尔·买买提明：《新疆新型城镇化水平综合评价研究》，《城市规划》2013年第7期。

③ 戚晓旭、杨雅维、杨智尤：《新型城镇化评价指标体系研究》，《宏观经济管理》2014年第2期。

④ 吕丹、叶萌、杨琼：《新型城镇化质量评价指标体系综述与重构》，《财经问题研究》2014年第9期。

⑤ 杜忠潮、杨云：《区域新型城镇化水平及其空间差异综合测度分析——以陕西省咸阳市为例》，《西北大学学报》（自然科学版）2014年第1期。

⑥ 张许颖、黄匡时：《以人为核心的新型城镇化的基本内涵、主要指标和政策框架》，《中国人口·资源与环境》2014年第11期。

资本重组的方式赋予农民持续的发展自主权,以科学规划为龙头构建新型的城乡空间形态,以集群集约发展的方式实现新型工业化、新型城镇化和农业现代化的联动发展,以农村市场化改革为途径激发农村市场的活力,以体制机制创新为动力谋求城乡的公平发展机制,以发挥农民自主意识为出发点建立以人为本、城乡居民共创共享发展成果的城镇化能动机制[1]。中国金融40人论坛课题组建议协调推进一揽子配套改革措施:扩大建设用地供给,创新用地供给方式,转变粮食自给观,加强环境保护,改革财税制度,发挥金融市场的作用,建立有效的监督约束机制,保障失地农民利益[2]。国务院发展研究中心和世界银行联合课题组认为,保障新型城镇化发展模式得以顺利实现的前提,是进行一系列全面的改革,主要包括:改革土地管理制度,改革户籍制度,改革城市投融资机制,改革城市规划和设计,改革环保机制,改善地方政府治理[3]。刘雪梅针对目前新型城镇化进程中阻碍农村劳动力转移就业的因素,从政府层面提出了以下建议:增加农业部门的务农收入,培育新型职业农民;紧密与新型城镇化的建设目标相结合,调整农村非农部门的产业结构;消除导致劳动力市场分割的制度因素,实现城乡统筹就业;对农村劳动力的公民权进行修补[4]。朱巧玲等提出了新型城市化背景下推进农民市民化的对策建议:以科技创新促进农民市民化,加强城乡基本公共服务均等化的制度建设,建立劳动力工资的合理增长机制,突破户籍与福利合一的社会管理制度,逐步实现基本公共服务由户籍人口向常住人口的全覆盖[5]。

---

[1] 刘嘉汉、罗蓉:《以发展权为核心的新型城镇化道路研究》,《经济学家》2011年第5期。

[2] 中国金融40人论坛课题组:《加快推进新型城镇化:对若干重大体制改革问题的认识与政策建议》,《中国社会科学》2013年第7期。

[3] 国务院发展研究中心和世界银行联合课题组:《中国:推进高效、包容、可持续的城镇化》,《管理世界》2014年第4期。

[4] 刘雪梅:《新型城镇化进程中农村劳动力转移就业政策研究》,《宏观经济研究》2014年第2期。

[5] 朱巧玲、龙靓、甘丹丽:《基于人的发展视角的新型城市化探讨》,《宏观经济研究》2015年第4期。

5. 关于西部地区城镇化发展的研究

（1）西部地区城镇化与区域发展关系的研究

在经济发展方面，王磊、龚新蜀从理论和实证层面对城镇化、产业生态化与经济增长之间的关系进行了分析，结果显示，西北地区城镇化能有效促进产业生态化水平的提升，且城镇化每增加1个百分点，产业生态化水平提高1.2882%[1]。在人口流动方面，夏德孝、张道宏研究了由城市化水平的地区差异所引发的劳动力从中西部地区向东部沿海地区流动的问题，认为劳动力的跨地区流动在强化了东部沿海地区的工业化和城市化的同时，弱化了中西部地区的工业化和城市化，从而出现了一个以劳动力流动为纽带的经济中心和经济外围[2]。曾鹏、向丽以城市融入为视角，基于问卷调查数据，对中西部地区农业转移人口就近城镇化意愿的影响因素进行二元Logistic 回归分析，结果表明，中西部地区农业转移人口的就近城镇化意愿较强烈，但代际间存在明显差异[3]。在人力资本方面，赵伟伟等研究显示，在全国范围内，人均受教育年限每增加1年，城市化率提高10.22%，二者相关系数高达0.81，但对于西部地区而言，人均受教育年限每增加1年，城市化率仅提高3.85%，二者相关系数为0.66。可见，西部地区人力资源人力资本存量小，人均受教育年限低，限制了人力资源对城市化的促进作用，延缓了其城市化的发展[4]。在资源、能源方面，靖学青的实证结果表明，西部地区能源强度与人口城镇化和地域城镇化水平显著正相关，而与产业城镇化水平显著负相关。此外，西部地区三个层面的城镇化进程

---

[1] 王磊、龚新蜀：《城镇化、产业生态化与经济增长——基于西北五省面板数据的实证研究》，《中国科技论坛》2014年第3期。

[2] 夏德孝、张道宏：《劳动力流动与城市化的地区差距》，《西北大学学报》（哲学社会科学版）2008年第3期。

[3] 曾鹏、向丽：《中西部地区人口就近城镇化意愿的代际差异研究——城市融入视角》，《农业经济问题》2016年第2期。

[4] 赵伟伟、白永秀、吴振磊：《西部地区人力资源状况对城市化的制约分析》，《西北大学学报》（哲学社会科学版）2008年第2期。

及其对能源强度的影响存在明显的差异性①。

(2) 西部地区城镇化动力机制的研究

高云虹、曾菊新认为,西部地区每一时期的城市化过程,虽然都表现为经济因素、人口因素、制度因素等多种动力共同作用的结果,但制度的影响始终贯穿其中,并起决定性作用②。马子量等基于西部地区 2000—2011 年省域城市化的相关数据,利用空间杜宾模型对其城市化动力机制进行了分析,结果显示,西部省域自身产业结构转变、经济发展水平、城市用地扩张、基础设施投入,对城市化存在显著的直接推动效应,其中产业结构转变对城市化的贡献度最高,而对外开放程度的增强对城市化的促进效应不明显;此外,西部省域城市化的空间交互效应对各地城市化发展具有重要影响③。张太富、龚实愚从城市化的内涵出发,简要梳理了过去我国城市化的演进机制,并指出,现阶段西部地区应以创新为起点,从主动力(产业的空间聚集及其现代化)和从动力(外资带动、政府行为、人的主体因素)两方面着手构建其城市化的动力系统框架与机制,推动西部城市化的发展④。

(3) 西部地区城镇化发展对策的研究

李育冬、原新指出,我国西北地区在城镇化发展过程中,应大力推进生态城市建设,更好地改善原本脆弱的生态环境,实现经济可持续发展和居民生活水平提高。具体地,应制定科学合理的城市规划;应推行以循环经济为核心的经济运行模式;应建立以清洁能源为主体的城市能源体系;应提高全社会的环境保护意识和资源节

---

① 靖学青:《城镇化进程与西部地区能源强度——基于1996—2011年省级面板数据的实证分析》,《中国人口·资源与环境》2014年第11期。
② 高云虹、曾菊新:《西部地区城市化进程及其动力机制》,《经济地理》2006年第6期。
③ 马子量、郭志仪、马丁丑:《西部地区省域城市化动力机制研究》,《中国人口·资源与环境》2014年第6期。
④ 张太富、龚实愚:《西部地区城市化动力机制的构建》,《西北人口》2006年第3期。

约意识，倡导绿色消费①。邓祥征等结合西部地区城镇化发展的历史与现状，分析了城镇化进程中的环境压力与阻力，提出了促进西部城镇化可持续发展的政策建议：推行"二元"城镇化发展战略，强化中心城镇的辐射带动功能，培育中小城市和具有特色的小城镇；完善城镇基础设施建设，以各级政府支持管理为先导和主导，尝试应用PPP融资模式，重点推进交通及通信设施建设；构建长期稳定的绿色城镇发展战略，提倡城市绿色文化、建设绿色城市，筹措西部绿色城镇发展基金、发展城市绿色产业；立足功能分区并结合城镇化战略格局优化城镇化发展，结合"两衡三纵"城镇化战略推进城市群建设②。

6. 关于数字经济相关问题的研究

（1）数字经济对传统经济影响的研究

伴随数字技术与经济社会各层面的深度融合，人类社会逐渐步入以数字化生产力为主要标识的新发展阶段，数字经济已然成为引领传统经济变革的核心力量，不断为经济复苏和社会进步注入新活力。杨新铭认为，数字经济正全面地改变着传统经济模式：微观层面，数字经济融合了"规模经济""范围经济"，颠覆了企业传统盈利模式；中观层面，数字经济通过机制创新改变了市场结构，重塑了传统市场观念；宏观层面，数字经济以大数据应用为引领，挑战了传统资源配置方式③。罗珉、李亮宇指出，在当前数字经济时代，传统价值链中以供给为导向的商业模式逐渐消亡，以需求为导向的互联网商业模式和价值创造日益显现④。何菊香等计算得出，中国互联网产业发展水平具有明显的地区差异性，东部沿海省份互

---

① 李育冬、原新：《生态城市建设与中国西北地区的可持续发展》，《北京师范大学学报》（社会科学版）2007年第5期。

② 邓祥征、钟海玥、白雪梅等：《中国西部城镇化可持续发展路径的探讨》，《中国人口·资源与环境》2013年第10期。

③ 杨新铭：《数字经济：传统经济深度转型的经济学逻辑》，《深圳大学学报》（人文社会科学版）2017年第4期。

④ 罗珉、李亮宇：《互联网时代的商业模式创新：价值创造视角》，《中国工业经济》2015年第1期。

联网产业带来的经济拉动效应明显高于西部地区[①]。冯华、陈亚琦认为，互联网环境下经济时空的内涵与外延突破物理时空约束向外无限拓展，网络时间溢出的正外部性促使经济时空效率提高[②]。施炳展指出，作为信息平台，互联网有利于降低交易成本、扩大交易规模、优化资源配置[③]。龙海泉等将网络经济理论和战略管理理论结合，提出了虚拟交易的四维价值空间理论，论证了网络资源对企业价值与竞争优势的影响[④]。李兵、李柔采用中国工业企业出口的微观数据，分析发现互联网显著促进了企业出口，互联网对企业出口的作用与贸易自由化的作用相似[⑤]。孙浦阳等通过构建包含消费者差异性的搜寻与匹配效率理论框架，发现电子商务交易平台能够有效提高消费者搜寻次数、降低市场搜寻成本，从而对零售市场的价格产生显著影响[⑥]。蓝庆新、窦凯认为，数字经济是共享时代发展的重要推力，在驱动共享经济走向数字化高速发展道路、实现创新创业型社会目标、培育发展共享时代产业、促进我国共享经济成为全球经济发展新亮点方面，数字经济发挥了巨大效用。同时，共享时代数字经济呈现出新的发展趋势：大数据产业成为发展重点，商业模式重构成为发展特征，以数字化服务平台为基础实现数字资源共享成为发展路径，资源性、融合性、技术性、服务性成为发展方向[⑦]。蒋同明、白素霞指出，数字化技术的蓬勃发展是无人经济

[①] 何菊香、赖世茜、廖小伟：《互联网产业发展影响因素的实证分析》，《管理评论》2015年第1期。

[②] 冯华、陈亚琦：《平台商业模式创新研究——基于互联网环境下的时空契合分析》，《中国工业经济》2016年第3期。

[③] 施炳展：《互联网与国际贸易——基于双边双向网址链接数据的经验分析》，《经济研究》2016年第5期。

[④] 龙海泉、吕本富、彭赓等：《基于价值创造视角的互联网企业核心资源及能力研究》，《中国管理科学》2017年第1期。

[⑤] 李兵、李柔：《互联网与企业出口：来自中国工业企业的微观经验证据》，《世界经济》2017年第7期。

[⑥] 孙浦阳、张靖佳、姜小雨：《电子商务、搜寻成本与消费价格变化》，《经济研究》2017年第7期。

[⑦] 蓝庆新、窦凯：《共享时代数字经济发展趋势与对策》，《理论学刊》2017年第6期。

兴起的主要驱动力之一[1]。

以互联网、大数据、云计算、区块链为代表的新一代信息技术迅猛发展，驱动着世界经济步入新的历史时期。何枭吟认为，数字经济对传统世界经济产生了颠覆性影响：数字经济孕育了新的消费模式，催生出新的生产模式，推动着全球产业整合升级，使经济全球化步伐日益加快，使全球产业结构趋于软化，但同时亦带来了严峻的数字鸿沟问题[2]。王玉柱指出，数字经济作为一种融合型产业发展模式，将改变国际分工和发展合作关系，是未来世界经济的重要发展方向，世界经济将经历分化与重组，国家间在资本、技术等领域的数字资源禀赋差异将成为影响未来数字经济格局的重要因素[3]。詹晓宁、欧阳永福认为，数字经济的兴起对传统产业以及传统商业模式产生了深刻影响，全球外国直接投资由此进入了新阶段：全球 FDI 呈现低增长的"新常态"；数字经济对全球价值链的"创造性破坏"导致生产性投资相对不足；新兴技术成为国际投资流动日益重要的区位决定因素，发达国家在国际投资中的作用重新上升；数字经济领域的国际竞争激化，国际协调亟待加强[4]。夏杰长研究发现，数字贸易兴起的直接原因在于数字经济的发展，根本原因是技术创新引发的生产组织方式的深度变革[5]。李忠民等指出，数字贸易的蓬勃发展，将给基于传统贸易构建的国际贸易体制机制、规章制度、监管执法等带来巨大的冲击和挑战[6]。

---

[1] 蒋同明、白素霞：《新时代下我国无人经济的发展研究》，《宏观经济管理》2018 年第 7 期。

[2] 何枭吟：《数字经济发展趋势及我国的战略抉择》，《现代经济探讨》2013 年第 3 期。

[3] 王玉柱：《数字经济重塑全球经济格局——政策竞赛和规模经济驱动下的分化与整合》，《国际展望》2018 年第 4 期。

[4] 詹晓宁、欧阳永福：《数字经济下全球投资的新趋势与中国利用外资的新战略》，《管理世界》2010 年第 3 期。

[5] 夏杰长：《数字贸易的缘起、国际经验与发展策略》，《北京工商大学学报》（社会科学版）2018 年第 5 期。

[6] 李忠民、周维颖、田仲他：《数字贸易：发展态势、影响及对策》，《国际经济评论》2014 年第 6 期。

第二章 国内外研究进展及述评

数字经济作为引领技术革新和产业变革的核心力量，正在重塑产业形态，是产业转型升级的重要驱动因素。第一产业方面，刘海启认为，作为以数据为关键要素和以土地为核心要素的新型现代农业生产方式，数字农业经济体系是依赖数字技术的农业生产和服务体系，数字技术与现代农业相辅相成，农业是目的和内容，数字是手段和形式[①]。第二产业方面，赵西三指出，制造业作为数字经济的主战场，其数字化转型方向日益明确，数字经济通过突破创新链瓶颈、提升制造链质量、优化供应链效率、拓展服务链空间，解决中国制造业转型升级中的"痛点"问题，助推中国制造业以平台化、生态化、软件化、共享化、去核化实现"换道超车"，加快跻身全球价值链中高端[②]。第三产业方面，在健康服务业领域，袁继新等提出信息产品有多种嵌入健康产业链的方式，产业链上游可以利用穿戴设备、数字诊断设备等采集健康信息；产业链中端可以利用通信设备、云存储设备等储存健康信息；产业链下游可以提供生物医药产品、医疗器械及健康服务产品[③]。项莹、杨华研究发现，中国国内数字产品中间投入对健康服务业的贡献呈波动上升趋势，加入WTO后受全球价值链分工影响有所回落，2008年金融危机后对国外中间投入产生替代。与其他国家和地区相比，中国国内数字产品中间投入对健康服务业的贡献较低[④]。在文化产业领域，周锦认为，数字技术驱使文化产业形成了柔性化的发展特征，即组织柔性化、技术柔性化、产业柔性化、边界柔性化、人才柔性化，由此产生了柔性化的发展创新模式，即文化企业外部边界的一体化、文化产品内容的数字化和定制化、文化产业生产的模块化和集聚化、

[①] 刘海启：《加快数字农业建设 为农业农村现代化增添新动能》，《中国农业资源与区划》2017年第12期。
[②] 赵西三：《数字经济驱动中国制造转型升级研究》，《中州学刊》2017年第12期。
[③] 袁继新、王小勇、林志坚等：《产业链、创新链、资金链"三链融合"的实证研究——以浙江智慧健康产业为例》，《科技管理研究》2016年第14期。
[④] 项莹、杨华：《数字产品中间投入与健康服务业发展研究》，《社会科学战线》2018年第4期。

文化产业政策供给的多样化等①。李凤亮、单羽指出，数字技术为文化消费赢得新的机遇，数字技术在提高人民生活品质的同时，使文化消费呈现碎片式、沉浸式、延伸式、社交式、虚拟式的特征，也为提升文化消费价值创造了重要路径，表现为"数字＋创意""集聚化＋分众化""UGC＋PGC""传统＋现代"的多重叠加②。李义杰认为，在共享经济视域下，数字出版产业链基于资源、平台、价值三方面，形成以资源为主导的长尾型整合、以平台为主导的网络化整合、以价值点为主导的垂直延伸整合三种产业链整合方式③。

（2）数字经济对生活水平影响的研究

作为继农业经济、工业经济之后的一种全新经济形态，数字经济对人们的生产生活产生了深刻影响，学者从不同视角展开了研究论述。在就业方面，王君等阐述了以人工智能为代表的技术进步对就业的影响④。夏炎等研究发现，ICT产业与传统产业的融合有利于经济规模的扩张，特别是网络消费的增长，由此产生的消费导向型就业效应逐步扩大；数字经济对技术密集型制造业的就业影响强于劳动密集型和资本密集型，同时在生产型服务业中也表现出了强有力的就业影响效应，并促使我国产业经济从劳动密集型向技术密集型转型；中国数字经济转型将有助于生产率的提升和创新的提速，以及职业技能的培养，促使人力资本从低成本优势向职业技能优势转型，从而培养更高技能的劳动力队伍⑤。姚建华认为，随着互联网的发展，零工经济中正经历"即插即用型"U盘生活的数字

---

① 周锦：《数字技术驱动下的文化产业柔性化发展》，《福建论坛》（人文社会科学版）2018年第12期。

② 李凤亮、单羽：《数字创意时代文化消费的未来》，《福建论坛》（人文社会科学版）2018年第6期。

③ 李义杰：《共享经济视域下数字出版产业链整合研究》，《中国出版》2018年第5期。

④ 王君、张于喆、张义博等：《人工智能等新技术进步影响就业的机理与对策》，《宏观经济研究》2017年第10期。

⑤ 夏炎、王会娟、张凤等：《数字经济对中国经济增长和非农就业影响研究——基于投入占用产出模型》，《中国科学院院刊》2018年第7期。

劳工面临着诸多困境，逐渐沦为新型的不稳定无产者①。在创业方面，余江等分析得出，数字平台的开放性和自生长性降低了创业的学习成本与资源获取门槛，数字平台的开放治理模式为异质性及动态性创业团队的形成提供了基础②。在收入方面，宋晓玲利用北京大学编制的数字普惠金融指数，研究其对城乡收入差距的影响，结果表明数字普惠金融的发展对于缩小城乡居民收入差距有正向作用③。在减贫方面，龚沁宜、成学真采用我国西部地区2011—2015年的面板数据，研究不同经济发展水平下数字普惠金融的减贫效应，得出结论：西部地区数字普惠金融对于农村贫困的减缓作用十分显著，数字普惠金融与贫困发生率之间呈显著非线性关系，且存在单一门槛特征值；当经济发展水平未跨越门槛值时，数字普惠金融对于农村贫困表现为显著的减缓作用，当经济发展水平超过门槛值时，数字普惠金融对于贫困的抑制作用有所减弱，减贫的边际效用递减④。

（3）数字经济对区域发展其他方面影响的研究

在城乡关系方面，裴长洪等认为，数字经济时代城乡之间的新型分工格局促成了新型的城乡关系和区域关系，打破了传统的要素单向流动局面，城乡界限日趋模糊，形成优势互补、互动共赢的新局面⑤。在企业管理方面，逄健、朱欣民从传统商机管理理论分析入手，剖析数字经济发展中创业商机的特点，提出数字经济时代企业应采取同步工程和系统集成的方法，构建以先进技术为主导的应

---

① 姚建华：《零工经济中数字劳工的困境与对策》，《当代传播》2018年第3期。
② 余江、孟庆时、张越等：《数字创业：数字化时代创业理论和实践的新趋势》，《科学学研究》2018年第10期。
③ 宋晓玲：《数字普惠金融缩小城乡收入差距的实证检验》，《财经科学》2017年第6期。
④ 龚沁宜、成学真：《数字普惠金融、农村贫困与经济增长》，《甘肃社会科学》2018年第6期。
⑤ 裴长洪、倪江飞、李越：《数字经济的政治经济学分析》，《财贸经济》2018年第9期。

用范式，扩大新创业务的销售和盈利，以此实现企业战略转型[①]。蒋瑜洁、钮钦实证探索了我国数字经济背景下企业 CIO 胜任能力特征模型，提炼了数字经济环境中企业 CIO 胜任能力特征条目，研究发现，数字经济时代企业对 CIO 胜任能力特征提出了新的特殊要求[②]。

（三）国内外相关研究述评

通过对国内外研究成果的梳理，本书发现，学术界已对城镇化问题进行了广泛深入的研究，并取得了丰硕成果，这为我国新型城镇化的推进提供了理论借鉴和政策依据。然而，对于西部地区新型城镇化这一问题的研究还存在许多不足，主要表现在：（1）对于新型城镇化的相关基础理论挖掘较少，理论支撑相对滞后；（2）关于西部地区新型城镇化的研究偏重定性，定量分析薄弱；（3）基于发达国家或地区的城镇化研究较为丰富，而对于欠发达地区，尤其对于西部地区新型城镇化这一问题的关注不够；（4）对于西部地区城镇化这一课题，从历史演进、现状分析、未来前景对其发展脉络和发展趋势进行宏观把握的研究鲜少见到；（5）在城镇化与区域发展关系的研究方面，主要倾向于城镇化与经济发展的互动机理，而对于人居环境和生态环境的考虑较少；（6）新型城镇化的测度指标较为混杂，缺乏统一公认的新型城镇化测度标准。

综上，本书认为，城镇化是一个较为深刻的经济社会问题，其所涉及的内容广泛而丰富，尤其对于西部地区而言，经济发展不容忽视，居民生活和生态环境同样需引起高度重视。因此，关于西部地区新型城镇化这一课题，本书将聚焦其发展目标和动力机制两个问题，构建包含生活宜居化、要素市场化、产业集聚化、城市生态化、城乡一体化五个维度的新型城镇化发展目标体系，以及涉及产

---

① 逄健、朱欣民：《面向战略转型的公司创业商机管理探析——基于数字经济的视角》，《四川大学学报》（哲学社会科学版）2014 年第 2 期。

② 蒋瑜洁、钮钦：《数字经济环境下企业 CIO 的胜任能力特征探究》，《企业经济》2018 年第 4 期。

业发展动力、市场环境动力、外向经济动力、政府行政动力四个方面的新型城镇化动力机制，并从理论层面分析西部地区新型城镇化发展目标和动力机制的相关关系，进一步对西部地区新型城镇化发展绩效和动力机制进行客观评价与测度，从实证层面探寻二者的相关性，从而将西部地区新型城镇化置于一个宏观的架构下审视，试图进行更加系统全面的研究，并且与数字经济时代的先进信息技术相结合，最终提出推进西部地区新型城镇化高质量发展的政策建议。

第三章 西部地区新型城镇化发展目标与动力机制：理论分析

本章在对城镇化发展目标、动力机制的一般理论进行阐释的基础上，分析了西部地区传统城镇化发展目标与动力机制，并指出西部地区传统城镇化陷入困境的根源在于：发展目标单一，动力机制失衡。由此，西部地区新型城镇化多维目标体系，以及西部地区新型城镇化均衡动力机制应运而生，进一步地，本章对西部地区新型城镇化发展目标和动力机制之间的相关关系作了深入分析，为后续章节的实证研究提供了理论基础。

一 城镇化发展目标的一般理论

城镇化发展目标，是指对城镇化这一活动预期结果的主观设想与预期目的，具有维系城镇化各组织关系，以及指导城镇化系统组织方向的作用。城镇化在追求经济发展的同时，还应实现人的全面发展。

（一）经济发展目标

1962年，美国地理学家布莱恩·贝利（Bailey B.）指出："一个国家的经济发展水平与该国的城市化程度之间存在着某种联系。"[①] 首先，城镇化的适度推进能够使人口和资本等生产资料由

[①] 谢文蕙、邓卫：《城市经济学》（第2版），清华大学出版社2014年版，第35页。

分散的无序状态转为高度集中的有序状态。城镇化能够吸引农村剩余劳动力向城镇迁移，促进经济结构调整和市场经济发育，带来生产要素集聚，进一步实现规模效益递增，使生产要素得以合理组织，使先进技术得以大规模采用，使劳动生产率得以大幅度提高，从而推动经济发展。其次，城镇化的适度推进能够扩大有效需求。在市场经济条件下，经济的持续增长有赖于市场容量的不断拓展和市场结构的优化升级。随着城镇化的发展，城镇数量逐渐增加，城镇规模渐趋延展，城镇的基础设施、公共服务、住房和社会保障等需要巨额的投资；同时，为解决农业转移人口的就业和消费问题，第二、第三产业的投资也随之增加；此外，城镇化还有助于将农村庞大的潜在需求转化为现实需求，这些都有利于推动国民经济的发展。

（二）人的全面发展目标

亚里士多德曾说过，"人们为了活着而聚集到城镇，为了生活得更加美好而居留于城镇"[①]。城镇是人类文明的产物，是人类社会物质文明和精神文明的结晶。城镇化不是钢筋水泥的排列组合，是一个伴随着产业的规模集聚而产生的人口向城镇迁移的过程，是传统农业文明向现代城市文明转化的进步过程。在此过程中，既要实现经济的快速稳步发展，同时更要使居民福利得到改善，使人类能力得到全面发展。一定意义上说，城镇化的根本目的是满足全体居民日益增长的物质与文化需要，更深层次地，使居民福利得以改善，使居民能够劳有所得、住有所居、学有所教、病有所医、老有所养，能够享受高品质的幸福生活，进而实现人的自由而全面的发展。人的全面发展不仅是城镇化的终极目标，更是现代社会发展的根本诉求。

作为社会进步的重要内容，人的全面发展是人的社会交往的普遍性和人对社会关系的控制程度的高度发展，即人类社会关系的全

[①] 广德福：《中国新型城镇化之路》，人民日报出版社2014年版，第77页。

面发展，其既是一种理想追求及价值目标，也是一个逐步发展和不断深化的历史实践。就整个社会而言，人的全面发展的实质，在于整个人类社会在经济、政治、文化、生态层面的共同进步，以及在物质文明、政治文明、精神文明领域的协调发展；就个人而言，人的全面发展强调，作为个体的人在物质生活与精神生活方面的全面发展，在身体素质和精神素质方面的全面发展，在智力、体力、能力、人格方面的全面发展，在世界观、人生观、价值观方面的全面发展，以及人的物质与文化需要的满足、人与自然关系的和谐等，也就是说，人的全面发展不仅要使个人的全部能力获得全面发展，而且要使个人的全部现实关系和观念得到全面发展。

二 城镇化动力机制的一般理论

"机制"是事物内在的联系和运行规律，是不以人的意志为转移的客观存在。城镇化动力机制，是指城镇化产生与发展所必需的动力的产生机理，以及维持和改善这种作用机理的各种经济关系、组织制度等所构成的综合系统的总和。

（一）产业结构转换动力机制

城镇和非农产业的吸引力，以及农村和农业的推动力是城镇化发展的主要动力。农村孕育了城镇，农业的发展为城镇化奠定了前提和基础，是城镇化产生的初始动力；工业对规模化和专业化的追求，拉动了企业和产业在空间方面的集聚，是城镇化加速推进的基本动力；第三产业的崛起，极大地增强了城镇的吸纳能力，是城镇化实现可持续发展的后续动力。故此，在城镇化进程中，其基本动力在发展初期主要来自农业劳动生产率的提高和工业化，中后期则主要源于城镇服务业的发展与新兴产业的创新。产业的结构演进推动了经济的工业化与非农化，产业的空间布局带来了人类定居方式的集聚化和城镇化。

◈ 第三章 西部地区新型城镇化发展目标与动力机制：理论分析 ◈

1. 农业是城镇化发展的初始动力

城镇化，是由传统落后的乡村社会和自然经济，向现代先进的城市社会和商品经济转变的历史发展过程，其实质是生产力变革所引起的各种要素资源从农业部门向非农业部门的转移，这种转移的标志即是农业比重的下降和非农业比重的上升。马克思指出，超过劳动者个人需要的农业劳动生产率，是其他一切劳动部门所能够独立化的自然基础①。城镇化总是首先出现在分工完善、商品化率与交易化率渐趋提升、农业生产力取得一定发展的地区。因此，农业是满足人类最基本生存需要的产业，为城镇化的产生和发展奠定了基础，是城镇化发展的初始动力。农业对于城镇化的推动作用是全方位的，主要表现在以下几个方面。

（1）产品贡献

马克思指出，农业劳动生产率的提高，会产生大量的农业剩余产品，而农业剩余产品是一切分工的基础，是非农产业从农业中独立出来的先决条件②。农业劳动生产率提高的过程，本质上即是城镇化产生的过程，农产品为城镇化提供了充足、优质的食物和原料。食物方面，农业部门主要供给粮食、蔬菜、水果、油类、肉蛋奶等，用于满足城镇非农业人口的生活需求。农业发展水平越高，单位农业人口所能负担的非农业人口数量越多，也就是说，一个国家或地区农产品数量的多少，是影响该区域城镇人口数量多少的关键因素之一（通过贸易或战争等手段从其他区域获取的情况除外）。原料方面，农业部门主要供给籽棉、谷物、油料、蚕茧等经济作物，用于棉纺织业、食品加工业、缫丝业等轻工业生产。农业越发达，其原料的供给能力越强，有助于推动城镇相关工业的发展。可见，农业劳动生产率的高低决定了农业部门所提供产品剩余的数量和质量，进一步地，决定了城镇化的规模和速度。因此，农业是城镇建立和发展的必要条件，是城镇化产生与发展的初始

---

① 新玉言：《新型城镇化——理论发展与前景透析》，国家行政学院出版社2013年版，第100页。
② 同上书，第105页。

动力。

(2) 要素贡献

城镇的发展与扩张过程，实质上是资源的重新配置，并在城镇地域聚集、优化的过程，因此，城镇化势必促使农业剩余生产资料从农业部门向非农业部门转移。同时，城镇经济对资源的高效利用，以及由此提供的要素高价格，也诱导着农业劳动力、资本、土地等生产要素向城镇集聚。劳动力方面，农业越发达，农业劳动生产率越高，所能释放的农村剩余劳动力就越多，越能满足城镇化对非农产业发展的劳动力需求。可见，农业生产力水平决定了农业所能释放的劳动力数量，进而决定了城镇化的人力资源规模。资本方面，农业剩余为城镇化积累了大量原始资本。农业为城镇化提供外汇方面的支持，通过农村优势产品或农业资本剩余的出口换取外汇，从国外购进工业发展所必需的适用设备和先进技术，从而助推工业化和城镇化的发展。此外，部分农业剩余劳动力携资进城办企业、集资兴建基础设施等，也成为城镇化发展的物质力量。所以，农业为城镇化进程积累了第一笔原始资本。土地方面，土地资源是城镇扩张的依托，城镇化过程中占用的土地大多来自农业，而农业释放土地资源能力的大小取决于农业生产力水平的高低。凭借农业技术的密集化和资源配置的市场化，实现了对土地资源的集约、高效利用，拓展了城镇空间，为城镇化提供了土地支撑。

(3) 市场贡献

农业发展为城镇化做出的市场贡献，一方面体现为农业部门对生产投入品的需求，另一方面体现为农业及农业转移人口的消费需求。从生产投入品的需求来看，农业部门在自身发展的过程中，需要投入大量的农业机械、农用化肥等工业产品，这直接构成了城镇相关工业部门的市场需求，带动了城镇化的发展。从消费需求来看，农村是一个现实的、潜力巨大的市场，伴随农业的发展、农民收入水平的提高，以及恩格尔系数的不断下降，农民对工业制成品和服务的消费需求在绝对数量和相对比例上都显著增加。同时，由于生活环境发生变化，农业转移人口的消费理念和消费结构也随之改变，需要高档生活消费品和现代化服务来改善生活品质，这也扩展了植根于城镇的第二、第三产业的市场范围。由此，消费需求的增加，扩大了城镇部门的销售市场，有利于市场经济的繁荣，有助于城镇相关产业部门的投资，以及产业门类的增加、产业结构的优化升级，从而推动了城镇化的发展。

2. 工业是城镇化发展的基本动力

工业化要求生产的集中化、连续化和规模化，由此产生的集聚效应促进了劳动力、资本、技术等生产要素在有限空间内的高度组合，进而推动了城镇规模的扩大和城镇数量的增加。正如英国经济学家约翰·巴顿（Barton J.）所言，"城市化的产生与发展都离不开工业化，工业化促进了城市化"[①]。对此，恩格斯曾深刻地论述道："大工业企业需要许多工人在一个建筑物里共同劳动。这些工人住在近处，即使在不大的工厂近旁，他们也会形成一个完整的村镇。他们都有一定的需要，为了满足这些需要，还必须有其他的人，于是手工业者、裁缝、鞋匠、面包师、泥瓦匠、木匠都搬到这里来，……当第一个工厂不能保证一切希望工作的人都有工作的时候，工资就会下降，结果是新的厂商搬到这个地方来，于是村镇变成了小城市，小城市又变成了大城市。城市越大，搬到这里来越有利。因为这里有铁路，有运河，有公路；可以挑选的熟练工人越来越多；这里有顾客云集的市场和交易所，这里跟原料市场和成品销售市场有直接的联系。这就决定了大工厂城市惊人迅速地成长。"[②]

（1）城镇化发展的工业基础

工业对城镇化的带动和支撑作用主要表现在：第一，工业化是城镇化发展的产业支撑。工业主导加强产业之间的互动联系，促使产业的空间集聚范围迅速扩大，加快了城镇化进程，同时，工业结构的优化调整进一步推动了城镇规模的扩大和中心功能的升级。第

[①] 张沛：《中国城镇化的理论与实践——西部地区发展研究与探索》，东南大学出版社 2009 年版，第 84 页。

[②] 新玉言：《新型城镇化——理论发展与前景透析》，国家行政学院出版社 2013 年版，第 107 页。

二，工业化提升了城镇的人口吸纳能力。工业在成长发展的过程中，随着产业规模的扩张，巨量的就业机会在城镇出现，吸纳了众多的专业技术人员和普通工人，这些劳动力及其家眷进入城镇，不仅扩大了城镇的人口规模，而且在工作、学习和生活方面，他们必然需要大量高效优质的社会化服务，从而促进了第三产业的崛起，赋予了城镇化发展新的活力。第三，工业化为城镇化的消费提供了大量商品。城镇化发展过程中所需要的大批工业制成品和半成品，都要通过工业化大生产来补充；此外，随着经济的发展，居民收入水平不断攀升，购买力显著增强，而专业化的工业生产所提供的优质商品，可以满足居民愈趋高级化的消费层次，保持城镇经济的繁荣。第四，工业化为城镇化积累了建设资金。工业化的发展增加了政府的财税收入，为城镇化的基础设施和公共服务提供了充裕的建设资金，有助于城镇化的持续推进。

（2）工业化推动城镇化的经济原则

工业化之所以能够引起如此巨大而深刻的城镇革命，能够推动城镇化的发展，是因为工业化具有以下经济原则。

① "最低临界值效应" 原则

新建或扩建一个工业企业时，存在一个维持企业基本生存的最低临界销售额，只有当销售额达到此临界值时，投资才会产生利润，投资者才可能因其有利可图而做出投资决策。所以，投资者将通过对不同地区的各个条件进行比较，权衡在各地投资所能得到的不同收益率，最终将资本投资在可以创造最大剩余价值的地域，从而形成了生产要素朝着高收益率地区自由流动的状态，这就保证了一定规模市场的发育，城镇的雏形由此诞生。

② "初始利益棘轮效应" 原则

一个城镇过去的经济发展状况、基础设施建设、人口规模分布影响着当前的工业生产布局决策，也即一个城镇对未来的决策倾向是以该城镇现在的存在条件为基础和依据的。故此，工业实力雄厚、基础设施良好的城镇，能够吸引和集聚更多的资本、劳动力、技术等要素资源，能使工业化得到更优良的生产条件和投资环境，同时也有效地推动了城镇经济规模的自我成长，进而对城镇化的发展起到了促进作用。

③"产业链效应"原则

"产业链效应"，是指国民经济各个产业在社会再生产过程中所形成的直接和间接的相互依存、相互制约的经济联系。工业化的实质，即是由工业领域的发展逐步向其他产业领域推进延伸的过程。如马克思所说，"一个工业部门生产方式的变革，必定引起其他部门生产方式的变革"①。一方面，工业生产优化改进了农业的技术基础，机器设备在农业生产中得以推广应用，实现了农业的机械化大生产，促进了农业劳动生产率的提高；另一方面，随着工业生产方式的进步，分工和专业化程度不断加深，将促使从事非生产性劳动的人群出现，当工业的集聚达到一定规模，必然刺激第三产业的崛起与发展。可见，工业化不仅对城镇化发展起到直接推动作用，而且通过产业链效应间接地带动着城镇化进程。

④"循环累积因果效应"原则

"循环累积因果效应"，是指在社会经济发展的过程中，各种影响因素相互联系、相互制约、互为因果，某个因素发生变化，将引发其他因素的改变，而这种后发的变动反过来又加剧了先发因素的初始变化，使社会经济过程沿着初始变动的轨迹不断演进。可见，社会经济和各种影响因素之间始终处于动态循环之中，使得经济增长表现出累积上升或累积下降的趋势。工业企业的建立吸纳了大量劳动力就业于城镇，城镇规模不断拓展，商务贸易和项目投资增强了城镇的经济实力，使得基础设施建设获得了更多资金支持，同时反过来，城镇雄厚的经济实力和完善的基础设施又将吸引更多的工业企业，整个循环过程具有累积效应。因此，工业增长和城镇化发展二者相互作用、累积演进，每个发展阶段都以前一阶段为基础，

---

① ［德］卡尔·马克思：《资本论》（第1卷），中共中央马克思恩格斯列宁斯大林著作编译局译，人民出版社1987年版，第421页。

在这个循环过程中,发展的动力互为因果,不仅具有累积效应,而且所带来的加速度促使城镇化和新型工业得到不断推进(见图3)。

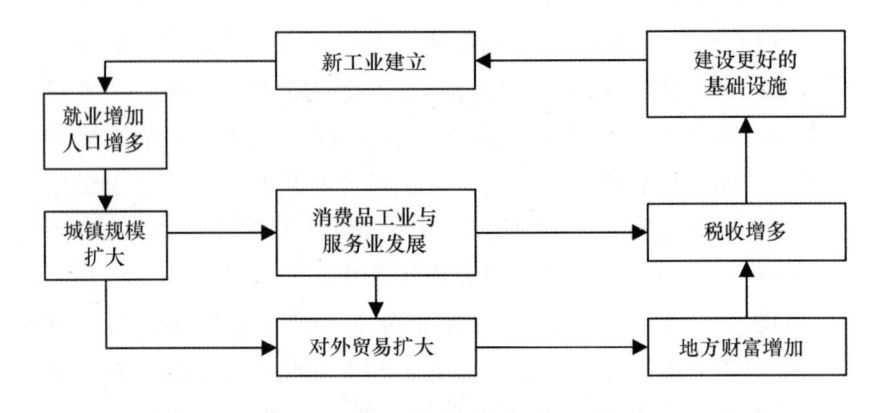

图3 循环累积因果效应

资料来源:谢文蕙、邓卫:《城市经济学》(第2版),清华大学出版社2014年版,第33页。

3. 第三产业是城镇化发展的后续动力

随着第二产业的演进升级和第一产业逐步现代化,以服务为主要内容的第三产业得以迅速崛起发展,且对经济发展的贡献率渐趋提高,赋予城镇新的活力,并日益取代工业一跃成为推动城镇经济的主要力量,为城镇化发展提供了后继的持续动力。第三产业对城镇化发展的巨大支撑和推动作用,主要表现在以下几个方面。

(1)第三产业优化了城镇的服务环境

第三产业通过为城镇的生产生活提供基础条件和服务环境,使城镇的吸引力得以增强,为城镇化发展提供了后续动力。从生产配套性服务来看,商品经济高度发达的社会化大生产,使得分工成为整个社会的普遍生产组织形式,这要求城镇能够提供全方位、高质量、高效率的生产配套性服务。如企业生产需要提供保险金融、财务会计、科技、通信等方面的服务,产品流通要求有仓储、运输等方面的服务,市场销售要求有广告、咨询、营销、创意设计等方面的服务,等等。这一由第三产业编织的生产配套性服务网络形成了细致而发达的市场体系，保障了城镇化的推进。从生活配套性服务来看，人们不断提高的收入水平和逐渐增多的闲暇时间，大大刺激了其物质消费和精神享受的需求，要求有更多、更好、更个性化的居住、商购、健身娱乐、教育培训、医疗健康、观光旅游、养老休闲等方面的服务和设施。这些由第三产业提供的生活配套性服务，使城镇居民的生产生活更为便利，使城镇的吸引力不断增强，促进了城镇化的发展。

（2）第三产业增多了城镇的就业机会

多数第三产业属于劳动密集型，劳动力吸纳能力较强、就业弹性普遍较高。第三产业的崛起壮大，将提供大量的就业岗位，如商业零售网点的员工、城管的园林绿化工、街道的清洁工、医院的看护工、机关和企业的保安、家政服务人员等。因此，第三产业增强了城镇的吸纳能力，扩大了城镇的人口规模，有助于城镇化的加速推进。

（3）第三产业加强了城镇的聚集经济

"聚集经济"，是指由于劳动与资本等生产要素的集中所产生的高收益，是城镇的重要特征之一。第三产业的崛起使城镇的生产生活变得更加便利，实现了城镇的聚集经济。例如，交通、通信、物流、商业的发展，解决了社会化大生产带来的原料和产品的市场问题；金融与保险、管理与信息咨询、基础设施和公共服务等的发展，为城镇经济的持续推进提供了良好的外部环境；科学研究、文化教育等的发展，为城镇高素质劳动力的培育提供了保障。因此，第三产业强化了城镇的聚集经济，是城镇化后续发展的产业依托。

（4）第三产业发挥了城镇的扩散效应

城镇是其所在区域一定范围内的经济增长极，整个经济的发展是由城镇通过不同渠道逐渐向边缘地区扩散，进而对整个经济产生最终影响而带动实现的。第三产业的发展为城镇扩散效应的发挥提供了前提条件，第三产业比重越高，城镇的功能越趋于完善，城镇的扩散效应也越明显。例如，交通运输业的完善加快了物流体系的形成，通信服务业的发展促进了交流网络的扩大，金融信贷业的推进刺激了货币资本的流转，从而满足了扩大再生产的根本要求，这不仅有助于城镇自身经济水平的提升,而且带动和影响了周围边缘地带的发展。因此,第三产业越发达,城镇经济的扩散范围越大,越有助于城镇化的推进。

对于城镇化的发展,工业和第三产业均发挥了重要作用。工业促进了城镇化"量"的扩张,即城镇规模的拓展与城镇数量的增多;第三产业带动了城镇化"质"的进步,即城镇软硬件设施的建设和完善,以及人民物质文化生活质量的提升。可见,工业与第三产业二者以不同效果推动着城镇化进程。

4. 产业结构高级化是城镇化发展的持续动力

城镇化能否持续发展,关键在于经济能否健康推进,在于城镇是否能够在市场竞争中成为资源、信息、人才的聚居地和强有力的辐射中心。因此,要实现城镇化持续发展这一目标,就必须确保城镇在区域发展中始终占据产业链的高地,必须保持产业结构高级化的持续进行。

综上,农业、工业、第三产业这三种本质的因素推动了城镇化的发展,其中,农业是初始动力、工业是基本动力、第三产业是后续动力。也就是说,城镇化进程中存在两股基本力量,即农业的"推力"和农村的"释放力",以及非农产业的"拉力"和城镇的"容纳力",在这二者的"推拉"之间,在"释放"与"容纳"之间,实现了城镇化的持续健康发展。此外,高新技术、信息技术产业已经成为目前以及未来产业结构转型升级的重要内容,更是城镇化继续推进的核心动力,必将进一步推动新型城镇化持续健康快速发展。

(二) 比较利益动力机制

在经济利益作用的驱使下,城乡居民收入之间所存在的较大差距,必然导致农村剩余劳动力从农业部门向非农业部门转移,而且城乡差距越大,劳动人口迁往非农业部门谋生的驱动力越强烈。同时,生产要素也必然由低收益率部门流向高收益率部门,从而实现要素资源配置的最优化。因此,存在于城乡、区域、部门之间的经济利益差距,是助推城镇化发展的重要动力,并通过以下作用机制促进城镇化进程。

1. 利益驱动机制

城镇化是随着工业化和经济发展,各种生产要素在城乡之间、区域之间、部门之间重新配置的过程。在市场经济条件下,追逐高收益是所有生产要素所有者的内在本能。不同规模、不同类型的城镇,由于其要素禀赋存在区别,使得劳动力的迁移成本和迁移收益,以及工业企业的生产成本和生产收益有所差异,是否迁入城镇、迁至何种类型的城镇,由农业剩余劳动力和工业企业权衡自身的迁移成本、收益决定。一般地,当迁入城镇的收益大于成本时,迁至该城镇就有利可图,那么流入此地区的人口和企业都将增加,城镇的规模随之扩大,城镇化顺利开展;反之,当迁入城镇的收益小于成本时,必然会对进城务工的农业转移人口产生制约,对企业入驻城镇产生阻碍,那么迁入这个城镇的人口和企业都将减少,城镇化的发展也受到影响。因此,比较利益较高的地区,往往是人口和企业的聚集地带,城镇化发展最为迅速。

2. 市场机制

城镇化与工业化、经济发展之间,最终将在市场机制的作用下相互协调、共同发展。城镇化是在市场机制的作用下,由城镇化需求主体对就业机会、收入水平、生活环境、交通状况、社会保障等经济发展和制度安排进行综合评价之后,做出的理性选择的结果。具体地,市场机制包括供求机制、成本收益机制、竞争机制。

(1) 城镇化发展的供求机制

城镇化发展的供求机制,即城镇化供给和需求之间的内在联系和动态平衡的规律性。一方面,城镇化为市场提供一定的就业机会、社会保障等经济安排和经济必需品,形成城镇化供给;另一方面,城镇化人口和工业企业用一定数量有支付能力的货币、劳动力,购买或交换生产生活必需的经济和非经济必需品,形成城镇化需求。当城镇化发展供过于求时,城镇化供给者为实现自身经济利益而展开激烈的竞争,使得城镇化需求者的成本下降、收益上升;当城镇化发展供不应求时,城镇化需求者竞相向城镇聚集,引起其成本上升、收益下降。可见，在供求机制的影响下，城镇化供给和城镇化需求相互作用，最终促使城镇化发展实现动态平衡。

（2）城镇化发展的成本收益机制

城镇化发展的成本收益机制，即城镇化成本、收益、需求、供给，以及相互之间进行调节的作用过程和方式，是城镇化市场机制的主体内容。当城镇化收益提高，将刺激城镇化需求，从而增加城镇化供给，加快城镇化发展，并使城镇化成本上升；当城镇化成本提高，将抑制城镇化需求，从而减少城镇化供给，延缓城镇化发展，并使城镇化成本下降。可见，城镇化发展的成本收益率只要维持在合理的区间，则城镇化的供给和需求将会持续增加，进而推动城镇化发展。

（3）城镇化发展的竞争机制

城镇化发展的竞争机制，是指城镇化行为主体之间经过优胜劣汰的竞争，使资源不断由劣势城镇转移至优势城镇的内在规律。城镇化发展的竞争机制是实现对产业和非农化资源进行优化配置的重要杠杆，是城镇化发展效率提高的主要手段，是推动城镇化进程的重要动力。

（三）制度动力机制

制度，是指一系列管束人们最大化行为和社会活动的规则的总和，规定着人们的选择空间和相互关系，制约着人们的行为。作为一个国家或地区经济社会的转型现象，城镇化与制度安排及其变迁密切相关。制度因素会对从事社会经济活动的土地、劳动力、资本等要素资源产生直接或间接的影响，进而对城镇化产生作用。

不同的制度框架或制度安排对城镇化的影响有所差异。合理的、与城镇化方向一致的制度安排有利于实现资源的有序、顺畅、快速流动，能够促进城镇化规范发展，是城镇化的重要动力；而不合理的制度安排则会导致低效率的结构转换及要素重组，最终抑制或阻碍城镇化进程。可见，制度安排是城镇化实践中既可能起到"正向推进"也可能形成"逆向阻碍"的"双刃剑"。

第三章 西部地区新型城镇化发展目标与动力机制：理论分析

1. 制度安排影响个体城镇化行为

从微观角度来讲，城镇化是个人迁移及要素流动的过程，并深受制度环境的影响。对于个人迁移而言，制度安排不仅决定了迁移者是否具有迁移的自由、迁移的方式，以及将要迁入的地区，而且决定了迁移的成本与效益的组合。对于要素流动而言，制度安排界定了流动性的高低、流动的方向、规模和速度，以及流动过程所产生的利益分配格局。所以，倘若一种制度安排为个人及要素赋予了较强的自主流动性，则这一制度安排有利于城镇化的发展。

2. 制度安排影响交易成本

依新制度经济学的观点，城镇化是一种交易，是以将要进入城镇的个体为主的多方利益主体参与的综合交易过程，受成本效益核算的制约。所以，如果城镇化的成本过高，则城镇化动力将会有所减弱，城镇化进程将因此延缓。可见，合理有效的制度规则设计，能够使城镇化各主体了解不同利益集团的大致行为方向，能够提高信息的透明度，有助于减少城镇化过程中不同利益主体相互了解的成本；同时，各主体还能较为清晰地认识自身权、责、行为集合的优劣势，有利于减少城镇化过程中交易主体的谈判成本。此外，针对一些不合理的行为，政府常常出台相应的处罚规则，也有降低城镇化交易成本的效果。因此，有效率的制度安排能够通过最小化交易成本，从而制约城镇化的成本，最终加快城镇化的发展。

3. 制度安排影响资源配置

城镇化是社会经济发展重心由农村向城镇转移的过程，是国民经济格局的空间调整、资源的空间重新配置过程。城镇化健康持续发展的关键，在于能否协调处理要素整合和空间配置之间的关系，能否提高资源配置的效率。而效率正是人们在必要的激励机制下进行工作和创造性的结果，这是制度的基本功能。不同制度安排产生的差异激励性结果，对资源配置和城镇化的影响有所不同。例如，计划经济条件下的制度安排，试图以激发思想觉悟的方式代替利益激励，以期产生有活力、负责任的经济行为，结果带来了激励不足和资源配置扭曲的问题，阻碍了城镇化进程。市场经济条件下的制度安排，以经济活动行为人私利存在的现实性和正当性为基础，设计了有效的激励机制，提高了资源配置的效率。因此，只有有效率的制度安排，才能实现资源的最优配置，从而达到帕累托最优，最终促进城镇化的发展。

（四）政府行为动力机制

城镇化发展的一些领域处于被现代经济学认定的"市场失灵"范围，市场这只"看不见的手"并非总是能够有效地提供市政基础设施等公共产品，城镇化需要政府参与、调节，并提供必要的引导。因此，政府作为特定的组织形式，在城镇化进程中的作用独特而有效，政府行为是城镇化发展不容忽视的动力机制。具体地，作为行政力量，政府这只"看得见的手"在城镇化进程中的功能主要体现在以下几个方面。

1. 设计功能

设计功能，是政府在城镇化发展过程中的主要功能，是指作为公众和社会利益代表的政府，根据经济建设、社会发展以及城镇化推进的总体要求，从顶层规划、设计和制定城镇化的发展目标、推进路径，并通过特定的机制将其予以实施，以指导和规范城镇化主体的经济活动。城镇化的主体包括政府、企业和个人，其中，企业和个人属于城镇化的微观主体，是城镇化的直接承担者，自身利益最大化是其追求的主要目标。微观主体自身的局限性，导致其不可能从宏观上把握城镇化的发展规律，不会从城镇化的整体发展考虑问题并调整自身行为。微观主体的这一特征，决定了城镇化发展若缺乏宏观调控，城镇化将陷入无序和低级的循环之中。而属于宏观主体的政府，应代表社会主体的利益做出选择，应根据城镇化的社会经济发展目标，对城镇化的发展道路与发展模式进行科学的、宏观的设计，以确保城镇化能够健康、顺利、有序地推进。

2. 诱导功能

诱导功能，是指政府依托市场手段对以企业和个人为组成的城镇化微观主体的行为加以激励或者制约，从而引导微观主体的经济行为与政府设计的城镇化发展要求相一致。政府对城镇化进程的设计体现了社会主体的偏好，而微观主体只以自身利益是否达到最大化作为行为选择的标准，所以微观主体的经济行为可能与城镇化规律及政府的规划相悖。这就要求政府必须从调整物质利益着手，依靠市场手段而非简单的行政、法律的政府规制手段，鼓励和引导微观主体的行为，使之与政府的城镇化宏观设计相一致。

3. 干预功能

干预功能，是指当市场出现重大危机时，政府通过行政手段直接介入城镇化进程，并针对由于监管失效出现的问题进行补救的行为。政府在采用经济手段诱导企业和个人利益的同时，还应颁布行政指令，通过组织机构系统直接对微观主体施加强制性的合理行政手段，对城镇化进行干预，进而强行驱使城镇化进程由非常规运行恢复到正常有序的发展状态。

4. 规范功能

规范功能，是指政府以法律法规为依据，对阻碍或不利于城镇化发展的行为进行有效整顿规制。对于城镇化发展过程中出现的资源浪费、资源错配和环境破坏等种种乱象，政府必须运用法律手段，以及相应的制度安排加以治理整顿和规范约束，以使经济主体活动始终处于一种不可抗拒的刚性约束之中，从而确保经济主体与政府的宏观发展意图相吻合，最终促进城镇化的发展。

5. 赶超功能

赶超功能，是指经济社会落后的国家和地区，在政府的强力主导下所发挥的有意识的、以赶超先进国家和地区为目的的，高度动员有限的资源、依靠工业化实现经济增长和城镇化发展的功能。赶超功能的本质在于政府对时机的把握和对经济的强力干预[①]，在于政府对赶超意识的强调及对目标的追赶，而不是实现赶超的途径。

作为经济社会的综合管理组织，政府具有其他组织部门所没有

---

① [德] 弗里德里希·李斯特：《政治经济学的国民体系》，邱伟立译，华夏出版社2013年版，第28页。

的强制力,能够对经济活动进行某些限制和规定。具体地,发展中国家和地区的政府,以城镇化率快速增长、实现经济赶超为核心目标,所有发展规划和经济政策,都围绕"赶超"展开;运用一切可以利用的经济和非经济手段,不惜违背经济发展的现有逻辑和城镇化的一般规律,表现为超常规的经济增长和城镇化速度、"压缩"经济发展和城镇化进程,以及突破比较优势原则,扶持根据比较优势原则无法大规模发展的重点工业部门,等等;通过政府替代弥补"市场失灵",暂时扭曲产品价格和要素价格,以计划制度替代市场机制的制度安排,以此增强政府在资源配置中的优势地位,提升政府在产业结构转换中的强制作用。赶超功能虽然有助于后进经济体在短期内缩小与先进经济体的差距,但是,这种对经济增长和城镇化率的极度关注,以赶超目标统领一切活动的理念,易使整个经济社会陷入盲目追求高产值、高速度的误区,造成加工制造业超前发展,而城镇基础设施和公共服务滞后,以及资源大量浪费、经济效益和城镇化质量不佳的问题。

三 西部地区传统城镇化发展目标

改革开放尤其是西部大开发以来,"经济增长至上"的理念深入渗透于经济基础薄弱、城镇化滞后、资源环境复杂、人文条件多元的西部地区。一时间,西部地区对经济增长产生了极度的关注,试图通过GDP的增加来改变贫穷落后的整体面貌,提升城镇化发展水平。例如,"十五"和"十一五"期间,西部各省(自治区、直辖市)的城镇化发展目标主要以围绕实现经济增长展开,致力于"量"的扩张,在提升城镇化率、培育城镇产业、增加城镇数量、扩展城镇空间、建设城镇体系等方面做出了诸多努力;"十二五"期间,西部地区城镇化"重物轻人"的现象依然存在。党的十八届五中全会提出了新发展理念,为新型城镇化明确了发展思路、发展方向、发展着力点,"十二五"期间,西部地区城镇化"重数量轻质量"的问题逐渐缓解,不断向注意"质"的提升方面转变。

◈ 第三章 西部地区新型城镇化发展目标与动力机制：理论分析 ◈

第一，提升城镇化率。内蒙古着力深化户籍、就业、教育、医疗、社会保障等制度改革，引导农村牧区富余劳动力向城镇有序转移，计划在"十一五"期间城镇化率由"十五"末的47.2%提升至55%[1]。陕西积极完善社会保障机制，为农村富余劳动力向城镇转移提供宽松的政策和制度环境，力争"十一五"期间城镇化率由37.2%增至45%[2]。四川不断健全户籍制度和流动人口管理办法，合理引导人口集聚，计划"十一五"期间城镇化率由"十五"末的33%提高到38%[3]。第二，培育城镇产业。"十一五"期间，贵州大力发展城镇经济，改造提升传统产业，培育壮大高新技术产业，并结合自身特色优势积极发展农业型、旅游服务型、商贸集散型、交通枢纽型、绿色生态型、工矿资源型、历史民族文化型城镇，促进城镇产业结构转型升级[4]。陕西"十一五"期间致力于城镇产业发展，加快推动特色产业的发展和集聚，积极培育有竞争力的城镇主导产业，同时加快区域中心城市产业的优化升级，形成对农村富余劳动力的强大拉力[5]。第三，增加城镇数量。青海计划实现城镇数量由2000年的73座增至2005年的129座[6]。陕西进一步扩大城镇规模，计划"十一五"期间将人口规模5万以上的城镇数量增加至100座[7]。第四，扩展城镇空间。广西"十五"期间城镇建成区面积由997.32平方公里增加到了1216.63平方公里，年均增长43.86平方公

---

[1] 内蒙古自治区人民政府：《内蒙古自治区"十一五"发展规划纲要》，http://www.nmg.gov.cn，2009年5月15日。
[2] 陕西省人民政府：《陕西省"十一五"城镇化发展专项规划》，http://www.shaanxi.gov.cn，2008年1月1日。
[3] 四川省人民政府：《四川省国民经济和社会发展"十一五"规划纲要》，http://www.sc.gov.cn，2006年3月21日。
[4] 贵州省人民政府：《贵州省"十一五"城镇化发展专项规划》，http://www.gzgov.gov.cn，2008年8月5日。
[5] 陕西省人民政府：《陕西省"十一五"城镇化发展专项规划》，http://www.shaanxi.gov.cn，2008年1月1日。
[6] 青海省人民政府：《青海省国民经济和社会发展"十五"计划纲要》，http://www.qh.gov.cn，2013年5月24日。
[7] 陕西省人民政府：《陕西省"十一五"城镇化发展专项规划》，http://www.shaanxi.gov.cn，2008年1月1日。

里，规划到"十一五"末城镇建设用地总量扩张至 2200 平方公里①。陕西预计到 2020 年，城镇建设用地总规模比 2005 年增加 450 平方公里②。第五，建设城镇体系。重庆计划至 2020 年，构建形成涵盖 1 个特大城市、6 个大城市、25 个中等城市和小城市、495 个小城镇的城镇体系③。陕西规划到 2020 年，培育囊括 2 个特大城市、6 个大城市、8 个中等城市、27 个小城市和 850 个小城镇的城镇体系④。广西积极发挥南北钦防城市群的龙头带动作用，力图"十一五"期间筑成"四群四带"的城镇化体系⑤。

四 西部地区传统城镇化动力机制

城镇化动力机制，是指影响城镇化发展的诸多动力要素的综合，以及彼此之间相互作用的过程。西部地区城镇化特殊的演进历程和复杂的发展状况，决定了其动力机制具有政府外生力量主导、市场内生力量促动的特征，走的是一条"自上而下"的城镇化道路，既具有普遍性，又显现出了西部地区自身的独特性。

（一）政府外生力量主导

西部地区经济基础薄弱、整体发展滞后的状况，决定了依靠其市场自发力量推动城镇化进程的能力十分有限，需要政府行政的介入以打破自身的低水平循环。因此，西部地区城镇化动力机制表现出政府外生力量主导的"自上而下"的特点，政府扶持与政策制度

---

① 广西壮族自治区人民政府：《广西壮族自治区"十一五"发展规划》，http：//www.gxzf.gov.cn，2013 年 5 月 8 日。
② 陕西省住房和城乡建设厅：《〈陕西省城镇体系规划（2006—2020 年）〉实施评估报告》，http：//www.sndrc.gov.cn，2015 年 12 月 20 日。
③ 重庆市人民政府：《重庆市城乡总体规划（2007—2020）》（2014 年深化文本），http：//www.cqupb.gov.cn，2014 年 10 月 14 日。
④ 陕西省住房和城乡建设厅：《〈陕西省城镇体系规划（2006—2020 年）〉实施评估报告》，http：//www.sndrc.gov.cn，2015 年 12 月 20 日。
⑤ 广西壮族自治区人民政府：《广西壮族自治区"十一五"城镇化发展规划》，http：//www.gxzf.gov.cn，2007 年 1 月 27 日。

倾斜是推进西部地区城镇化最主要的动力因素。

1. 政府投资促进西部城镇化发展

（1）大型工程项目的作用

在城镇化发展的过程中，大型工程项目的建设往往会对一个地区产生多方面的深刻影响，引起区域的产业结构调整，促进城镇化水平的提高，最终形成新的城镇或新的增长极。中华人民共和国成立初期，伴随国家级和省级的大型工程项目纷纷在关中、成渝、兰银等地落成，以及奠定国家工业体系的156个重大建设项目、限额以上的694个建设单位组成的一系列工业项目投资活动的陆续推进，西部地区的工业化和城镇化取得了空前发展，大量依托工业项目兴起的新型城市迅速涌现。例如，四川成都、绵阳，内蒙古包头，甘肃兰州、玉门、白银，新疆乌鲁木齐，陕西铜川等城市，以及西安的纺织城、电工城、军工城、航工城等工业区，都是在大型工业项目建设的带动下崛起发展的。

（2）资源开发的作用

西部地区的能源资源和矿产资源储量极具优势，不仅种类繁多，而且蕴藏量巨大。中华人民共和国成立以来，随着国家对西部地区资源的集中投资与开发，一大批资源型城市相继建成，如煤炭工业城市宁夏石嘴山，陕西韩城、铜川，贵州六盘水，内蒙古乌海、满洲里，石油工业城市新疆克拉玛依、甘肃玉门，钢铁工业城市内蒙古包头、四川攀枝花，以及有色金属工业城市甘肃金昌、白银，云南个旧，等等，这些城市的兴起不仅拉动了西部地区的城镇化进程，而且为国民经济、区域发展乃至国家安全做出了重大贡献。可见，政府对西部地区资源的开发与利用，对其城镇化的发展方向与生产力布局产生了直接影响，是西部地区城镇化发展的重要动力。

2. 战略政策拉动西部城镇化发展

从西部地区城镇化的发展历程中不难看出，西部地区城镇化历史上所取得的数次大突破，均是受到了国家战略的影响，均是对国家政策号召的响应，一定意义上讲，西部地区的城镇化直接反映了国家在区域的战略政策需求。例如，抗战时期西部地区陕西宝鸡、四川重庆等城市的发展繁荣，都是国家军事战略影响的结果。20世纪60年代，国家出于备战、备荒的军事战略和政治目的的需要，于西部地区开展了规模浩大的"三线建设"，这在一定程度上推动了要素向西部地区的集中，但由于当时的产业布局过于分散，无法形成集聚效应和规模效应，以至于对西部地区城镇化和经济发展的推动作用有限。此外，20世纪末，为了统筹区域发展，国家推出并积极落实了"西部大开发"战略，随后，西气东输、西电东送、青藏铁路等一批重大基础设施和投资开发项目纷纷上马，西陇海—兰新经济带、长江上游经济带、成渝经济带，以及南贵昆经济区、关中—天水经济区、北部湾经济区率先发展，促进了各类要素向西部地区的聚集，推动了西部地区经济的快速发展，进一步地，为其城镇网络化的形成提供了强有力的财政支持，极大地拉动了西部地区的城镇化进程。

此外，行政区划或行政中心的变更，本质上也是对政府政策执行的结果，是政策带动城镇化进程的表现。通过颁布撤乡建镇、并乡建镇、县设市区等行政指令，以及变动城市管理政策，变更区域行政中心，重新划分行政范围，起到改变城市等级或区域增长极位置，以及增加城市数量或扩大城市规模的作用，从而影响城镇化发展格局。例如，重庆于1997年设立为直辖市之后，其城镇化发展速度大大加快，城镇化水平和质量都得到了显著提高。

3. 制度推动西部城镇化发展

近代历史上两次"要素西进"所推动的西部地区城镇化，均是制度安排下的产物。抗日战争时期，战区工厂大批内迁，沦陷区的居民和工商业纷纷撤向西南、西北地带，这为经济落后、基础设施薄弱的西部地区提供了资本、技术、人才等要素资源，推动了西部地区城镇化在特定时期的强劲发展，使其呈现出了和平时期从未有过的"战时繁荣"景象[①]，这是西部地区发展史上首次要素西进推

---

① 张沛:《中国城镇化的理论与实践——西部地区发展研究与探索》，东南大学出版社2009年版，第58页。

动城镇化进程,也是第一次工业化推动城镇化发展。国家"三线建设"时期,西部地区开办了一批"靠山、分散、进洞"的工业企业,开启了西部地区历史上第二次要素西进推动城镇化发展的历程,但此次要素西进对其城镇化的推动作用并不显著,反而成为改革开放后西部地区产业转型升级的一大障碍。

此外,西部地区城镇化受土地、户籍、城镇建设、投融资、社会保障等制度因素的影响明显。改革开放初期,以联产承包责任制为重点的农村体制改革等制度安排,在促进西部地区的农业剩余极大增加的同时,有力地刺激了西部地区农村要素市场的快速发展,从而为农业剩余劳动力向城镇转移奠定了物质基础和市场条件,推动了西部地区城镇化进程。同时,国家以城市体制改革为特征的制度安排,不仅催生了西部地区的非农产业,而且使其对城镇化发展的拉动作用逐步显现。但随着国家优先发展东部地区战略的实施并日渐转变为一种制度安排,举国上下集中力量支持东部发展,致使西部地区各类要素资源的集聚,以及产业的发展均因受到这一制度安排而明显放缓,城镇化进程也由此减慢。

(二)市场内生力量促动

市场力量作为影响城镇化进程不可或缺的内生动力因素,通过促进产业、人口、资本、科技等资源向城镇集聚,对城镇化发展起到了推动作用。

1. 产业集聚促进西部城镇化发展

首先,产业集聚能够助推农业剩余劳动力向城镇转移。产业在市场力量的作用下大量集聚于城镇,生成了庞大的劳动力需求,提供了众多就业岗位,不仅促进了农业剩余劳动力向城镇的转移,而且为农业转移人口提供了重要的生存保障。同时,大批剩余劳动力从农业中释放,对于农业劳动生产率的提高、农业现代化进程的加快也有显著效果,从而有助于城镇化发展。其次,产业集聚为城镇化提供了资金供给。产业集聚形成了地区城镇化发展的稳定财政收入来源,奠定了城镇基础设施和公共服务的财政资金保障,从而促进了城镇化发展。再次，产业集聚能够实现地区的规模经济。产业集聚加强了区域内企业间的相互交流、合作与竞争，提高了区域内基础设施和公共产品的使用效率，降低了融资成本与交易成本，实现了地区的规模经济，增强了地区城镇化持续发展的动力，从而推动了城镇化进程。

2. 人口集聚促进西部城镇化发展

在市场力量的作用下，农业剩余劳动力通过对其自身迁移收益与迁移成本的比较，做出是否能够迁入城镇，以及迁入什么类型城镇的决策。若个人向城镇迁移的收益大于成本，则农业剩余劳动力将向该城镇集聚，城镇规模随之扩张。大量流入城镇的农业转移人口，一方面为城镇的产业发展提供了充足的劳动力，有利于城镇经济的提升；另一方面，激发出了城镇巨大的投资和消费需求，例如，转移人口在衣、食、住、行，以及科、教、文、卫方面的需求，大大地拉动了城镇产业的发展与转型升级，有利于城镇经济结构的优化，促进了城镇化发展。

3. 资本集聚促进西部城镇化发展

市场力量有助于资本在城镇的大量集聚，资本集聚不仅能够为传统产业的改造、新兴产业的崛起提供大量的资金支持，以强化城镇化的发展动力，而且能够为城镇化的基础设施建设和公共服务运转提供充足的资金保障，有助于城镇化发展质量的提升。因此，资本集聚的速度和规模在一定程度上决定了城镇化进程的快慢与质量，没有足够的资本积累，城镇化将难以实现持续发展。

4. 科技集聚促进西部城镇化发展

市场作用有助于科技在城镇的集聚，有助于产业技术的革新，有助于产业的转型升级，有助于城镇化的持续发展。一方面，科技集聚为传统产业的革新和产品升级换代提供技术支持，促进产业优化转型，使得传统产业焕发新的活力；另一方面，科技集聚能够刺激新兴产业的形成与壮大，是城镇化持续发展的不竭动力。此外，科技集聚还为智慧城镇的规划建设、科学管理提供技术保障，进一步推动城镇化发展。

五　西部地区传统城镇化发展的困境及其根源

不可否认，改革开放特别是实施"西部大开发"战略以来，西部地区城镇化成效显著，不仅城镇化率快速提升，城镇数量和规模显著拓展，城乡居民生活条件有所改善，城乡差距呈缩小趋势，而且在调整升级产业结构、促进经济增长等方面亦有所突破。但同时，西部地区城镇化不可持续发展的种种弊端也日渐暴露，如城镇化发展不均衡，城镇体系不健全、功能不完善，经济结构性矛盾突出，居民生活水平仍相对落后，城乡二元结构依然显著，以及资源环境问题严重，等等，陷入了"重物轻人"，以及市场机制遭受抑制，难以实现资源优化组合与配置的困境。西部地区城镇化之所以出现种种问题，固然是多方面因素叠加累积的结果，但究其主要原因，在于西部地区"经济增长至上"的单一城镇化发展目标，以及以政府外生力量为主导的失衡的城镇化动力机制。

（一）西部地区传统城镇化的困境

西部地区以 GDP 为导向的发展观，虽然使区域经济一时间得以快速增长，但这些财富并没有使人们的生活水平得到相应改善，并没有提升人们的幸福感和满意度，城乡差距仍然显著。此外，西部地区"以资源换增长"的发展模式，不仅造成大量社会资源的闲置浪费，还引发了严重的资源环境问题。

西部地区大多数城镇的形成并不是因其自身市场发育所致，而是源于政府行政力量的推动，因此，政府主导下的西部地区城镇化，从一定意义上讲是国家政策需求在区域的反映结果。西部地区依靠政府外生动力进行资源配置，单纯通过"自上而下"路径强制推动城镇化进程的模式，违背了市场经济的一般规律和城镇化的发展规律，这种在行政色彩浓郁、忽视市场价格机制和自由竞争机制背景下形成的城镇，整体功能单一，只有城镇的形而无城镇的实，因城而生市，致使城镇缺乏配套的基础设施和公共服务，城镇自我发展的能力始终不强，市场配置资源的能力始终较弱。倘若政府动力这一城镇化发展的外部推动因素减弱，将导致西部地区此类对国家依赖性较强、市场发育不健全的外生性嵌入型城镇化的发展更加缓慢，甚至趋于停滞。例如，具有促进东部区域经济发展效应的轻工业优先的工业化战略，以及"两个大局"中优先发展东部的战略安排，均是西部地区城镇化所依靠的政府外生动力减弱的表现，在这种制度约束下，西部地区错失了适时建立、完善社会主义市场经济的机会，而此又加剧了制度约束，导致西部地区在这种路径依赖的作用下，未能及时进入市场运行的轨道，并逐渐落后于东、中部地区及全国城镇化水平。可见，以政府外生动力主导、大范围规划和整体推动为特征的西部地区城镇化发展模式，虽然有助于保持政府对城镇化发展的方向、重点和速度的调控，也能够动员和整合多方面资源，在短时间内集中大量的人力、物力和财力，快速实现城镇的兴起、城镇化率的提升与国民经济的增长，但是，西部地区这种过于行政化的城镇化发展模式，不仅导致了政府职能异化、长官意志蔓延、"土地城镇化"快于"人口城镇化"等问题，而且抑制了市场在资源配置中的基础性作用，扭曲了政府与市场之间的关系，造成了市场发育滞后的局面，城镇无法产生大规模的聚集和辐射效应，导致资源的优化配置难以实现，引发了阻碍城镇化持续发展的一系列问题，如城镇化发展不均衡、城镇体系不健全、经济结构性矛盾突出，等等。

（二）西部地区传统城镇化困境的根源

西部地区城镇化发展之所以陷入困境，固然是多方面因素叠加累积的结果，但综合分析其城镇化演进过程可知，问题主要源于西部地区城镇化发展的缺陷，即过于单一的城镇化发展目标，以及失衡的城镇化动力机制。

1. 西部传统城镇化发展目标单一

西部地区传统城镇化出现问题的实质，在于城镇化发展目标过于单一，即单纯以城镇化率的提高，以及城镇数量的增加和城镇空间的扩张为发展目标，单纯以 GDP 而非福利为发展导向。更深层次地，造成西部地区这种片面追求城镇经济增长，以物为本而忽视人的全面发展的单一城镇化发展目标局面的根源，在于以 GDP 为核心的政绩考核方式。

客观来讲，西部地区城镇化发展陷入困境具有一定的历史必然性。一般地，在特定的发展时期，受客观条件和环境的限制，人们只能首先关注一部分主导性的发展目标，将各种要素资源集中投入这一类目标的发展中，结果导致"马太效应"的出现，甚至经济社会在推进的过程中，以排斥、抑制、舍弃其他目标为代价来谋求主导性目标的实现。正如在城镇化的起步阶段，对于经济基础薄弱、自然条件恶劣的西部地区来说，首要的任务就是加快经济增长，这需要将稀缺的资本大量投入能够快速增加生产总值的城镇建设和工业项目，直接减少了区域内的社会经济剩余，致使其在公共服务保障、居民福利改善，以及财政转移支付方面，往往心有余而力不足。因此，造成了西部地区在传统城镇化发展的过程中，片面强调提升城镇化率，以物为本而忽视人的全面发展的单一城镇化发展目标的局面。

而更深层次地，导致西部地区这种将目标只定位于经济增长，而忽视人的全面发展局面出现的根源，在于以 GDP 为核心的政绩考核方式。政绩考核的指挥棒指向哪里，地方官员的工作重心就落到哪里，经济社会活动也会随之跟进。西部地区既往政绩考核体系中，GDP 占比较大，在"GDP—地方财政—官员政绩"的政绩考核方式的指引下，不少领导干部在实际工作中往往自觉不自觉地过度重视经济增长，有的区域甚至简单地以 GDP 论英雄，用 GDP "一俊遮百丑"，而"数字出官，官出数字"的现象更是屡见不鲜。这种以 GDP 为导向的发展观，虽然使西部地区经济一时间得以快速增长，但是这些财富并没有提升人们的幸福感和满意度。相反，为了追求 GDP 的增长，一些地方政府以加速城镇化进程之名，行官员政绩需要之实，不顾自身资源能源和产业基础，以及城镇综合承载能力的制约，一味地开展政绩形象工程，盲目拉投资、争引进、上项目、建工厂，急于求成、大步跃进，以致"摊大饼""造城运动"等现象极为普遍。这种"以资源换增长"的发展模式不仅浪费了大量的社会资源，导致严重的资源环境问题，而且还造成了千城一面、产业雷同的局面。同时，政府强制性的大拆、大迁、大建也激化了社会矛盾，导致"官民关系"愈发紧张。

可见，西部地区以往以 GDP 为导向的城镇化发展目标，带来的只能是粗放、片面、不可持续、不均衡的城镇化。城镇化不是越快越好，城镇化率不是越高越好，城镇化不等于"造城运动"，而是要使城乡居民感受到幸福快乐。因此，西部地区新型城镇化应坚持"以人为本"，把实现人的全面无差别发展，以及增进民生福利作为根本目标，确保在经济发展的同时，人们的幸福感和满意度也有所提高。只有使发展目标多元化，在追求经济发展的同时更加注重人的全面发展，不再片面追求城镇化率提升和 GDP 增加，才是顺应时代要求、体现社会公平正义的新型城镇化，才是能够实现集约高效、包容协调、布局优化、生态文明、文化传承的具有中国特色的新型城镇化。

2. 西部传统城镇化动力机制失衡

新制度经济学家道格拉斯·诺斯（Douglass C. N.）对国家的看法集中体现在"制度悖论"中，即"国家的存在是经济增长的关键，然而国家又是人为导致经济衰落的根源"[①]。这一论断在西部地区城镇化实践过程中有着较为典型的表现，即政府主导型陷阱：一则，政府通过强力作用，使资源要素得以快速聚集整合，促成了城镇化目标在短期内的迅即达成；另一则，政府主导型城镇化这一发展模式抑制了市场在资源配置中的基础性作用，难以实现资源配置的"帕累托最优"，致使城镇化质量和效率大多偏低，脱离了城镇化发展的最终目标。总之，由于政府自身存在缺陷，致使其一方面促进了城镇化的快速发展，另一方面也迟滞阻碍了城镇化进程。

---

① 张玉磊：《新型城镇化进程中市场与政府关系调适：一个新的分析框架》，《社会主义研究》2014 年第 4 期。

第三章 西部地区新型城镇化发展目标与动力机制：理论分析

可见，西部地区以政府行政手段全面推动城镇化，致使城镇化动力机制失衡，是西部地区城镇化出现种种问题的根源。更深层次地，政府主导型城镇化发展模式之所以能够在西部地区形成并得以延续，根本原因在于以下几点。

第一，计划经济体制的制度根源。在城镇化进程中，政府有效作用的发挥必不可少，这一点，中外城镇化实践早已证明，但在计划经济尚有残余、市场机制较为滞后的西部地区制度环境中，存在着诱发政府脱离市场，转向以计划方式推进城镇化发展的"体制空洞"[①]。我国存在着深厚的中央集权传统，漫长的封建社会形态使市场经济未能得到完整的发育，加上中华人民共和国成立之后所建立的高度集权的计划经济体制，致使集权的观念根深蒂固，西部地区尤为甚之，政府代替市场行使资源配置的职能，形成了西部地区政府主导城镇化发展的路径依赖。此外，改革开放特别是"西部大开发"以来，西部地区虽然经济得以飞速增长，但市场经济体系尚有待完善深化，行政力量仍然持续作用于经济运行，资源错配与闲置浪费问题依旧存在。近年来，西部地区政府力图通过一系列政策措施和制度安排促进城镇化发展，这进一步固化了抑制市场作用而依靠政府行政力量推动城镇化发展的路径依赖，加强了西部地区政府主导的城镇化模式。

第二，政府"经济人"的理性选择。纵观20世纪的世界经济史可以发现，第二次世界大战后迅速崛起的新兴经济体均将"政府主导"作为治国模式，原因在于"政府主导"能够实现经济社会发展的快速赶超。毋庸讳言，我国的城镇化战略赶超色彩浓郁，西部地区更为如此，且表现出了较强的机会主义动机。政府主导型城镇化发展模式具有市场主导所没有的优势与特点，政府主导能够运用一切可以利用的经济和非经济手段，不惜违背经济发展的现有逻辑和城镇化的一般规律，通过超常规的城镇化速度、压缩城镇化进

[①] 张玉磊：《新型城镇化进程中市场与政府关系调适：一个新的分析框架》，《社会主义研究》2014年第4期。

程，以实现城镇化率快速增长。因此，政府主导型城镇化发展模式，成为西部地区政府的理性选择。此外，由于城镇化发展模式的选择受制于社会资源总量的多寡优劣，而在既缺乏治理资源又缺乏治理经验的西部地区城镇化领域，行政手段是西部地区政府唯一而有效的治理工具。再加上在唯GDP增长的片面政绩观的影响下，西部地区政府形成了只追求城镇化率增加的错误城镇化发展逻辑，由此使得作为理性"经济人"的政府和官员出于政绩需要而更加尊崇能够快速提高城镇化率的政府主导模式，以推进城镇化发展之名，行官员政绩需要之实，于是政府逐步成长为一只"闲不住的手"，干预现象随处可见，城镇化动力机制愈发失衡。

西部地区政府全面主导的城镇化在快速发展中已经出现了不少矛盾和问题，如政府职能异化，长官意志蔓延，"土地城镇化"快于"人口城镇化"，市场在资源配置中的基础性作用遭受抑制，以致难以实现资源组合的"帕累托最优"，资源错配问题严重，以及城镇化发展不均衡、城镇体系不健全、经济结构性矛盾突出，居民生活水平相对落后，城乡二元结构依然显著，等等。可见，依靠行政力量的单一城镇化动力机制显然难以为继。因此，转变政府职能，使其由全面主导转为有限主导，同时，更加尊重客观经济规律，促进政府与公众之间的良性互动，进一步地，建立一套均衡的新型城镇化动力机制，敦促多方力量协同推动城镇化进程，是西部地区实现新型城镇化健康、稳定、持续发展的前提基础。

六 西部地区新型城镇化发展目标

面对西部地区传统城镇化发展目标单一的弊病，笔者根据新型城镇化的内涵和要求，并与新发展理念相结合，认为，西部地区新型城镇化应坚持"以人为本""全面、协调、可持续"的原则，以创新、协调、绿色、开放、共享为指导，将产业集聚化、城乡一体化、城市生态化、要素市场化、生活宜居化五个方面共同作为其新型城镇化的发展目标，实现西部地区新型城镇化的多元化协作共进，力图在经济发展的同时，使人类得到自由而全面的发展。

本节首先阐释了新型城镇化与新发展理念的联系，即新发展理念是新型城镇化的科学引领，新型城镇化是体现新发展理念的城镇化，进一步地，本节针对西部地区传统城镇化发展目标单一的缺陷，秉承新型城镇化以人为本的核心思想，并以新发展理念为指导，提出了涵盖生活宜居化、要素市场化、产业集聚化、城市生态化、城乡一体化五个维度的西部地区新型城镇化多元目标体系。

（一）新型城镇化是体现新发展理念的城镇化

新型城镇化是以人的全面发展为终极目标，体现新发展理念，以共享发展、开放发展、创新发展、绿色发展、协调发展为核心内涵的城镇化，是对以"化地不化人"为特征的传统城镇化模式的系统性变革与根本性超越。其中，共享发展是新型城镇化全面贯彻的根本诉求，开放发展是新型城镇化繁荣推进的必由之路，创新发展是新型城镇化兴旺发达的不竭源泉，绿色发展是新型城镇化持续开展的首要条件，协调发展是新型城镇化健康前行的内在要求。

1. 新型城镇化是共享发展的城镇化

新发展理念中的共享发展，着力于增进人民福祉，增强人民群众的获得感，解决的是社会公平正义问题。新型城镇化是共享发展的城镇化，能够使全体居民在城镇化共建共享的过程中感受到更多获得感和幸福感，是使民生得到不断改善，使人民群众生活得更加幸福的城镇化，是实现中国梦的重大举措。

新型城镇化的核心是人的城镇化，是以人为本、推动人的全面发展、实现人民群众共建共享的城镇化，是包容性、和谐式发展的城镇化。新型城镇化摒弃了传统城镇化单纯以经济增长为目的、见"物"不见"人"的片面发展观，摆脱了对于城镇数量增长和规模空间扩张，以及建高楼、建广场等形式上的追求，更加强调高品质的宜居环境，由"物本"转向"人本"，把满足人的需要、利民惠民和改善民生作为城镇化的出发点和落脚点，把促进就业、缩小城乡差距、推动基础设施和公共服务均等化、保障公民各项权益、改革相关配套制度、加快各项社会事业贯穿于发展的全过程，将为人民群众提供安身之所、生活之便、创业之需，以及改变和优化居民的生产生活方式、思想道德、价值观念、文化素质、劳动技能和身体素质，进而实现人的全面发展作为城镇化的终极目标，体现了"城镇化的发展为了人民，城镇化的推进依靠人民，城镇化的成果由人民共享"的共享发展宗旨，体现了人人参与、人人尽力、人人享有的共享发展理念。

新型城镇化坚持人的主体和核心地位，尊重人民群众的选择，放松乃至解除对人民群众的不合理限制，释放人民群众的活力和创造力，致力于对人口流动的合理引导，对农业转移人口市民化的有序推进，致力于人口素质和生活质量的逐渐提升，致力于城镇的基础设施水平和公共服务能力，以及城镇的智能化水平和综合承载能力的不断提高和增强，依次完成人口从农村迁移至城镇的"地点转换"、职业由农业变更为非农产业的"职业转换"，以及身份由农民转换为市民的"身份转换"三个步骤，推动不同主体基本公共服务的均等化和发展权利的均等性。最终，使市民化的农业转移人口不但能够在城镇"住有所居""劳有所得""学有所教""病有所医""老有所养""娱有所乐"，充分享受城镇现代化的基础设施和公共服务，实现城镇基本公共服务常住人口的全覆盖，而且能够使其拥有良好的空间和居住环境、良好的人文社会环境、良好的绿色生态环境，以及清洁高效安全的生产生活环境，从而保障居民的基本权益、提升居民的福利水平，促使新型城镇化的发展成果惠及全体人民，促使全体人民共享城镇化所产生的资源变迁、向上流通渠道扩张，以及对市场经济适应能力强化的益处，从而有效解决农业剩余劳动力彻底离开土地、永久留居城镇的问题，消除社会不公的现状，缩小不同阶层的贫富与地位差距，实现公平正义，从而使社会更加和谐、人民生活得更加幸福美好，最终实现人的全面发展。

2. 新型城镇化是开放发展的城镇化

新发展理念中的开放发展，着力于深度融入世界经济，积极参与全球经济治理和公共产品供给，解决的是发展内外联动问题。新型城镇化是开放发展的城镇化，能够形成更高层次的开放型经济，能够增强我国在全球经济治理中的制度性话语权，有利于构建广泛的利益共同体，是实现我国经济深度融入世界经济趋势，形成与世界发展互动互利、合作共赢格局的城镇化。

新型城镇化是在开放条件下进行的城镇化，是协同推进战略互信、经贸合作、人文交流，实现互利合作格局的城镇化。通过大规模引进外商投资和产业转移，开放发展为新型城镇化的推进提供了丰厚的资金、前沿的技术、优秀的人才和先进的管理经验等；同时，开放的环境还促进了各种要素资源向城镇的集聚，创造了大量的就业岗位，一方面有助于解决转移至城镇的农业剩余劳动力的就业问题，有助于提高城乡居民的收入水平，另一方面，农业剩余劳动力大规模向城镇迁移，能够增加城镇的消费需求，从而拉动经济发展，推动新型城镇化进程。此外，开放发展还开阔了人们的文化视野，丰富了人们的精神生活，从而真正实现人的城镇化。

新型城镇化是城乡双向开放的城镇化，城乡要素的双向流动，能够促进大中小城市、小城镇、新型农村社区的协调发展，有助于推动城镇和农村的共同繁荣与进步。新型城镇化是全方位开放的城镇化，对外开放与对内开放并举，城市开放与农村开放并举，开放不仅涉及多个领域和三大产业，而且贯穿整个经济建设和社会发展的全过程。新型城镇化是深层次开放的城镇化，转变过去主要依靠产品出口和吸引外资的对外开放模式，更多注重资本输出和产业转移，有利于对外开放新体制的形成，有利于良好外部发展环境的塑造，从而实现新型城镇化全方位、深层次的开放发展。

3. 新型城镇化是创新发展的城镇化

新发展理念中的创新发展，强调创新在国家发展全局中的核心地位，解决的是发展动力问题。新型城镇化是创新发展的城镇化，通过理论、制度、科技、文化等各方面的创新，使创新发展在全社会蔚然成风，成为城镇化的基点，贯穿城镇化的始末，实现发展方式转型，促进以保障功能为主的传统制造业城镇向以服务功能为主的创新城镇转型，塑造良好的创新资源和不可复制的知识优势，从而提高城镇化的质量和效益，形成更多依靠创新驱动、更好发挥先发优势的引领型经济。

新型城镇化是注重制度和管理创新的城镇化。新型城镇化涉及户籍制度、就业制度、土地制度、财税制度、投融资制度、社会保障制度、收入分配制度、社会管理制度等多方面多层次的制度创新，其中，户籍制度和土地制度创新尤为关键，是新型城镇化可持续推进的保障。同时，新型城镇化还是强调社会管理和服务创新的城镇化，致力于和谐社会与幸福中国城镇化的发展。

新型城镇化是注重科技创新的城镇化。新型城镇化的"新"特征之一，在于运用一切人类文明的先进成果，采取一切可能的先进技术，突破城镇化过程中的空间、人才、资源和效率瓶颈，在基础设施、公共服务、产业发展、生态环境、城镇治理与规划等方面发生深刻变革，通过成熟的科技创新体系，加大物质资源生存率，在减少资源能源消耗的基础上，提高城镇的质量、等级和综合竞争力，实现从传统城镇化重数量的外延式扩张向新型城镇化重品质的内涵式发展的转变，使城镇化朝着健康、智慧、可持续的方向推进。

新型城镇化是注重文化创新的城镇化。新型城镇化的推进，不仅仅是线性的"破旧立新"的发展过程，更是多元的"文化创新"的发展过程，是文化记忆的留存、文化基因的传承，以及文化历史的延续。新型城镇化强调文化创新，强调传统农耕文化的变革，注重城镇文化的发展和农村文化的提升，注重城乡人口文化素质的建设和优化，以及传统农民向现代市民转变的文化调适，使人口既能适应城镇化中发展起来的城镇，又能适应城镇化中发展起来的现代化农村，实现真正意义上区别于传统城镇化模式的文化创新。

4. 新型城镇化是绿色发展的城镇化

新发展理念中的绿色发展，注重资源节约和环境保护，强调可持续发展，解决的是人与自然和谐共处的问题。新型城镇化是绿色发展的城镇化，是推进美丽中国建设的城镇化，是走生产发展、生活富裕、生态良好的文明发展道路，致力于建设以自然规律为准则、以可持续发展为目标的资源节约型、环境友好型社会，达到经济效益、社会效益、环境效益的内在统一，形成人与自然和谐持续发展的现代化建设新格局，从根本上破解资源环境难题，为全球生态安全做出新贡献的城镇化。

新型城镇化的"新"在于，以科学发展观为指导，从优化产业结构、优化能源结构、优化消费模式等多角度入手，将绿色发展的理念和原则全面融入城镇化过程，开发与保护并重、节约与利用并举，加大生态环境的建设力度，注重历史文化的保护传承，发展循环经济、低碳经济，提高生态环境的承载能力，改善人居环境质量，以良好的生态环境支撑城镇化发展，以资源节约型、环境友好型社会的建设推动城镇化进程，形成绿色的生产生活方式和城市建设运营模式，走工业与农业相协调、城镇与农村相统一、经济与生态相和谐、人口与社会都稳定的发展道路，提高城镇化的水平和质量，破解社会经济发展与自然环境及人文环境保护之间的矛盾，从而促进经济、人口与资源环境相互协调，实现资源利用节约、环境保护有效、自然景色优美、生态环境良好、人与自然关系和谐的新型环境。

新型城镇化是节约集约的城镇化。新型城镇化摒弃了传统城镇化"高投入、高能耗、高污染"的"粗放外延型"发展模式，向"集约、智能、绿色、低碳"的"紧凑内涵型"发展模式提升转变，通过开展低耗经济、低碳经济、循环经济，加强节能减排与土地高效利用，注重提高各种资源的使用效率，一方面，有利于资源要素的集约利用、高效利用、循环利用和优化配置，另一方面，能够防止"摊大饼"和盲目"圈地造城"现象的出现，能够正确处理城镇化建设用地与农业用地之间的矛盾。同时，新型城镇化还可通过拓展壮大产业集群，增强产业体系和城镇建设之间的相互协调性，从而整合城镇内部各资源要素，完善城镇体系结构，达到丰富城镇内涵、提升城镇功能的目的，进一步地，充分发挥城镇的规模效应和聚集效应。此外，新型城镇化强调绿色科技创新，通过能效技术、节能技术等绿色技术方法的开发与应用，将绿色发展模式植入经济生活的各个领域，以最小的资源成本获取最大的产出效益，从而推动整个社会经济实现集约高效发展。

新型城镇化是生态宜居的城镇化。新型城镇化改变了过去以牺牲生态环境和过度消耗资源为代价换取经济增长的发展方式，转而致力于城镇化的绿色发展，致力于城镇体系的生态宜居建设。生态宜居的新型城镇化，是在坚持以人为本的前提之下，赋予城镇化以生态内涵，充分考虑生态环境对城镇化发展的承载能力，由以物为本、经济增长为目的、片面追求城镇数量增加和城镇规模扩张的"非生态"城镇化，向以人为本和以生态为本相融合的宜居乐业的城镇化转变，从而确保城镇化的生态屏障安全，维持城镇系统与环境系统之间的平衡稳定，走"以环境优化增长、以发展提升环境"的城镇化道路，在缩小城乡差距、实现基本公共服务均等化、达到城乡一体化发展目标的同时，使人与自然能够和谐共处、良性互动，使经济社会发展更加符合自然生态规律、经济社会规律和人自身的规律，最终实现生产发展、生活富裕、生态良好的城镇化。

新型城镇化是历史文化传承的城镇化。新型城镇化的绿色发展，摒弃了"千城一面"的发展状态，强调保存和维护历史遗迹，强调继承文化传统，注重将资源禀赋、民族特色、人文传统、民俗风貌、建筑风格等融入自身的城镇化发展，为经济建设和社会进步提供了强有力的智力支持。这种结合自身特点、个性鲜明的绿色城镇化发展模式，有助于彰显不同地域的个性特征、文化内涵和人文历史积淀，有助于形成具有比较优势的经济发展格局，从而使城镇化的质量内涵在绿色发展中得以不断优化提升。

5. 新型城镇化是协调发展的城镇化

新发展理念中的协调发展，强调发展的辩证性、系统性、整体

第三章 西部地区新型城镇化发展目标与动力机制：理论分析

性，解决的是发展不平衡问题。新型城镇化是协调发展的城镇化，是注重城乡统筹协调，注重经济社会环境和谐共生，注重"四化"同步推进，注重大中小城市、小城镇、新型农村社区协调发展，以及区域之间、产业之间协作互促的城镇化，是改变单一发展偏好，打破依赖，实现整体高质量发展的城镇化。

新型城镇化是城乡统筹协调的城镇化。由重城轻乡、城乡分治向城乡统筹发展转变，是新型城镇化区别于传统城镇化的一大特色。作为两种不同的人类生存空间，城镇和农村在自然风貌、社会功能、产业发展、思想文化等方面各具特性，分别承担着不同的功能和发展任务，因此，城市和农村不能相互替代，二者是相互影响、相互依存的两个系统，只有彼此配合与协作，才能形成优势互补、利益整合、共存共荣、良性互促、均衡发展的良好格局。新型城镇化从统筹城乡的高度，在关注城镇发展的同时，更加注重农村经济社会的推进，构建城乡多维联动、协调发展的体制机制，促进城乡公共资源的均衡配置，以及要素的自由流动与平等交换，实现城乡在建设规划、产业布局、基础设施、公共服务、社会管理、环境保护等方面的统筹协调，以大统筹促成大融合，推进城乡互动双赢、互补融合，充分发挥工业对农业的支持反哺作用，以及城镇对农村的辐射带动作用，形成以工促农、以城带乡、工农互惠、城乡一体的新型工农城乡关系，从而逐步缩小城乡差距，推动落后的二元结构向工业化和城镇化协调推进、城镇和农村协调发展的一元现代社会经济结构转变，最终实现城乡经济、政治、文化、社会、生态的一体化繁荣协调发展，建成城乡之间地位平等、开放互通、互补互促、良性互动的统筹协调新格局，让广大农民与城镇居民一样，平等参与城镇化进程，共同分享现代化成果。

新型城镇化是经济社会环境和谐共生的城镇化。不同于以城镇数量规模扩张为主的传统城镇化，新型城镇化更加注重城镇质量内涵的提升，强调合理的城镇化速度、公平的社会环境、健康的人居条件，在确保经济发展的同时，兼顾包容性的社会公平与生态安全，致力于打造高品质的适宜人居之所。新型城镇化倡导"集约、智能、绿色、低碳"的发展方式，采用资源节约和环境友好技术，合理配置土地、资金、人力等各类发展要素，将生态文明理念融入城镇化发展的全过程，通过保护和改善生态环境，提升城镇的资源承载力、环境承载力、生态承载力、基础设施承载力，形成低能耗、低排放、低污染的新型绿色发展模式，塑造与生态资源环境相协调的城镇化发展新格局，建设生态文明的美丽中国，同时，突出代际公平和发展的可持续性，不仅要满足当代人的需求，更要符合子孙后代的利益，推进中华民族的永续发展，在以保证质量为基础的原则上促成经济、社会、环境之间的和谐共生，实现经济繁荣、社会稳定、生态良好的城镇化。

新型城镇化是"四化"同步推进的城镇化。新型城镇化是新型工业化的加速器，能够带动产业结构的调整和优化升级，为新型工业化主导作用的发挥提供升级平台、技术支撑和资源保障；新型城镇化是信息化的载体和依托，能够为信息化提供市场和需求动力，使其在与城镇化相互融合的过程中，全面提升自身发展水平和质量；新型城镇化是农业现代化的引擎，能够带动农业生产方式的转变，通过人口转移促进土地流转和规模生产，通过技术升级推动农业现代化进程，强化农业的基础性作用[1]。因此，新型城镇化的发展过程，即是逐步实现新型城镇化和新型工业化良性互动、新型城镇化和信息化深度融合、新型城镇化和农业现代化相互协调的过程。

新型城镇化是大中小城市、小城镇、新型农村社区协调发展的城镇化。新型城镇化以城市群为主体，以特大城市为依托，利用城市群的集聚效应和辐射效应，整合区域内大中小城市及小城镇的功能结构，发挥小城镇的城乡经济发展与交流的桥梁纽带作用，通过合理引导劳动者的迁移和分流，达到缓解特大城市和大城市压力的效果，从而发挥不同等级城镇的功能和作用，提升城镇体系的综合

---

[1] 杨佩卿：《新型城镇化的内涵与发展路径》，《光明日报》（理论周刊版）2015年8月19日。

承载能力，构建与区域经济发展和产业布局紧密衔接的现代城镇格局。同时，积极培育新型农村社区，强化基础设施建设，提高公共服务水平，以加大农村的容纳力和宜居性，进而推动大中小城市、小城镇、新型农村社区之间的合理分工、功能互补、相互促进、协同发展，实现多赢效应。

新型城镇化是区域之间、产业之间协作互促的城镇化。新型城镇化能够促进区域之间要素资源的自由流动，能够推动合理分工，形成优势互补的格局，有利于企业之间的协调统筹。同时，新型城镇化为产业发展提供了良好的载体环境，有助于生产效率的提升，有助于产业结构调整升级的全面推进，有助于产业之间协调优化局面的形成，从而达到集聚效益佳、辐射能力强、经济发展好的目的，进一步地，实现社会和谐和幸福中国的城镇化。

（二）西部新型城镇化发展目标的核心内容

新型城镇化是一个复杂的巨型系统，涉及经济、政治、文化、社会、生态等诸多领域，不是简单的城镇人口比例上升、城镇数量增加和城镇规模扩张，而是强调经济集约高效、产业结构不断优化、人口质量稳步提升、居民就业较为充分、公共功能渐趋完善、生态环境舒适优美、城乡逐步协调发展等核心内容。西部地区传统城镇化过于单一的发展目标，无法体现新型城镇化在生产生活方式、人居环境、社会保障、产业结构等方面由"乡"到"城"转变的丰富内容，无法指引西部地区新型城镇化向更加注重城镇化质量内涵的方向推进，无法使西部地区新型城镇化兼顾经济发展和人的全面发展的目标。为此，树立一套"既见物又见人"的科学合理的新型城镇化目标体系来引领其发展就显得尤为必要而紧迫。

创新、协调、绿色、开放、共享的新发展理念，不仅是我国全局发展的科学指引，而且是新型城镇化发展的新理念，为新型城镇化向更高水平更深层次发展指明了方向。因此，本书坚持新型城镇化以人为本的根本命题，以新发展理念为指导，从产业集聚化、城乡一体化、城市生态化、要素市场化、生活宜居化五个方面建立新型城镇化发展的目标体系,以期促进西部地区新型城镇化的多维度协调推进,从而确保在经济发展的同时,满足居民日益增长的物质文化需要,实现人的全面发展。

1. 生活宜居化——共享

生活宜居化是西部地区新型城镇化发展目标的核心内容之一,即是要以人为本,使城镇真正成为人们的安居之处、乐业之地,使城乡居民基本权益和福利水平得到有效保障与提升,最终达到全体居民生活得更加幸福美好的目标。

作为人类文明进步的必然要求和产物,新型城镇化不仅能提高人类活动的效率,而且能为人类生产生活水平和质量的提升创造更优越的条件,为全面提高居民的整体素质提供有力支撑。新型城镇化的实现,意味着城镇水电路气等基础设施的逐步完善,公共服务能力的不断增强,文化事业的不断发展;意味着城镇运行效率的进一步提高,居民的生产生活更加舒适便捷,精神文化活动更加丰富多彩。可见,只有实现了人的全面发展,才能达到真正意义上的城镇繁荣与发展,若是偏离了"以人为本"这一根本标准,新型城镇化便失去了群众基础,也失去了最重要的意义,无法体现中国特色社会主义制度的优越性。因此,西部地区新型城镇化发展的核心目标,即是使城镇变得更加适宜生存,使城乡居民权益得到更好更有效的保护,推动整个社会向着更舒适、更文明、更健康、更高效、更公平、更和谐的方向发展,从而增强全体居民的幸福感和满意度,最终实现人的全面发展。

新型城镇化绝不是简单的钢筋水泥的排列组合,是一个伴随着产业的规模集聚而产生的人口向城镇迁移的过程,也是农业文明向现代城镇文明转变进步的过程。新型城镇化的推进,不能只见"物"不见"人",要既见"物"更见"人",必须把人口的转移、人们生产方式和生活方式的转变作为核心内容,既要追求 GDP 的增长,更要追求城乡居民幸福指数的提升,把经济发展和改善民生结合起来。一方面,尽快完成农业剩余劳动力的"地点转换""职业转换""身份转换",促进农业转移人口市民化,并在劳动就业、技能培训、工资福利、子女就学、卫生医疗、社会保障等方面拥有与城镇居民同等的权利，使全体居民共建共享现代文明成果；另一方面，提高和增强城镇的基础设施水平与公共服务能力，使居民的生产生活状况得到相应改善和提升。

2. 要素市场化——开放

要素市场化是西部地区新型城镇化发展目标的核心内容之二，即是要尊重市场规律，坚持需求导向，充分发挥市场在资源配置中的决定性作用，由政府全面主导向政府与市场双轮驱动转变，最终实现"市场主导、政府引导"的城镇化，达到资源要素市场化运行的状态。

新型城镇化是资源要素聚集与扩散相统一的过程，各种要素的自由流动是其本质要求。倘若资源要素的自由流动受阻，产业聚集与扩散便无法顺利进行，也就不可能产生有活力的城镇。这就要求西部地区新型城镇化在开放的条件下，按照市场机制进行资源配置，尊重商品交换规律，尊重市场经济的一般规律，以市场力量引导资源要素的流动和集聚，形成健康的供求、价格、决策、竞争等市场机制，为以人为本城镇化的推进提供制度条件。

城镇化进程中，政府"有形之手"不可或缺，但市场"无形之手"才是城镇化过程中最活跃的主体。针对西部地区传统城镇化发展过程中由于行政力量的过度干预所导致的市场发育滞后的现象，政府由全面主导向有限主导转变，并通过积极引导和宏观调控为市场机制的成长壮大创造便利条件就显得必要而紧迫。一方面，逐步弱化行政力量的主导作用，防止行政力量对城镇化进程的过度干预，防止政府作为市场主体直接参与竞争性活动，避免出现与民争利、功力上位、权力寻租等政府职能异化现象，确保政府通过转变职能，仅在城镇规划、基础设施、公共服务、社会管理、秩序维护、统筹协调、生态环境保护、法制建设、体制机制创新等方面谨慎作用，完成其保护弱势群体合法权益、维护社会公平正义的使命；另一方面，要打破条块垄断和市场分割，取消各种限制资源要素流动的制度性约束，建立公平竞争的市场秩序，为资源要素的自由流动创造环境，为城镇集聚和辐射效应的发挥提供条件，通过市场竞争提升城镇经济社会的资源配置效率，真正达到以市场机制为手段，以市场需求为导向，实现资源的充分交流和优化配置，实现要素的市场化运行。

3. 产业集聚化——创新

产业集聚化是西部地区新型城镇化发展目标的核心内容之三，即是要以集约绿色、低碳环保、智能节约的产业为支撑，培育、建设与新型城镇化发展相适应的产业集群，构成区域经济与产业空间布局紧密衔接的城镇空间形态。

新型城镇化的实质，即是由第二、第三产业集聚所引致的人口、资本、技术、管理等生产要素向城镇集中的过程。这一过程的关键是产业集聚，产业集聚是当代产业生存与发展最有效的组织形态，在集聚生产要素、优化资源配置、加快制度创新、营造产业生态环境等方面发挥着重要作用。没有产业集聚的城镇化便是"空中楼阁""无本之木""无源之水"，只有将产业培育、产业更替、产业优化等策略不断融入新型城镇化的发展之中，通过科技创新推动产业结构高级化和生产现代化，同时注重高新技术产业的发展及其对传统产业的知识化改造和提升，才能促进产城互动，实现产业的集聚、关联、协调发展，有效降低发展成本，从而推动新型城镇化的健康、可持续运行。

产业集聚化是西部地区新型城镇化的发展目标。首先，新型城镇化是生产要素资源的空间集聚和重新配置过程。随着城镇化的逐步推进，一方面，可以为产业集聚的形成提供具有较高质量的生产要素资源，促进市场竞争、技术创新和管理改善，有助于吸引大量的资金和产业流入，从而构成高度密集的空间集聚状态，促使资源集约节约利用，提高经济效益，为产业集聚发展创造良好的环境；另一方面，城镇及其周边区域的基础设施也会渐趋完善，为产业集聚的形成与发展提供有利的硬件条件。其次，新型城镇化是产业集聚向更高层次演进的过程。随着城镇化水平的不断提高，产业集聚以产业结构的调整、技术水平的提升、产业集聚区的迁移等形式向高级化方向发展和演进。最后，新型城镇化是产业竞争力不断提高的过程。新型城镇化不仅直接为非农产业的发展提供了平台，而且还在劳动力素质的提高、公共服务设施的建设，以及信息服务工作的完善等方面，为第二、第三产业的推进创造了外部经济效应环境，提高了产业发展效率，从而强化了产业集聚的专业化分工，有助于产业竞争力的提升。

4. 城市生态化——绿色

城市生态化是西部地区新型城镇化发展目标的核心内容之四，即是要坚持可持续发展，将绿色发展理念和原则融入西部地区新型城镇化建设全过程，着力推进城镇化与生态文明的协调发展和协同创新，强化资源节约、环境友好，不断提升城镇的生态环境承载力，走集约、智能、绿色、低碳之路，最终实现城市生态化发展的"美丽西部"。

化解西部地区传统城镇化模式所导致的种种环境风险和问题的关键，在于全面推进绿色发展、实现城市生态化，同时，这也是西部地区新型城镇化所要达到的目标之一，是关系人民福祉、民族未来与城镇可持续发展的基本条件和长远大计。坚持绿色发展理念不是守着绿水青山放弃金山银山，而是选择更生态、更集约、更高效、更先进的生产生活方式，既强调生态环境的重要性，注重生态优美，又追求经济繁荣，既尊重、保护自然，又充分、合理地开发利用自然。通过科学合理的制度安排，走生产发展、生活富裕、生态良好的健康发展之路，推动高环境冲击型城镇化向低环境冲击型城镇化转变，实现经济和生态环境的"双赢"。

城市生态化是西部地区新型城镇化的发展目标，即实现以绿色发展理念和生态文明观为指导，以保持自然环境、人文环境的良性持续发展为基础，倡导资源节约、环境友好，注重在提高物质生活水平的同时提供更加优美的生存空间和生态环境，实现人与自然和谐共处的城镇化。第一，新型城镇化有利于自然空间的集约高效利用。新型城镇化依托自然资源、地理地貌和人文资源，严格控制用地规模、坚守生态红线，合理规划城镇开发边界，在资源环境承载能力的范围内，优化城镇空间布局和结构，促使城镇紧凑发展，提高自然空间的利用效率，形成各具特色的城镇化发展模式，实现生存空间集约高效、生活空间宜居适度、生态空间山清水秀的城镇化。第二，新型城镇化有利于生产要素的合理集约高效配置。新型城镇化将绿色发展理念贯穿始终，强调循环利用、低碳节能，推动形成生态化的生产生活方式和城市运营模式。新型城镇化促使大量资源要素向城镇及其周边地区迁移，这为企业扩大再生产创造了条件，有助于生产和市场的集聚集中，有助于城镇集聚效应和规模效应的发挥，有助于降低单位产出成本，进一步地，为自然资源的减量化、再利用、再循环提供了可能。同时，新型城镇化吸引大批人口向城镇集中，共享城镇的基础设施和公共服务，这提高了城镇公共资源的使用效率，降低了人均公共投入的成本，减少了社会总资源的消耗。第三，新型城镇化有利于劳动力素质的提升，有利于绿色技术的创新、推广和应用。城镇中多渠道、多途径、多方式的学习培训，不仅可以为劳动力资源通过市场机制实现最优配置创造条件，而且能够增进人们的环保意识和环保实践能力，促进资源的高效利用。此外，城镇化吸引大量企业、科研机构和人员集聚于城镇，为协同创新提供了良好的平台，促使资本、技术、人才的有机融合，有助于绿色技术的创新、推广和应用，有助于传统产业的节能减排和改造升级，以及新能源、新材料等战略性新兴产业和高附加值产业的快速发展，从而推动全社会的资源集约和环境保护，实现西部地区新型城镇化持续发展。

5. 城乡一体化——协调

城乡一体化是西部地区新型城镇化发展目标的核心内容之五，即是在保持城镇和农村各自特色的基础上，体现城乡一盘棋的思想，以城镇经济为依托，以非农产业为主导，从经济、政治、社会、文化、生态等方面融合城乡发展，打破城乡二元结构，促进城乡之间资源要素的自由流动和重新配置，构建互补协调、平等统一、和谐共荣的新型城乡关系，推动城乡基础设施和公共服务均等化，推动城乡居民的权利一体化和生活质量等质化，从而改善整个

第三章 西部地区新型城镇化发展目标与动力机制：理论分析

社会的福利状况，实现城乡一体化发展。

西部地区传统城镇化的发展重心倾向于城镇，强调城镇对资源要素的集聚效应而忽视城镇对农村的辐射牵引作用，导致较为突出的城乡二元结构，出现繁荣、先进的城镇和衰败、落后的农村并存的现象。新型城镇化是西部地区克服城乡二元结构，建造城乡一体的现代社会结构的主要途径，甚至是唯一途径。西部地区新型城镇化应坚持城乡统筹，将城镇化、新型工业化、农业现代化紧密结合，致力于城乡要素的平等交换和公共资源的均衡配置，实现城乡在产业发展上的互促、政策制度上的平等、国民待遇上的一致，达到城乡同发展、共繁荣，并完成由落后农村为主体的传统社会向新型城镇为主体的现代社会的转变，最终实现城乡一体的"城市西部"。

城乡一体化是西部地区新型城镇化的发展目标。城乡一体化不是城乡一样化，而是改变城乡截然分离和对立的局面，推进城镇基础设施向农村延伸、城镇公共服务向农村覆盖、城镇文明向农村辐射，破除城乡二元结构，使城乡发展由分割态转为融合态，形成工业反哺农业、城市支持农村的城乡优势互补、利益整合、共存共荣、良性互动的新格局，使城乡居民平等参与现代化进程，共同分享现代城镇文明成果的过程。从经济方面来看，随着城乡要素的双向自由流动，一方面，为城镇产业集聚创造了条件，使城镇集聚效应和规模效应得以充分发挥；另一方面，有利于整合农业生产资源，加速生产要素流转，使农业生产效率得以提高，使农业竞争力得以增强。从制度方面来看，政府致力于构建公平的城乡制度体系，通过深化农村土地制度改革，创新农村金融制度，建立城乡统一的户籍制度和社会保障制度，实现城乡制度的一体化。从社会方面来看，通过建设城乡一体化的基础设施和公共服务体系，使城乡居民拥有平等的国民待遇和公正的发展机会；同时，新型城镇化还致力于消除城乡居民生产生活方式和心理思想上的落差，致力于增强人们的幸福感和满意度。从文化方面来看，新型城镇化注重历史文化的保护与传承，一方面，对优秀的农村传统文化予以弘扬；另一方面，打破城乡分离的公共文化服务体制，以思想解放为先导、以资金投入为保障、以双向对接为路径、以体制机制创新为动力，推进城乡文化发展规划、文化设施建设、文化市场发展一体化，实现城镇文化和农村文化的良性互动，丰富城乡居民的精神文化生活，促进城乡文化的一体化发展。从生态方面来看，新型城镇化强调资源节约和环境友好，将城镇和农村的生态环境置于同等重要的位置，统筹城乡生态环境建设，使城乡居民享受到各具特色的优美生态环境，维护人民群众的基本生态权益。

综上，新型城镇化是体现创新、协调、绿色、开放、共享的新发展理念的城镇化，西部地区应以新发展理念为引导，构建涉及产业集聚化、城乡一体化、城市生态化、要素市场化、生活宜居化五个方面内容的新型城镇化多元目标体系，以实现西部地区新型城镇化的全方位协同推进，促使西部地区克服传统城镇化发展目标单一的缺陷，确保在达到经济发展的同时，实现人的自由而全面发展，进一步地，为富裕、美丽、幸福中国的建设做出贡献。

七　西部地区新型城镇化动力机制

作为一项涉及社会经济活动多方面的系统工程，新型城镇化不是由单个因素推动的，其动力机制是一个既有内部力量也有外部力量、既有市场作用也有政府作用的系统。

西部地区以政府外生力量为主导的、失衡的传统城镇化动力机制，抑制阻梗了市场在资源配置中的基础性作用，致使其城镇化发展陷入了市场发育滞后、资源要素难以优化配置、自我发展能力始终较弱的困境。因此，在新型城镇化的推进过程中，西部地区亟须调整发展动力，转变政府职能，并正确处理好政府与市场的角色定位，不能过度倚重行政力量的推动，而需着力强化市场化的运作手段，构建政府与市场的新型关系，更好发挥政府作用，更加尊重市场规律，从而使西部地区新型城镇化在政府和市场的双重影响下，以产业发展动力、市场环境动力、外向经济动力、政府行政动力共同驱动，最终促使西部地区走上"自上而下"与"自下而上"相结合的新型城镇化道路。

（一）产业发展动力

产业是"立城之基""兴城之本"，"城"的水平和规模由"业"决定，产业发展在新型城镇化过程中具有先导和推动作用，是新型城镇化的支撑。只有产业的繁荣发展，城镇化才能健康、持续推进，倘若产业发展动力不足，城镇化将失去物质基础，因此，产业结构的转型与升级这一动力作用是新型城镇化动力机制的中坚力量。西部地区应根据自身的产业发展状况，调整优化产业结构，以加强农业的推力和农村的释放力，以及非农产业的拉力和城镇的容纳力，使资源要素的配置更趋优化，进而扭转传统城镇化过程中产城分离、城乡分裂的局面，实现城镇格局与产业布局的互动融合，为新型城镇化的顺利推进奠定坚实的产业基础。

第一，推进农业现代化，优化新型城镇化发展的初始动力。农业是国民经济的基础，实现农业现代化不仅是农业发展的目标，也是新型城镇化持续、健康、稳定前行的保证，承担着为城镇化提供产品贡献、要素贡献、市场贡献的任务，是新型城镇化发展的初始动力。目前，西部地区农业基础十分薄弱，农业发展面临很大困难，农业生产率比较低，如若不加大对农业的投入，不致力于农业现代化的推进，那么农业的推力及农村的释放力将不断弱化甚至消失，推动作用的减弱将使西部地区城镇化变为"无本之木""无源之水"。因此，结合自身生态环境特点，优化升级农业结构，调整现有农业布局，转变农业发展方式，完成粗放型农业向集约型农业的转变、传统农业向现代发达农业的转变，发展具有比较优势的特色农业，构建新型农业生产经营体系，推进农业现代化，实现农业生产过程的机械化、生产方式的集约化、生产技术的科学化、生产组织的产业化、劳动力的人力资本化，从而提高农业劳动生产率、农产品优质率、资源利用率和土地产出率，增加农民收入，扩大农业剩余，达到农业经济效益、社会效益、生态效益的协同共进，为新型城镇化构造崭新的供给推动力，进一步地，瓦解自给自足的小农经济，促进农村社会结构转型，缓解高度紧张的人地关系，是西部地区加快新型城镇化发展的必然选择。

第二，促进新型工业化，提升新型城镇化发展的基本动力。工业化是非农产业发展的基础，在集聚经济和规模经济的驱使下，工业化从本质上要求生产的集中性、连续性，以及技术的先进性和产品的商品性，这必然引起经济过程的空间聚集，这种聚集不仅有助于劳动力、资本、技术等资源要素在有限空间上的高度组合，有助于加快技术与管理的创新速度，而且能为社会化大生产提供众多就业岗位，形成产业集聚和人口集中相适应的格局，从而推动城镇化发展。现阶段西部地区传统工业陷入困境，传统资源原材料行业的优势正日渐丧失、资源品位正逐步降低，但开采成本却不断升高，为此有必要对工业发展的技术和行业选择进行重新定位，将信息化、精细化、绿色化、服务化融入工业化进程，致力于以信息化为基础的科技含量高、经济效益好、资源消耗低、环境污染少、人力资源得到充分发挥的新型工业化，同时，借助以智能化为基础的第三次工业革命，提高技术水平和加工增值水平，推动知识、技术的集聚与扩散，并根据要素禀赋条件参与市场竞争，加快城镇经济结构的调整和非农产业的扩张，为新型城镇化发展提供新的生产关系，以及充足的产业支撑和强大的物质保障。此外，西部地区应因地制宜地发展一批市场前景广阔、优势特色明显的加工工业和劳动密集型工业，在增加产品附加值和工业经济效益的同时，吸纳更多的农业剩余劳动力，从而提升资源禀赋结构，构造新型城镇化崭新的需求拉动力，为西部地区新型城镇化发展奠定基础。

第三，助力现代服务业，挖掘新型城镇化发展的后续动力。生产性、消费性、分配性、社会性服务业的现代化，不仅有助于城镇服务环境的优化和基础条件的完善，有助于城镇就业机会的增多，有助于城镇容纳能力的增强，使得城镇的产业结构日趋完备、居民的生产生活更加便利，而且能够使城镇的聚集和扩散功能得以充分发挥，从而加快城镇化进程。因此，西部地区一方面通过加大知识、技术、信息等先进生产要素的投入，助推传统服务业的改造升级，使其重新焕发活力；另一方面通过引导支持新兴服务业，特别是具有高技术、高知识、高附加值及低污染特征的现代服务业，促进资源集聚、产业集群、服务集成，增强经济集聚度，从而提升西部地区服务业的整体素质和水平，以及城镇的产业能级，推进城镇向服务型经济转型，增强城镇的综合竞争力，更好地满足新型城镇化的发展需求，进一步地，为西部地区新型城镇化发展提供后继动力。

没有产业支撑的城镇化，必然是缺乏造血功能的城镇化。因此，西部地区必须以产业发展和集聚为起点，加快新型城镇化的稳定、健康、持续推进。

（二）市场环境动力

市场机制作为人类社会迄今所能发现的最有效率的资源配置方式，作为最有利于实现个人自由和经济繁荣的制度安排，在公共资源的形成、公共利益的增进、交易信息的传递、有效激励的提供等方面，具有显著功效，是实现利益协调和社会控制的重要手段，是新型城镇化发展的活力源泉。市场机制通过引导要素的流动和生产活动的集中，使城镇化过程中的资本、劳动力、土地、技术等资源在公平竞争的环境下能够在城乡之间、区域之间自由合理聚集，达到要素资源的最优配置与动态均衡，从而使不同市场主体的合法权益得到保障，使市场在资源配置中的决定性作用得到发挥。以市场力量推动新型城镇化，不仅能够增强城镇化可持续发展的内生动力，能够有效避免"有城无市""有城无人"等伪城镇化现象的出现和蔓延，有助于优化资源配置，而且还能够减少政府与民争利、公益缺位、功力上位等政府职能异化问题，有助于维护社会稳定。

西部地区新型城镇化动力机制的关键，在于建立完善的社会主义市场经济，在于打破区域内部的低水平均衡，为市场动力的形成营造环境，充分调动市场活力，健全和完善市场体系、市场机制、市场秩序，改善西部地区市场发育滞后的现状，强化区域自身对资本、劳动力、技术等要素资源的聚集和辐射功能，发挥区域市场对各种要素流动组合和优化配置的作用，从而为西部地区新型城镇化的推进提供制度保障。目前，西部地区应减少政府的直接干预，更加顺应市场规律、更加依靠市场机制、更加尊重市场选择，强调市场这只"看不见的手"配置资源的基础性作用，使市场机制通过价格机制和供求关系等影响要素的流动，激发西部地区新型城镇化可持续发展的内生动力，实现由政府主导向政府与市场双重作用的观念转变，将由政府全面主导的城镇化动力机制，变为政府和市场共同作用的新型城镇化动力机制，从而推动西部地区新型城镇化进程。

（三）外向经济动力

随着全球化的不断推进，社会经济发展要素之间的联系日益紧密，资源在全球范围内得到最优配置，各个地区经济相互联系、相互渗透、相互依存、相互影响的关系愈发明显，任何国家和地区都不可能脱离全球经济体系孤立发展。西部地区城镇化在全球一体化趋势和对外开放的大背景下，迎来了新的发展机遇，通过积极开拓国内国际市场，凭借比较优势更多地参与分工，封闭的市场格局被逐渐打破，区域经济外向度得以提高，生产要素的区际流动日益频繁，大量流入的外部要素与区域内丰富的自然资源和劳动力相结合，形成西部地区新型城镇化发展的外向经济动力。

基于新一轮全球化的趋势，2013年国家提出了共建"丝绸之路经济带"和"21世纪海上丝绸之路"的"一带一路"倡议。"一带一路"的核心区域涉及中国16个省份，其中西部占据10个席位，基本涵盖了整个经济欠发达的西部地区，"一带一路"为西部地区提供了加快经济发展、扩大对外开放、增加科技人文交流的重要平台，极大地推动了西部地区新型城镇化的发展。"一带一路"发展过程中，西部地区不仅可以承接东部的产业转移，而且可以向西扩大开放，可以大力发展面向中亚及周边国家的外向型经济，从而能够在更广领域和更深层次实现生产要素的优化配置，使其由开放的末梢变成前沿。这有利于改善西部地区基础设施落后的

◆ 第三章 西部地区新型城镇化发展目标与动力机制：理论分析 ◆

状况，有利于增强西部地区城镇的承载能力、自生发展能力和辐射带动作用，从而提高城镇化的水平和质量，推动西部地区逐渐由"被动城镇化"向"主动城镇化"升级，最大限度地实现"一带一路"沿线城乡经济的共同繁荣与协调共进，助推"引导约1亿人在中西部地区就近城镇化"战略目标的达成，促进西部地区新型城镇化发展。

具有传播范围大、共享程度深特点的信息化，通过协作效应、替代效应、衍生效应和增强效应作用于城镇化，不仅直接决定了城镇化的形态和规模、速度与质量，而且间接影响着城镇化发展的供求推拉力，为城镇经济提供了强劲动力，是城镇化的提升机和倍增器，将西部地区新型城镇化带入了一个崭新的发展阶段。首先，信息化有利于西部地区城镇资源利用效率的提高。以互联网和移动通信为载体的信息化，改变了空间关系，缩短了各种距离，降低了社会总成本，为西部地区广大民众的生产生活提供了便利；同时，随着现代科学技术和信息技术不断融入城镇化进程，城镇资源配置和资源利用效率得以大幅提高。其次，信息化有利于西部地区产业结构的优化升级。以物联网和云计算为标志的信息化，有助于社会生产效率的提高，能够加快西部地区农业现代化、新型工业化和现代服务业的发展，促进产业结构向技术密集型、知识密集型和高质量服务型转变。在农业现代化方面，信息化对其促进作用不仅体现在农业生产决策的科学化、农产品交易的网络化、农村电子商务的发展，以及新型农民的培训等方面，还体现在农业生产过程的智能化，从而使农业生产效率得以提升，释放出更多农业剩余劳动力，为城镇化的推进提供人力资本保障；在新型工业化方面，信息化在减少单位产品能耗、提高资源利用效率的同时，还能够实现生产的自动化与智能化，带动多媒体技术、通信技术、交互式网络技术的高速发展，衍生出工业机器人、3D打印等新兴产业形态，从而推动新型工业化的发展；在现代服务业方面，随着物联网、电子商务、在线支付等技术的普及，作为当今科技进步集中体现的信息化，正使传统的交易和消费行为发生改变，推动现代服务业发展壮大，这有助于数字化、网络化、智能化城镇的形成，有助于城镇化内涵的有效提升。再次，信息化有利于西部地区城镇管理的加强。将信息化技术和手段应用于城镇管理，能够提升城镇化水平与城镇社会管理效率，极大地增强城镇的综合竞争力，从而促进西部地区新型城镇化的高效合理发展。最后，信息化有利于西部地区城乡一体化进程的推动。伴随信息技术向社会生活各个领域的广泛渗透，西部地区市场化进程逐渐加快、交易效率渐趋提高，这对于改变西部地区普遍存在的自给自足的传统生产方式，具有显著效果，使城乡之间、区域之间的"数字鸿沟"日趋缩小，为城乡人力、物资、信息的交流提供了广阔的平台，这不仅有助于打破西部地区内部不同地域之间，以及西部与其他地区之间的分割状态，有助于促进要素资源的流动和城乡一体化进程，而且能够克服西部地区地理空间格局不经济所带来的种种弊端，推动西部地区新型城镇化发展。

（四）政府行政动力

目前，西部地区城镇化的内生自发动力正处于形成和孕育阶段，市场力量比较弱小，不健全的市场机制无法实现要素资源配置和经济运行的"帕累托最优"。因此，西部地区需要借助政府行政的手段生成、维护和提升市场力量，增强市场环境的内聚力，需要依靠外部因素的作用，实现对区域低水平循环陷阱的跨越，从而带动新型城镇化发展。

催化与提升市场力量的关键，在于转变城镇化发展过程中的政府职能。西部地区城镇化的政府职能，应由全面主导城镇化发展向有限主导城镇化发展转变，由以行政手段为主管理城镇，向坚持必要行政手段的同时更好地采取经济和法律手段管理城镇转变，城镇化的政府地位，应由城镇化的动力主体向为市场发展和运作创造条件，并致力于将市场培育为城镇化的动力主体转变，即从"全能政府"转变为"有限政府"，从"管制政府"转变为"服务政府"，从"强势政府"转变为"有效政府"，从"权力政府"转变为"责任政府"，逐步减轻政府的市场替代及其对市场的抑制。同时，强化政府的设计、诱导、干预、规范功能，在尊重市场规律的前提下，提高政府在稳定宏观经济、优化公共服务、创造公平的市场竞争环境、弥补和纠正市场失灵等方面作用的效率和质量，确保政府在新型城镇化建设中不错位、不越位而又能补位，积极担当起"守夜人"的角色，为新型城镇化的持续、健康发展提供良好的制度环境与政策保障，使市场在资源配置中的决定性作用得以充分发挥，从而形成政府"有形之手"和市场"无形之手"的合理分工协作体系，实现西部地区新型城镇化在政府和市场的协力推动下的稳步发展。

西部地区政府对新型城镇化的推动，主要通过编制发展规划、供给公共政策、创造制度环境来实现。在城镇化发展规划的编制方面，政府通过对城镇化的速度、城镇的规模和地区布局等方面实行必要的宏观调控，以把握城镇化的方向、定位；通过监督与管理城镇化运行，为城镇化健康推进提供组织保障。在城镇化公共政策的供给方面，通过出台建设基础设施和提供公共服务的政策，减少要素流动和聚集的自然成本，弥补市场机制的不足；通过在财税、金融、市场准入等方面给予西部地区大幅度的优惠，强化区域的资本积累能力，为城镇化持续发展打下良好基础。在城镇化制度环境的创造方面，政府对城镇化的拉动作用更多体现为对市场的培育，通过制度建设，特别是产权制度、法律制度的建设，为市场主体提供激励与保障，从而实现交易费用的降低和交易效率的提高。同时，创造公平的市场竞争环境，解除各种不合理管制和过时的规章制度，消灭要素资源自由流动和优化配置的制度性障碍，创新户籍制度、土地制度、就业制度、社会保障制度、财税制度、设市机制，促进人口的有序流动和产业的空间集聚；消除非公有制经济发展的体制性障碍，为城镇化市场动力的扩张营造环境。

综上，西部地区应构建包含产业发展动力、市场环境动力、外向经济动力、政府行政动力四个方面的新型城镇化均衡动力机制，以实现多方因素在合作或博弈的过程中共同驱动西部地区新型城镇化前行，促使西部地区克服传统城镇化动力机制失衡的缺陷，确保内部力量和外部力量共同影响西部地区新型城镇化进程,力图推动西部地区走上"自上而下"与"自下而上"相结合的新型城镇化道路。

八 西部地区新型城镇化发展目标与动力机制的相关关系

推动西部地区新型城镇化发展的首要任务,在于确立科学合理的发展目标,即坚持新型城镇化以人为本的根本命题,构建以新发展理念为指导,设计包括生活宜居化、要素市场化、产业集聚化、城市生态化、城乡一体化五个维度的新型城镇化发展目标体系;而以产业发展动力、市场环境动力、外向经济动力、政府行政动力共同构成的新型城镇化动力机制,则是实现新型城镇化这一多维发展目标的关键所在。因此,新型城镇化的发展水平是动力机制的函数,西部地区新型城镇化发展水平可表示为:

$$Y = f(x_1, x_2, x_3, x_4) \tag{3.1}$$

$$\text{s.t.} \quad Y = Y(y_1, y_2, y_3, y_4, y_5) \tag{3.2}$$

其中,Y 表示新型城镇化发展水平;y_1 表示生活宜居化水平,y_2 表示要素市场化水平,y_3 表示产业集聚化水平,y_4 表示城市生态化水平,y_5 表示城乡一体化水平;x_1 表示产业发展动力,x_2 表示市场环境动力,x_3 表示外向经济动力,x_4 表示政府行政动力。

式(3.1)含义为:推动西部地区新型城镇化发展的关键,在于以产业发展动力、市场环境动力、外向经济动力、政府行政动力共同构成的新型城镇化动力机制。式(3.2)含义为:坚持新型城镇化以人为本的根本命题,以新发展理念为指导,从生活宜居化、要素市场化、产业集聚化、城市生态化、城乡一体化五个维度建立的新型城镇化发展目标体系,是评判西部地区是否已实现新型城镇化,以及新型城镇化发展状况优劣的依据。

假定式(3.1)满足以下性质:$x_1 > 0, x_2 > 0, x_3 > 0, x_4 > 0$,每一方面的发展动力都将以边际递减的作用方式促进函数 $f(\bullet)$ 的正向提高，具体地：

$$\frac{\partial Y}{\partial x_1} > 0, \frac{\partial^2 Y}{\partial x_1^2} < 0; \frac{\partial Y}{\partial x_2} > 0, \frac{\partial^2 Y}{\partial x_2^2} < 0; \frac{\partial Y}{\partial x_3} > 0, \frac{\partial^2 Y}{\partial x_3^2} < 0;$$

$$\frac{\partial Y}{\partial x_4} > 0, \frac{\partial^2 Y}{\partial x_4^2} < 0。$$

对式（3.1）进行全微分，可得：

$$dY = \frac{\partial Y}{\partial x_1} \cdot dx_1 + \frac{\partial Y}{\partial x_2} \cdot dx_2 + \frac{\partial Y}{\partial x_3} \cdot dx_3 + \frac{\partial Y}{\partial x_4} \cdot dx_4 \quad (3.3)$$

对式（3.3）两边同时乘以 $\frac{1}{Y}$，且对式（3.3）右边各项分别乘以 $\frac{x_1}{x_1}, \frac{x_2}{x_2}, \frac{x_3}{x_3}, \frac{x_4}{x_4}$，可得：

$$\frac{dY}{Y} = \frac{\partial Y}{\partial x_1} \cdot \frac{x_1}{Y} \cdot \frac{dx_1}{x_1} + \frac{\partial Y}{\partial x_2} \cdot \frac{x_2}{Y} \cdot \frac{dx_2}{x_2} + \frac{\partial Y}{\partial x_3} \cdot \frac{x_3}{Y} \cdot \frac{dx_3}{x_3} + \frac{\partial Y}{\partial x_4} \cdot \frac{x_4}{Y} \cdot \frac{dx_4}{x_4}$$

则有：$g = \xi_1 g_1 + \xi_2 g_2 + \xi_3 g_3 + \xi_4 g_4$ （3.4）

其中，$g = \frac{dY}{Y}$，表示新型城镇化发展水平的增长率；$\xi_1 = \frac{\partial Y}{\partial x_1} \cdot \frac{x_1}{Y}$，$\xi_2 = \frac{\partial Y}{\partial x_2} \cdot \frac{x_2}{Y}$，$\xi_3 = \frac{\partial Y}{\partial x_3} \cdot \frac{x_3}{Y}$，$\xi_4 = \frac{\partial Y}{\partial x_4} \cdot \frac{x_4}{Y}$，分别表示新型城镇化四个方面发展动力的产出弹性；$g_1 = \frac{dx_1}{x_1}, g_2 = \frac{dx_2}{x_2}, g_3 = \frac{dx_3}{x_3}, g_4 = \frac{dx_4}{x_4}$，分别表示新型城镇化四个方面发展动力的增长率。

由式（3.4）可知，新型城镇化发展水平的提高来自各个方面发展动力产生改善的贡献，这不仅取决于各方面发展动力提高的增长率，而且取决于各方面发展动力的产出弹性。据此，本节将对西部地区新型城镇化四个方面的发展动力进行深入分析。

第一，产业发展动力。产业是"立城之基""兴城之本"，产业发展对新型城镇化具有先导和推动作用，是新型城镇化的支撑。如若产业实现繁荣发展，将对新型城镇化发展水平发挥正的贡献，而如果产业发展动力不足,就会制约新型城镇化发展水平的进一步提高,体现在式(3.4)中,即随着 $g_1 = \dfrac{dx_1}{x_1}$ 的增加, $g = \dfrac{dY}{Y}$ 得到提高。具体地:其一,产业发展动力的改进,有助于生活宜居化水平的提高。农业发展方面,农产品为城镇化提供了充足、优质的食物和原料,农业剩余为城镇化积累了大量原始资本。工业发展方面,专业化的工业生产所提供的优质商品,可以满足居民愈趋高级化的消费层次。第三产业发展方面,第三产业通过为城镇的生产生活提供基础条件和服务环境,使城镇居民的生产生活更为便利。同时,随着非农产业的发展壮大,将提升城镇的人口吸纳能力,创造大量的就业岗位。此外,产业发展增加了西部地区政府的财政收入,为城镇化积累了建设资金,为城镇化的基础设施和公共服务提供了充裕的资金支持,有利于城镇承载能力的增强,有助于西部地区生活宜居化水平的提升。其二,产业发展动力的改进,有助于要素市场化水平的提高。农业发展方面,随着农产品商品化率与交易化率的不断提升,农业剩余生产资料逐渐由农业部门向非农业部门转移。非农产业发展方面,随着城镇经济对资源的高效利用,以及由此提供的要素高价格,诱导着农业劳动力、资本、土地等生产要素向城镇集聚;同时,非农产业为城镇聚集和扩散效应的发挥提供了前提条件,推动了要素资源在市场机制作用下的自由合理流动,更好地发挥了市场在资源配置中的基础性作用,这有利于实现资源的优化组合与配置,有助于西部地区要素市场化水平的提升。其三,产业发展动力的改进,有助于产业集聚化水平的提高。工业化要求集中化、连续化和规模化生产,由此产生的聚集效应促进了劳动力、资本、技术等生产要素在有限空间内的高度组合;同时,工业主导增加了产业之间的相互联系,促使产业的空间集聚范围迅速扩大,形成上下游配套紧密的产业链条,有助于西部地区产业集聚化水平的提升。进一步地,产业结构的优化调整推动了城镇规模的扩大和中心功能的升级。其四,产业发展动力的改进,有助于城市生态化水平的提高。"集约、智能、绿色、低碳"产业的推广,一方面，有利于资源的集约利用、高效利用、循环利用和优化配置；另一方面，有利于正确处理城镇化建设与农业用地之间的矛盾，能够防止"摊大饼"和盲目"圈地造城"现象的出现。此外，随着能效技术、节能技术等绿色技术的开发与应用，城镇的资源承载力、环境承载力、生态承载力将有效增强，有助于西部地区城市生态化水平的提升。其五，产业发展动力的改进，有助于城乡一体化水平的提高。一方面，随着农业现代化的不断推进，农民收入将日趋增加，农业剩余将持续扩大，有利于农村经济社会的发展；同时，大批剩余劳动力从农业中释放，对于农业劳动生产率的提高有显著效果。另一方面，随着非农产业的深入发展，城镇的集聚和辐射效应得以充分发挥，为城乡要素的双向流动创造了条件，有助于西部地区城乡一体化水平的提升。

第二，市场环境动力。市场机制是人类社会迄今为止所能发现的最有效率的资源配置方式，在公共资源的形成、公共利益的增进、交易信息的传递、有效激励的提供等方面，具有显著功效，是新型城镇化发展的活力源泉。如若市场在资源配置中的基础性作用得到有效发挥，将对新型城镇化发展水平产生正的贡献，而如果资源要素的自由流动受阻，将会制约新型城镇化发展水平的进一步提高，体现在式（3.4）中，即随着 $g_2 = \dfrac{dx_2}{x_2}$ 的增加，$g = \dfrac{dY}{Y}$ 得到提高。具体地：其一，市场环境动力的改进，有助于生活宜居化水平的提高。市场力量有助于资本在城镇大量集聚，资本集聚能够为城镇化的基础设施和公共服务运转提供充足的资金保障，提升了城镇化发展的质量，使城镇居民的生产生活更加便利，有助于西部地区生活宜居化水平的提升。其二，市场环境动力的改进，有助于要素市场化水平的提高。市场机制通过引导要素的流动和生产活动的集中，使资本、劳动力、土地、技术等资源在公平竞争的环境下能够在城乡之间、区域之间自由合理聚集，实现资源配置的"帕累托最优"，有助于西部地区要素市场化水平的提升。其三，市场环境动力的改进，有助于产业集聚化水平的提高。市场力量通过促进人口、资本、技术等资源向城镇集聚，为城镇产业的发展提供保障。人口集聚方面，大量流入城镇的人口不仅为城镇的产业发展输入了充足的劳动力，而且激发了城镇巨大的投资和消费需求，大大推进了城镇产业的发展。资本集聚方面，资本集聚为城镇产业的改造升级与优化转型提供了大量的资金支持。技术集聚方面，技术集聚促进了产业的技术革新与转型升级，有助于西部地区产业集聚化水平的提升。其四，市场环境动力的改进，有助于城市生态化水平的提高。在市场机制的作用下，大量资源要素向城镇及周边地区迁移，有助于城镇集聚效应和规模效应的发挥，为自然资源的减量化、再利用、再循环创造了条件；同时，大批人口向城镇集中，共享城镇公共资源，减少了社会资源的消耗，有助于西部地区城市生态化水平的提升。其五，市场环境动力的改进，有助于城乡一体化水平的提高。市场机制促进了城乡要素的双向自由流动与重新配置，使城乡发展由分割态逐步融合，有助于西部地区城乡一体化水平的提升。

第三，外向经济动力。随着全球化、信息化的不断推进，以及"一带一路"的深入实施，资源得以在更广的范围、更深的层次优化配置，各个地区经济社会相互联系、相互依存、相互促进的关系愈发明显，生产要素的区际流动日益频繁，极大地促进了新型城镇化的发展，体现在式（3.4）中，即随着 $g_3 = \dfrac{dx_3}{x_3}$ 的增加，$g = \dfrac{dY}{Y}$ 得到提高。具体地：其一，外向经济动力的改进，有助于生活宜居化水平的提高。以互联网和移动通信为载体的信息化，缩短了各种距离，降低了社会总成本，为居民的生产生活提供了便利，有助于西部地区生活宜居化水平的提升。其二，外向经济动力的改进，有助于要素市场化水平的提高。随着"一带一路"的深入推进，西部地区逐渐由开放的末梢变为前沿，生产要素得以在更广的范围、更深的层次实现优化配置，有助于西部地区要素市场化水平的提升。其三，外向经济动力的改进，有助于产业集聚化水平的提高。以物联网和云计算为标志的信息化，能够促进技术密集型、知识密集型、高质量服务型产业的发展，有助于西部地区产业集聚化水平的提升。其四，外向经济动力的改进，有助于城市生态化水平的提高。将信息技术应用于绿色产业的发展，能够极大地降低社会资本消耗，提升城镇化的运行效率与集约化程度，有助于西部地区城市生态化水平的提升。其五，外向经济动力的改进，有助于城乡一体化水平的提高。信息技术向社会生活各个领域的逐渐渗透，为西部地区城乡之间人力、物力、科技的交流提供了广阔平台，使城乡之间的"数字鸿沟"渐趋缩小，有助于西部地区城乡一体化水平的提升。

第四，政府行政动力。政府通过充分调动、利用其拥有的众多社会和经济资源，发挥"守夜人"的职能，为新型城镇化的推进提供良好的政策与制度保障。如若政府能够正确发挥其"有形之手"的功能，将对新型城镇化发展水平发挥正的贡献，而如果政府职能异化，就会制约新型城镇化发展水平的进一步提高，体现在式（3.4）中，即随着 $g_4 = \dfrac{dx_4}{x_4}$ 的增加，$g = \dfrac{dY}{Y}$ 得到提高。具体地：其一，政府行政动力的改进，有助于生活宜居化水平的提高。政府通过出台建设基础设施和提供公共服务的政策，或者直接投资市场失灵的公共服务领域，增强城镇承载力，从而改善居民的生产生活状况，提高居民的福利水平，有助于西部地区生活宜居化水平的提升。其二，政府行政动力的改进，有助于要素市场化水平的提高。政府通过取消各种限制资源要素流动的制度约束，建立公平竞争的市场秩序，为资源要素的自由流动创造有利条件，有助于西部地区要素市场化水平的提升。其三，政府行政动力的改进，有助于产业集聚化水平的提高。政府通过在财税、金融、市场准入等方面给予西部地区大幅度的优惠，使西部地区的资本积累能力得以增强，有助于西部地区产业集聚化水平的提升。其四，政府行政动力的改进，有助于城市生态化水平的提高。政府通过致力于城镇体系的生态宜居建设，扶持低能耗、低排放、低污染的绿色城镇产业，将城镇打造为具有较高品质的适宜人居之所，有助于西部地区城市生态化水平的提升。其五，政府行政动力的改进，有助于城乡一体化水平的提高。政府致力于构建公平的城乡制度体系，通过深化农村土地制度改革,建立城乡统一的户籍制度和社会保障制度,有助于西部地区城乡一体化水平的提升。

可见,新型城镇化动力机制的改进,能够促进包括生活宜居化、要素市场化、产业集聚化、城市生态化、城乡一体化五个维度的新型城镇化发展目标的实现(见图4)。

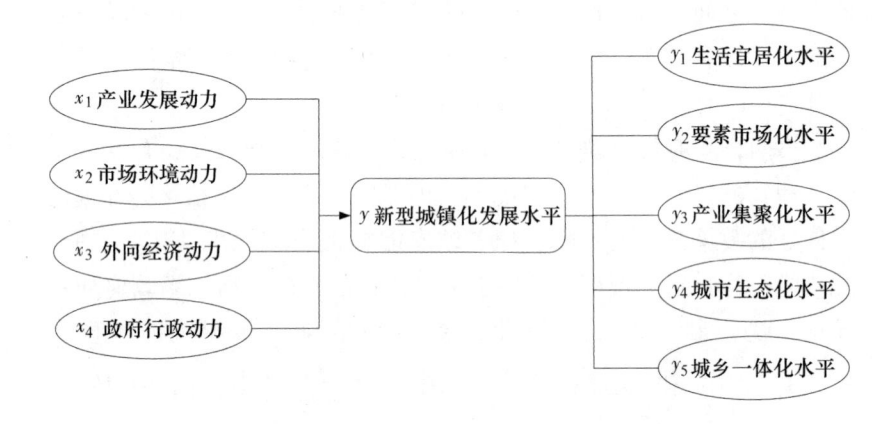

图4　西部地区新型城镇化发展目标与动力机制的相关关系

综上,新型城镇化是一个涉及经济、政治、文化、社会、生态文明的复杂系统,要实现新型城镇化的健康、可持续发展,西部地区需从生活宜居化、要素市场化、产业集聚化、城市生态化、城乡一体化五个维度建立新型城镇化发展的多元目标体系,并从产业发展动力、市场环境动力、外向经济动力、政府行政动力四个方面共同驱动,形成新型城镇化发展的均衡动力机制,以此克服其传统城镇化发展目标单一和动力机制失衡的缺陷,促使西部地区走上"自上而下"与"自下而上"相结合的新型城镇化发展道路,从而确保在经济发展的同时,满足居民日益增长的物质文化需求,进一步地,实现人的全面发展。

九　小结

本章在对城镇化发展目标和动力机制的一般理论进行阐释的

基础上，分析了西部地区传统城镇化发展目标与动力机制，并指出西部地区传统城镇化之所以陷入"重物轻人"，以及市场发育滞后、难以实现资源优化组合与配置、自我发展能力始终不强的困境，根源在于："唯 GDP 增长"的单一的城镇化发展目标，由政府外生动力主导的、过于行政化的、失衡的城镇化动力机制。可见，西部地区要实现新型城镇化，首要任务是构建多维的新型城镇化发展目标，以及均衡的新型城镇化动力机制。鉴于此，本章立足西部特殊区情，秉承新型城镇化以人为本的核心思想，以创新、协调、绿色、开放、共享的新发展理念为统领，从理论层面设计了涵盖产业集聚化、城乡一体化、城市生态化、要素市场化、生活宜居化五个维度的西部地区新型城镇化发展的多元目标体系；从产业发展动力、市场环境动力、外向经济动力、政府行政动力四个方面入手，建立了西部地区新型城镇化发展的均衡动力机制。进一步地，对西部地区新型城镇化发展目标和动力机制之间的相关关系进行了理论剖析，并指出均衡的新型城镇化动力机制，是实现多元的新型城镇化发展目标的关键与方式，从而确保西部地区新型城镇化在外生力量和内生力量的协调驱动下，在达到"经济发展"的同时，实现"人的全面发展"，为西部地区新型城镇化的健康、顺利、有序推进提供了理论借鉴，为后续章节的实证研究奠定了理论基础。

第四章 西部地区城镇化的历史演进与特征分析

第三章总结出西部地区传统城镇化陷入困境的根源,在于其存在发展目标单一和动力机制失衡的缺陷,即只追求经济增长而忽视人的全面发展的城镇化发展观,以及政府全面主导的、行政色彩浓郁的城镇化动力机制。本章在此基础上,考察西部地区城镇化的演进历程和主要特征,从历史的角度探究西部地区城镇化出现种种问题的根源。

本章以时序演进为线索,系统地勾勒出了西部地区城镇化的历史脉络,梳理了古代、近代、现代三个阶段西部地区城镇化发展的历史事实,从宏观上较为清晰地呈现了西部地区城镇化的演变轨迹。进一步地,本章归纳总结出西部地区城镇化发展过程中具有明显的政府外生力量主导的"自上而下"的特点。

一 西部地区城镇化的历史回顾[①]

历史是现实的镜鉴,只有不断总结归纳历史的经验教训,才能稳步推进现实的健康发展。本节以时序演进为线索,结合翔实的数据,对古代、近代、现代三个时期西部地区城镇化发展的历史事实进行详细分析,以描绘西部地区城镇化的宏观图景。

---

① 在当前的研究文献中,"城市化"和"城镇化"经常同时使用。本书侧重使用"城镇化"的概念,出现两者混用的情况是出于尊重引用资料的考虑。"城市化"与"城镇化"内涵虽有所不同,但大致相当。

（一）古代西部地区城镇的发展

1. 城镇起源和奴隶社会城镇的发展

在距今四五千年的龙山文化时期，社会分工伴随生产力的不断发展而出现，现代意义上的城镇应运而生。《轩辕本纪》记载"黄帝筑城邑，造五城"，说明我国当时已有城镇雏形，内蒙古赤峰地区所筑的石城即具有城镇萌芽——城堡的形态。

在目前已发现的6座商代前期城镇遗址中，有2座位于长江中上游，即湖北黄陂的盘龙城和四川广汉的三星堆古城[1]，城镇咸阳则出现在商代末期。继商之后的周王朝实行分封制，诸侯出于防御侵占和保护领地的需要，将筑城看作立国的一项根本方略。可见，政治、军事是早期城镇的主要功能。

2. 封建社会城镇的发展

封建社会是我国西部地区城镇化发展的初级阶段。在数千年的封建社会中，西部地区基本保持着农业社会的特点，经济发展的重心始终在农村，获得发展的城市大多是历代王朝的都城及各级行政中心，城市发展总体上异常缓慢。尽管如此，这一时期西部地区仍创造了举世瞩目的城市文明，并走在了世界前列。

据不完全统计，秦代较大的城市约250个，其中首都咸阳的人口规模已达80万以上，是人类历史上前所未见的特大城市[2]。汉代西部地区城镇得到了长足发展，南已延伸至广西、云南境内，北至新疆喀什、甘肃河西走廊沿线以及内蒙古东部等地。当时，西部地区的长安城已成为世界名城，在其周边出现了不少卫星城市，形成了一定的城市群。在此期间，成都已跻身为除都城长安外的五大都会之一，成为西南最大的交易中心，西汉末年其居民达七万多户[3]。

唐初城市数量空前发展，尤其长安城规模相当宏大，其城墙东

---

[1] 新玉言：《新型城镇化——理论发展与前景透析》，国家行政学院出版社2013年版，第31页。
[2] 赵常兴：《西部地区城镇化研究》，博士学位论文，西北农林科技大学，2007年。
[3] 顾朝林、柴彦威、蔡建明：《中国城市地理》，商务印书馆1999年版，第36页。

西9721米,南北8651.7米,城周长37.7公里,面积84平方公里[1]。北宋宋敏求在其著作《长安志》中提到,唐长安城在当时世界上是规模最大的城市。其中南北大街14条,东西大街11条,东西南北大街交错,形成108坊[2]。在《登观音台望城》中,白居易形容长安城的城市格局为"百千家似围棋局,十二街如种菜畦",堪称"世界首都"。据《新唐书·则天皇后纪》记载,仅天授二年,武则天迁徙关内七州数十万人实"神都"。据不完全统计,当时长安城的人口总数可能不少于100万。同期,西南地区的成都,人口也已达三四十万[3]。

元朝除向沿海地区扩展以外,内陆城市分布范围也显著扩大,这一时期云南得到了大规模的开发。元代新设县城约72个,其中云南即占了43个[4]。

明清时期我国边陲地域的城镇范围得到了进一步拓展,明清政府对包括西南、西北、东北地区和台湾在内的边疆地带进行了开发,形成了较为完善的"首都—省城—府(州)城—县城—镇"五级全国行政中心城市网。

(二) 近代西部地区城镇化的发展

1840年鸦片战争以后,我国进入了长达百年之久的半殖民地半封建社会。在这一阶段,外国资本大量涌入我国东部地区,客观上促进了其城市的发展,东部的经济重心已开始向城市转移。而西部地区所受列强的践踏相对较轻,封建统治势力依然强大,建立在封建土地所有制基础上的自给自足的农业自然经济远未受到东部那样大的冲击,农村依旧是西部地区的经济重心,这导致西部地区经济和城市的发展长期停滞不前。

---

[1] 顾朝林、柴彦威、蔡建明:《中国城市地理》,商务印书馆1999年版,第45页。
[2] 赵常兴:《西部地区城镇化研究》,博士学位论文,西北农林科技大学,2007年。
[3] 张善余:《中国人口地理》,科学出版社2003年版,第4页。
[4] 赵常兴:《西部地区城镇化研究》,博士学位论文,西北农林科技大学,2007年。

1. 鸦片战争爆发至抗日战争爆发阶段 (1840—1937 年)

这一时期，无论是从经济发展还是从民众意识来看，西部地区都已远远落后于东部地区。东部地区由于拥有优越的交通条件、地理环境和相对发达的商业而遭受到了较为严重的殖民侵略，长江中下游、珠江三角洲和东北，更成为列强瓜分的焦点。这一方面破坏了东部地区城镇化的独立进程，另一方面打破了东部地区的封建体制，客观上促进了其工业和城市发展，因此，东部人民所受的蹂躏和其城市发展交织在了一起，促使东部民众的意识发生了巨大转变，发出了变法维新、追求独立发展等呼声。同一时期，广大西部地区由于深处内陆，交通不便，西方侵略势力对其触动较弱，封建统治基础依然强劲，落后的农业经济和陈腐的思想观念成为西部地区发展的两大枷锁。1843 年，世界城市化平均水平约为 10%，我国城市化水平为 5.1%，而西部地区城市化水平不足 4%。到了 1893 年，世界城市化水平已超过 15%，我国城市化水平为 6.1%，而西部地区城市化水平仍旧不足 4%，城市化基本处于停滞状态[1]。

辛亥革命后军阀混战的局面也严重阻碍了西部地区城镇化进程，至抗日战争爆发前，西部地区城镇化出现了萎缩退化的现象。如西安在 20 世纪 30 年代初的人口规模为 12.5 万，远不及 1843 年的一半，兰州 (9.5 万)、贵阳 (8.8 万) 都仅相当于或略高于 1843 年的水平[2]。而同期，上海总人口已高达 348 万，人口规模在 50 万至 200 万的北京、广州、南京等 9 个城市全部位于中东部地区[3]。就全国来看，我国的主要城市几乎全部集中于沿海地带，东西部城镇化差距极大。

2. 抗日战争爆发至中华人民共和国成立阶段 (1937—1949 年)

1937 年抗日战争的全面爆发，改变了我国的历史进程，对城

---

[1] 张沛：《中国城镇化的理论与实践——西部地区发展研究与探索》，东南大学出版社 2009 年版，第 57 页。
[2] 赵永革、王亚男：《百年城市变迁》，中国经济出版社 2000 年版，第 15 页。
[3] 赵常兴：《西部地区城镇化研究》，博士学位论文，西北农林科技大学，2007 年。

市的发展也产生了巨大影响,这一时期可以看作西部地区城镇化曲折发展的时期。

抗日战争期间,由于战争的特殊原因,我国总人口和城市人口几经变化,到中华人民共和国成立之前,虽然城市人口略微上升,但城市化水平却有所下降。抗日战争爆发前,1936年全国总人口约46962万,其中城市人口约5281万,城市化率为11.2%[1]。到中华人民共和国成立时,1949年全国总人口增加到54167万,其中城市人口增至5765万,而城市化率却下降为10.6%[2]。

抗日战争阶段,由于华夏大地中、东部地区自北向南遍遭日寇铁蹄践踏,为躲避战乱,我国华东、华中、华北、华南地区的一大批文教机构、重点企业和现代化工厂纷纷内迁至西部,相当数量的军工、能化及装备加工工业等亦迁至西部城镇。据不完全统计,抗战时期,内迁的工厂达1500余家,工人达11万人次[3]。此次内迁促进了产业要素西进,不仅使西部地区的工厂数量得以增加,而且为其发展工业提供了技术力量和部分设备,推动了城镇化,使西部地区出现了"战时繁荣"。至此,经济落后、基础设施薄弱的西部地区在城镇化发展方面有了显著改观。更为重要的是,这是西部地区历史上第一次要素西进推动城镇化进程,也是第一次工业化推动城镇化发展,具有里程碑式的重大意义。此外,由于国民党将重庆作为陪都,国民政府和民族工商业开始向西部投资,使得川、滇、黔、湘抗战大后方的城镇化得以发展,陕西的宝鸡、蔡家坡等也在这时一跃成为工业重镇,西部地区的这种战略意义成为中华人民共和国成立后进行"三线建设"的主要依据。与此同时,由于东部沦陷区城市饱受战争的蹂躏,导致东部地区的人口大规模向西迁移,更推动了西部地区城市的发展。如成都市,在抗战中后期,由于东

---

[1] 赵文林、谢淑君:《中国人口史》,人民出版社1988年版,第481页。
[2] 中国社会科学院人口研究中心《中国人口年鉴》编辑部:《中国人口年鉴(1986)》,社会科学出版社1986年版,第811页。
[3] 张沛:《中国城镇化的理论与实践——西部地区发展研究与探索》,东南大学出版社2009年版,第58页。

第四章 西部地区城镇化的历史演进与特征分析

来人口与资金的进入，使其在城市工商业、文化教育事业等方面获得了较大发展，1939年成都城市人口为30.9万[①]，1941年较1939年增加了13.6%，1942年年初又较1941年增加了6.4%，年末又较上年增加了20.8%[②]，到1945年，成都市总人口已增至71万[③]。重庆1937年不到27万人，1945年竟增至100万人[④]。1939—1945年的短短6年，宝鸡人口从不到1万猛增至11万[⑤]。

抗战进入相持阶段以后，由于我国沿海地区遭到日寇的全面封锁，世界各国输送的援华抗日物资唯有通过西部地区的滇、新边境才能运抵内地。因此，西部地区成为抗战的基本支援地和大后方，其公路、铁路等基础设施也随之得以强化。在此期间，陇海铁路西安至宝鸡段建成通车，宝鸡至天水段开工修建并于1945年通车。1927—1937年，我国的公路主要集中在华东、华北、华中和华南地区，西部11省（自治区）的公路通车里程仅为28370公里，只占全国公路总里程的26%。抗日战争爆发以后，由于大量军需、民用物资的运输需由公路承担，因此当时的国民政府开始在大后方开展大规模的公路建设，修建了川湘公路、滇缅公路、汉渝公路、汉白公路、天双公路、川康公路、河岳公路、川滇公路、内乐公路、黔桂公路、湘黔公路、黔滇公路、甘新公路、西祥路、乐西路、垒畹路、中印路、甘川路，在陕甘修建了宝平公路、韩宜公路等。到1944年，川、康[⑥]、滇、黔、陕、甘、青、宁、新、藏、桂这11省（自治区）的公路通车总

[①] 金丽国、侯远志：《西部地区城市化历史与现状分析》，《城市问题》2001年第5期。
[②] 何一民：《变革与发展：中国内陆城市成都现代化研究》，四川大学出版社2001年版，第586页。
[③] 金丽国、侯远志：《西部地区城市化历史与现状分析》，《城市问题》2001年第5期。
[④] 同上。
[⑤] 同上。
[⑥] 西康省，简称康，为中华民国曾经设置的行省，中华人民共和国成立后不久废除。设于1939年，于1955年废止。所辖地主要为现四川甘孜藏族自治州、凉山彝族自治州、攀枝花市、雅安市及西藏东部昌都地区、林芝地区等，基本相当于藏文化中的康区，多数地区是以藏族为主的少数民族聚居地。

里程已达 42703 公里[①]。铁路方面，1927—1945 年，国民政府在西南、西北地区共修建了约 1900 公里铁路。东西大通道的陇海铁路，于 1913 年 5 月开工，以汴洛铁路为基础向东西方向展筑，至 1945 年 12 月，西段修至甘肃天水，后于中华人民共和国成立后的 1952 年 10 月通车，全长 1750 公里。

虽然"战时繁荣"促进了西部地区的城镇化，使其城市数量和规模有所增长和扩大，城市分布更加广泛，几乎遍及西部所有地区，但由于基础薄弱，其城镇化发展仍然比较缓慢。至中华人民共和国成立前夕，全国共有直辖市 12 个，只有重庆、西安属西部地区，西部地区城市化水平不足 10%，而此时，世界城市化平均水平已达 28.8%[②]。

（三）现代西部地区城镇化的发展

1. 中华人民共和国成立至改革开放阶段（1949—1978 年）

1949 年中华人民共和国成立，自此我国进入了一个新的历史阶段，开始了大规模有计划的社会主义工业化建设。相应地，城镇建设也开始有计划地展开，我国现代史真正意义上的城镇化由此拉开序幕。由于西部地区地理位置、民族构成、经济条件和社会发展的特殊性，以及国家战略布局的多次调整，造成了西部地区城镇化走过了一个曲折迂回而又有所进步的艰难历程。

（1）1949—1957 年正常发展时期

① "经济恢复"时期（1949—1952 年）

随着国民经济的恢复和发展，社会秩序得以安定，原先受战争影响迁往农村的人口，陆续返回城中。1952 年，我国城市人口为

---

① 中国第二历史档案馆：《中华民国史档案资料汇编》（第 5 辑·第 2 编），江苏古籍出版社 1997 年版，第 149 页。

② 张沛：《中国城镇化的理论与实践——西部地区发展研究与探索》，东南大学出版社 2009 年版，第 58 页。

7163万，占总人口的比例为12.5%[①]。当时，我国城镇建设已有较好的工业基础作支撑，各级各类城镇快速发展，不少城镇由衰落转向兴盛。据有关部门统计，全国小城镇的数量由1949年的2000座增长到了1953年的5402座，短短4年时间增加了1.7倍[②]。但是，这一时期小城镇仅具有行政区划的意义，一般规模较小、功能单一，基本只履行行政职能，其发展水平、发展规模都受到一定程度的限制。再加上由于第三产业发展萎缩，以及城镇服务功能弱化、基础设施建设缓慢等因素，导致城镇化发展的质量不佳，城镇基本功能严重落后。

由于国家政策的作用，这一时期，西部地区长期落后的经济状况得到了历史性突破，伴随丰富的自然资源开发，各类工矿业生产迅速发展，出现了一批依托矿业和工业项目兴起的新型城市。与全国城镇化发展形势相一致，西部地区的城镇化进入了空前的快速发展阶段，主要体现为城镇数量的迅速增长和城市市区非农业人口数量的大幅增加。1949—1952年，西部地区的城市数量由13座迅速增加到了32座，是该时期全国城市数量增长最快的地区；城市市区非农业人口数量由281.80万增加到了452.97万，年均增长率高达17.14%[③]。

②"一五"计划时期（1953—1957年）

中华人民共和国成立初期，我国确立了"重工业优先发展"的工业化道路，以及"区域均衡发展"的宏观经济布局指导思想，极大地促进了西部地区的经济建设和城镇化发展。

"一五"计划期间，随着工业的发展，以及大中城市、小城镇的不断扩大和增多，人口大量向市镇集中。1952—1957年，全国市镇人口由7163万增加到了9949万，增长了38.89%，年均增长

[①] 新玉言：《新型城镇化——理论发展与前景透析》，国家行政学院出版社2013年版，第39页。

[②] 李澜：《西部民族地区城镇化发展研究》，博士学位论文，中央民族大学，2003年。

[③] 李善同、刘勇：《西部大开发中城镇化道路的选择》，《城市发展研究》2001年第3期。

率为6.79%，是新中国历史上市镇人口增长最快的时期之一；同时，城镇人口占总人口的比重由12.5%上升到了15.4%[①]。

这一时期，虽然西部地区的城市数量减少了2座，到1957年为30座。但是，由于西部地区大力推进工业项目的投资建设，使得城镇人口数量有较大幅度的提升，且表现出以迁移增长为主、自然增长为辅的特征。西部地区的城市市区非农业人口，由1952年的452.97万增加到了1957年的737.76万，年均增长率达10.25%[②]。

"一五"计划期间，陕、川、甘地区的关中、成渝、兰银等地一时成为工业项目落地的热土。伴随着奠定国家工业体系的156个重大建设项目、限额以上的694个建设单位组成的一系列工业项目投资建设活动的相继开展，广大西部地区的工业化和城镇化获得了前所未有的发展机遇，一批依托矿业和工业项目兴起的新型城市和城镇在西部地区迅速崛起，开启了以工业化推动城镇化的进程。例如，四川的成都市、绵阳市，内蒙古的包头市，甘肃的兰州市、玉门市、白银市，新疆的乌鲁木齐市，陕西的铜川市等城市，以及西安市的纺织城、电工城、军工城、航工城等重要工业区。

然而，这一时期城镇化的质量并不高，城镇建设出现了基础设施和公共服务短缺的问题。例如，当时兰州市的西固区已有10万居住人口，但只设有临时的商店，类似小学、门诊部、托儿所、理发店和澡堂等基础设施尚未建成[③]。此外，由于国家照搬苏联的经济体制，过分强调工业特别是重工业的优先发展，忽视轻工业和第三产业，导致西部地区的经济尽管出现了一定的短期成果，然而不合理的产业结构不但未能充分发挥工业化对整体经济和城市发展的带动作用，反而阻碍了城镇化的进一步推进，同时还为日后国民经

[①] 陆学艺、李培林：《中国社会发展报告》，辽宁人民出版社1991年版，第284页。

[②] 李善同、刘勇：《西部大开发中城镇化道路的选择》，《城市发展研究》2001年第3期。

[③] 董志凯、武力：《中华人民共和国经济史（1953—1957）》（下），社会科学文献出版社2011年版，第922页。

济的发展埋下了不利因素。

经过"经济恢复"和"一五"计划时期的发展,我国城市的空间布局逐步呈现由东向西转移的态势,城市体系基本上朝着合理的方向有序推进,西部地区与东部沿海的发展差距逐步缩小。总体来看,这一时期西部地区城镇化取得的成绩是主要的。

(2) 1958—1965年大起大落时期

①"大跃进"时期(1958—1961年)

从1958年以大办钢铁为主的全面工业化建设开始,受"左"倾思想的影响,我国城镇化进入了盲目冒进的发展阶段。由于从农村招工3000万人进城[1],致使城镇职工和城镇人口数量大幅增加。1957—1960年,全国职工人数从3101万增长到了5969万;城镇人口数量从9949万增长到了13000万[2],净增30.7%;城镇化水平由15.4%上升至19.7%[3],年均提高1.43个百分点,是我国城镇化水平提升最快的3年。而全国农业劳动者数量由1957年的19310万急剧下降到了1958年的15492万,占工农劳动者的比例由93.2%降至77.8%[4]。同时,人均粮食占有量也从1958年的606斤锐减至1960年的433斤[5]。基于这种情况,从1961年开始,国家对国民经济实施了大刀阔斧的调整,动员大批城镇过剩人口返回农村,出现了"逆城镇化"现象。

这一时期,乘着全国工业化建设的浪潮,西部地方政府开办了大量工业企业和小型加工配套型企业,涌现出了一大批以钢铁冶炼为主的产业型城镇,吸引了人口向西部地区的大规模集中,城镇规

---

[1] 新玉言:《新型城镇化——理论发展与前景透析》,国家行政学院出版社2013年版,第40页。

[2] 《当代中国》丛书编辑部:《当代中国的劳动力管理》,中国社会科学出版社1990年版,第10页。

[3] 中华人民共和国国家统计局:《建国三十年全国农业统计资料(1949—1979)》,中国统计出版社1980年版,第5页。

[4] 同上。

[5] 新玉言:《新型城镇化——理论发展与前景透析》,国家行政学院出版社2013年版,第40页。

模随之膨胀。同时，随着兰新、宝成、黔贵、包兰等铁路相继建成通车，西南、西北地区的交通条件得以改善，推动了西部地区城镇化的发展。

②"经济调整"时期（1961—1965年）

从1961年下半年开始，国家实行了"调整、巩固、充实、提高"的方针，大量超过当时国力的巨大规模的工业项目开始下马。为了缓解城镇人口剧增的压力、保障粮食供应，国家不得不大力动员新进入城市的3000万人返回农村，同时采取了调整城市工业项目、压缩城市人口、提高城镇设置标准、撤销部分市镇建制等应急措施，积极纠正了盲目冒进的错误，城市数量及城镇人口急剧减少。1961—1963年，城镇化水平年均下降1个百分点，是我国城镇化水平下降最快的3年①。

在"大跃进"和"经济调整"期间，我国城市数量和城镇人口先增后降，是中华人民共和国成立以来经济发展和城镇化进程中一次最大幅度的大起大落。至1965年，全国城镇人口仍保持在1.3亿的水平②；城市数量减至169座，比1957年还少7座③。同时，全国城镇化水平由1960年的19.7%下降为1965年的17.9%④。

这一时期，西部地区城市数量虽然由1957年的30座迅速增加到了1960年的44座，但随后很快减少到了1964年的31座，仅相当于1957年的水平，到1965年也仅增长为34座。经过近8年的起伏徘徊，整个西部地区最终仅增加了4座城市⑤。同一时期，西部地区城市市区非农业人口数量也经历了过山车似的变化：先由1957年的737.76万人很快增长到了1961年的958.09万人，之后

---

① 新玉言：《新型城镇化——理论发展与前景透析》，国家行政学院出版社2013年版，第40页。
② 同上。
③ 顾朝林、邱友良、叶舜赞：《建国以来中国新城市设置》，《地理科学》1998年第4期。
④ 姜爱林：《论对中国城镇化水平的基本判断》，《江苏社会科学》2002年第6期。
⑤ 李善同、刘勇：《西部大开发中城镇化道路的选择》，《城市发展研究》2001年第3期。

降至1963年的888.08万人，1965年又重新恢复到了947.56万人[①]。8年来，西部地区城市市区非农业人口年均增长率仅为3.18%。可见，此间西部地区城镇化的发展速度远远低于上一阶段。

(3) 1966—1978年缓慢发展时期

"文化大革命"严重破坏了全国的城镇体系：撤销城建机构，停止城建工作，下放城镇干部和居民，推行大规模的"上山下乡"运动，大批知识分子被迁往农村，城镇人口增长停滞，城镇功能退化，在全国范围内再次出现了"逆城镇化"现象。"文化大革命"时期，虽然我国总人口有所增长，1967—1976年，总人口增长19175万。但是城镇化水平几乎在原地徘徊：1966—1978年，全国城镇人口由1.33亿增至1.72亿，平均增长率仅为2.17%；城镇化率由17.86%增长到17.92%，仅提高了0.06个百分点[②]；城市数量由171座[③]增加到193座[④]，仅增加了22座。与此同时，企业招工增长速度亦十分缓慢，1966—1978年，全国共增加职工3475万人，平均每年仅增长5.3%。

与全国城镇建设工作停滞不前的状况不同，西部地区依托"三线建设"项目，开办了一批"靠山、分散、进洞"的工业基地和工业点，促进了产业的发展，开启了西部地区历史上第二次要素西进推动城镇化发展的历程。"三线建设"期间，西部地区修建了沟通西南与西北、联结成都与昆明、株洲与贵阳、襄樊与重庆的成昆、湘黔、襄渝、贵昆、焦枝，以及南疆、青藏等铁路交通主干线；攀枝花、包头、酒泉等成为钢铁生产骨干企业所在地，成都无缝钢管厂、西北铝加工厂、西南铝加工厂、中国第二重型机器厂、刘家峡水电站等重点企业相继建成，其他一大批军工、仪器仪表、

[①] 李善同、刘勇：《西部大开发中城镇化道路的选择》，《城市发展研究》2001年第3期。
[②] 张二勋：《试论中国的城市化道路》，《地域研究与开发》2002年第1期。
[③] 朱铁臻：《中国城市化的历史进程和展望》，《经济界》1996年第5期。
[④] 刘勇：《中国城镇化战略研究》，经济科学出版社2004年版，第10页。

电子、航空航天、化工和核工业等重点核心企业也相继投产，带动了西部地区市镇的布局和发展。此外，西部地区由企业主导形成了一批工业型城镇。如陕西的西安、汉中、渭南，贵州的遵义、六枝、水城、盘县，四川的成都、万源、达州、攀枝花，重庆市，以及甘肃的酒泉等，这些都是因航天、航空、钢铁、煤炭、重机、电子等工业项目形成的新兴城市和工业集镇。

虽然这次产业要素西进对西部地区城镇化的发展起到了一定的推动作用，但总体效果并不十分显著。西部地区的城市数量从1965年的34座增加到了1976年的38座，仅增加4座；城市市区非农业人口从1965年的947.56万人增至1975年的1148.38万人，年均增长率仅为1.9%[①]。此外，以"靠山、分散、进洞"为特点的工业基地及工业点，其经济效益不是很强，区位和环境条件也不适宜带动西部地区经济发展，反而在20世纪90年代给本地区的产业结构转换造成了不小的困难。

2. 改革开放至实施西部大开发战略阶段（1978—1998年）

改革开放以来，随着工业化的快速推进，农业剩余劳动力获得了广阔的就业空间，大量农业剩余人口以"民工潮"的形式，爆发式地涌入城镇，从事非农生产，就业于各类工厂企业。这一时期，2000多万"上山下乡"的知识青年返城就业，大批城镇居民和干部回城，"三线企业"回迁至中心城市和建制镇，带来了各种要素在城镇的壮大和聚集，使得人口在城镇大量聚居、产业在城镇快速兴起，一大批城镇如雨后春笋般成长于华夏大地。1978—1984年，全国城镇人口由17248万增加到了24017万，年均增长5.67%；城镇化水平由17.92%上升到了23.01%，年均增加0.85个百分点；城市数量由193座增加到了300座，年均增加17.8座。为顺应城镇化的发展大潮，中央于此间提出了积极发展小城镇的战略，明确要求把小城镇当作大问题来看待和解决。1984年国家出台了《关

---

① 李善同、刘勇：《西部大开发中城镇化道路的选择》，《城市发展研究》2001年第3期。

于调整建制镇的标准》，极大地激发了各地撤乡建镇的积极性，在强力推进特大城市、大城市、中等城市建设的同时，建制镇、小城镇也争先恐后积极发展，全国城镇化速度空前提升。1986年国家又调整了设市标准，进一步促进了城镇化的顺利发展。1984—1992年，全国城市数量由300座增加到了517座，年均增加27.1座；建制镇数量由6211座增加到了11985座，年均增加721.8座，明显快于前一阶段；全国市镇总人口由24017万增加到了32372万，年均增长3.80%；城镇化率由23.01%提高到了27.63%，年均增长0.58个百分点。1993年，国家进一步调整和完善了有关城镇化的政策，带动了城镇化的新发展，城镇人口再次增加，城镇化率进一步上升。全国市镇人口由1992年的32372万增加到了1996年的35950万，年均增长2.7%；城市数量由1992年的517座增加到了1997年的668座，年均增加30.2座；建制镇数量由1992年的11985座增加到了1996年的17770座，年均增加1446座；城镇化率由1992年的27.63%提高到了2002年的39.09%，年均增长1.12个百分点[1]。至20世纪90年代末，我国的城镇体系已臻于成形。

这一时期，西部地区城镇化与全国一样，从压抑已久的状态中逐渐苏醒，经过一段时间的恢复性增长后，开始逐步进入与经济发展水平相适应的合理增长轨道。1978—1999年，西部地区的城市数量由40座快速增至120座，占全国总量的比重达18.1%[2]，年均增加近4座，此时的增长水平远高于改革开放前。与此同时，西部地区的城市市区非农业人口数量也在不断扩大，1978年仅为1303.84万人，到1998年已增至3233.63万人，年均增长率达4.65%，约比改革开放前快1个百分点[3]。这一时期，西部地区的城镇化发展虽然取得了巨大成就，但1998年城镇化率仍低于全国

---

[1] 刘勇：《中国城镇化战略研究》，经济科学出版社2004年版，第7、9、10页。
[2] 同上书，第10页。
[3] 李善同、刘勇：《西部大开发中城镇化道路的选择》，《城市发展研究》2001年第3期。

30.4%的平均水平9.7个百分点,仅达到20.74%[①]。

3. 实施西部大开发战略至推进新型城镇化阶段（1998—2012年）

第一轮西部大开发实施期间,国家将经济发展的战略重心逐渐由中东部向西部地区转移,为西部地区发展注入了强劲动力,加快了西部地区工业化的进程,催生了其城镇化的发展。从党的十六大开始,国家依据科学发展观的要求及全面发展战略的需要,逐步明确和强化了积极推进城镇化的发展思路,为西部地区城镇化的发展提供了政策支持。

2010年6月随着《中共中央、国务院关于深入实施西部大开发战略若干意见》的公布,我国开启了新一轮西部大开发的征程。国家不断加大对西部地区的投入,为西部地区城镇化提供了坚实的物质保障。这一时期,西部各省（自治区、直辖市）已将推进城镇化的又好又快发展纳入了重要的建设日程,城镇化取得了丰硕的成果：城市数量由1999年的120座[②]增加到了2012年的171座[③],增长了51座；建制镇数量由1998年的4730座[④]增加到了2012年的7275座,增加了1541座；城镇人口数量由1998年的3233.63万[⑤]增加到了2012年的16298万[⑥],年均增加12.25%；城镇化率由1998年的20.74%[⑦]增至2012年的44.74%[⑧],十余年间增加了20个百分点。

[①] 李善同、刘勇：《西部大开发中城镇化道路的选择》,《城市发展研究》2001年第3期。

[②] 刘勇：《中国城镇化战略研究》,经济科学出版社2004年版,第10页。

[③] 中华人民共和国国家统计局：《中国统计年鉴（2013）》,中国统计出版社2013年版。

[④] 同上。

[⑤] 李善同、刘勇：《西部大开发中城镇化道路的选择》,《城市发展研究》2001年第3期。

[⑥] 中华人民共和国国家统计局：《中国统计年鉴（2013）》,中国统计出版社2013年版。

[⑦] 李善同、刘勇：《西部大开发中城镇化道路的选择》,《城市发展研究》2001年第3期。

[⑧] 中华人民共和国国家统计局：《中国统计年鉴（2013）》,中国统计出版社2013年版。

4. 推进新型城镇化至今（2012年至今）

2012年，党的十八大将推进新型城镇化上升为国家发展战略，提出坚持走中国特色新型工业化、信息化、城镇化、农业现代化道路，促进"四化"同步发展。2014年，李克强总理在政府工作报告中首次提出"三个1亿人"的问题：促进约1亿农业转移人口落户城镇，改造约1亿人居住的城镇棚户区和城中村，引导约1亿人在中西部地区就近城镇化[1]。同年，《国家新型城镇化规划（2014—2020年）》出台，明确未来城镇化的发展路径、主要目标和战略任务，成为国家推进新型城镇化的指导性文件。

自党的十八大提出新型城镇化发展战略以来，我国城镇化迈入了新的发展阶段，城镇人口显著增多，城镇化率稳步提升。2015年，我国城镇人口占总人口的比重达到56.10%，有77116万人生活在城镇。从2012年的52.57%到2015年的56.10%[2]，我国城镇化率以年均1.18个百分点的速度稳步提高，这意味着每年有上千万的农民进入城镇工作、生活。2014年全国城镇就业人员达到39310万人，城镇就业人员占就业总量的比重首次超过50%，达到50.9%[3]。另外，值得关注的是，过去城市吸纳农业转移劳动力主要以制造业和基建投资为平台，最近两年则转向服务业带动。2015年第三产业产值占比为50.19%，高于第二产业9.27个百分点[4]，服务业在城镇化进程中正扮演着越来越重要的角色。可见，城镇化也是社会转型发展的重要标志。

与此同时，党的十八大以来党和国家出台的关于推进新型城镇化的一系列方针政策，也为西部地区城镇化的发展提供了良好机

---

[1] 李克强：《2014年国务院政府工作报告》，http://www.gov.cn，2014年3月5日。

[2] 中华人民共和国国家统计局：《中国统计年鉴（2016）》，中国统计出版社2016年版。

[3] 中华人民共和国国家统计局：《2014公报解读：新型城镇化——经济社会发展的强大引擎》，http://www.zgxxb.com.cn，2015年3月9日。

[4] 中华人民共和国国家统计局：《中国统计年鉴（2016）》，中国统计出版社2016年版。

遇。在城镇化水平方面，2015年西部地区城镇人口为18097万，城镇化率达48.74%，比2012年的44.74%提高了4个百分点，其中内蒙古、重庆均高于全国平均水平[1]。在基础设施建设方面，2015年西部地区公路里程达184.76万公里，占全国总量的40.36%；铁路营业里程达4.78万公里，占全国总量的39.50%；城市建成区面积为11846平方公里，占全国总量的22.74%。在公共服务方面，2015年西部地区艺术表演场馆机构数为384个，占全国总量的30.38%；医疗卫生机构数为312085个，占全国比重的31.73%[2]。

然而，尽管西部地区城镇化有了显著发展，2015年城镇化率达到了48.74%，但与中部52.17%、东部64.95%，以及全国56.10%城镇化水平相比还有较大提升空间[3]，与发达国家80%的城镇化水平、与人均收入和我国相近的发展中国家60%的城镇化水平相比[4]，西部地区还有很大差距。

二 西部地区城镇化的历史特征

在对西部地区城镇化发展的总体脉络进行系统梳理之后，不难发现，虽然每一时期西部地区城镇化都表现为经济、人口、制度等多种因素共同作用的结果，但政府外生力量的影响始终贯穿其中，并在很大程度上发挥着重要作用，使得西部地区城镇化具有明显的政府强力主导作用下的"自上而下"发展特点。西部地区这种过于行政化的、对国家极度依赖的城镇化发展模式，违背了市场经济的一般规律和城镇化的发展规律，是导致西部地区出现政府与市场关

---

[1] 中华人民共和国国家统计局：《2014年国民经济和社会发展统计公报》，http://www.stats.gov.cn，2015年2月26日。

[2] 中华人民共和国国家统计局：《中国统计年鉴（2016）》，中国统计出版社2016年版。

[3] 同上。

[4] 中华人民共和国国家统计局：《2014公报解读：新型城镇化——经济社会发展的强大引擎》，http://www.zgxxb.com.cn，2015年3月9日。

系失调的弊病，以及陷入自我发展能力始终不强、市场配置资源能力始终较弱困境的历史根源。

（一）行政力量推动的城镇化

行政力量对西部地区城镇化的决定性作用不仅表现为相应城镇化政策的直接影响，而且表现为对资本、土地、技术等要素资源的强烈作用，主导西部地区城镇化的前进方向。例如，20世纪60年代初，国家实施的工业结构调整、基建投资缩减、精简城市人口以充实农业发展的一系列政策和措施，以及"文化大革命"期间知识青年"上山下乡"的号召等，直接影响了工业、资本、人口等因素对西部地区城镇化的作用；20世纪80年代，国家以农村体制改革为特征的制度安排，促进了农民向城镇和非农产业的转移，推动了西部地区城镇化的发展，同时，国家以城市体制改革为特征的制度安排，催生了西部地区的非农产业，并使其对城镇化进程的拉动作用逐步显现；20世纪90年代后期，国家加大了对西部地区的投资力度，西部地区的非公有制经济也在宽松的大环境下得到了显著发展[1]，加快了城镇化进程。

但是，西部地区这种行政力量主导的城镇化发展模式，由于政府的过度干预，带来了市场发育滞后的弊病，造成了资金、土地、人力等要素资源短缺且利用效率低下的现象，导致城镇建设体制机制不够灵活的问题，难以实现更高层次的集聚效应。

（二）国家战略推动的城镇化

纵观西部地区城镇化的历程，不难发现其城镇化直接反映了国家的战略需求，从一定意义上说是国家的政策导向在区域的一种反映结果。例如，抗战时期作为共产党根据地的陕北地区，以及民国时期作为国民政府陪都的重庆，都是以国家军事战略为直接背景崛起的。再如，20世纪中期应国家备战、备荒战略的需要，西部地

---

[1] 赵常兴：《西部地区城镇化研究》，博士学位论文，西北农林科技大学，2007年。

区开展了规模浩大的"三线建设"。还有，20世纪末国家出于区域统筹发展布局的考虑，在西部地区实施"西部大开发"战略。可见，西部地区城镇化历史上几次大的发展都是由国家政策的推动形成的，其发展形态往往是国家战略需求的反映。

这样，西部地区城镇化的外部嵌入式发展，导致其自生发展能力始终不强。此外，随着国家"两个大局"中优先发展东部的战略思想转变为一种制度安排，举国上下集中力量支持东部地区发展，致使原本就对国家依赖性较强、自生发展能力较弱的西部地区发展更为缓慢。由此，西部地区错失了适时建立、完善社会主义市场机制的机会，而这一机会的丧失又导致其城镇化未能及时纳入市场运行的轨道，进一步拉大了东、西部地区城镇化的发展差距。

（三）资源开发推动的城镇化

西部地区有着丰富的矿产资源、多样的生物资源、得天独厚的水力资源、独特的旅游资源。全国已发现的经地质勘查探明有储量的161种矿产资源西部均有所见，其矿产储量潜在价值在全国总价值中占50.45%，比中、东部地区探明储量潜在价值之和还要多[1]。西部地区拥有全国54.15%的水资源储量、43.41%的煤炭储量、38.99%的石油储量、85.57%的天然气储量[2]。中华人民共和国成立以来，国家对资源能源的开发与利用直接影响着西部地区城镇化的发展方向与生产力布局，其城镇化进程受制于资源能源约束。根据资源分布状况及均衡—非均衡—统筹协调发展战略演变的需要，一大批资源型城市伴随着国家对资源的大规模开发在西部地区相继兴起，如攀枝花、个旧、铜川、白银、玉门、金昌、克拉玛依、万盛等，这些城市为国民经济、区域发展乃至国家安全做出了重大贡献。目前，我国资源型城市共有188座，其中西部地区64座（地

---

[1] 何雄浪、毕佳丽：《我国西部地区资源型城市发展与新型城镇化路径研究》，《当代经济管理》2014年第8期。

[2] 中华人民共和国国家统计局：《中国统计年鉴（2014）》，中国统计出版社2014年版。

级市48座、县级市16座)[①],数量约占全国的34%。

然而,西部地区资源能源的开发在某些方面存在短视的掠夺性行为,这一"以资源换增长"的开发模式严重破坏了生态环境,一些资源型城市因受资源枯竭或资源型产品市场供求关系变化的影响而出现了诸如生态环境恶化、矿竭城衰、下岗工人剧增、经济萎缩等一系列经济社会问题,这些负面影响不仅给西部地区,甚至给中、东部地区带来了危害。这些体制性、结构性、社会性的矛盾给西部地区城市的可持续发展带来了许多困难与问题,阻碍了资源型城市的转型与可持续发展。

三 小结

本章以时序演进为线索,在对西部地区古代、近代、现代三大阶段的城镇化发展历程进行系统梳理的基础上,从宏观层面把握西部地区城镇化的总体演变轨迹。进一步地,归纳总结出西部地区城镇化具有依靠行政力量、国家战略、资源开发推动的特点。西部地区这种在政府外生力量强制作用下的"自上而下"城镇化发展模式,行政色彩浓郁、市场发育滞后,违背了市场经济的一般规律和城镇化的发展规律,导致其城镇的自我发展能力始终不强,市场配置资源的能力始终较弱,这是西部地区城镇化发展陷入困境的历史根源。由此,本章从历史的角度为西部地区新型城镇化均衡动力机制的构建提供了事实支撑。

---

① 国务院:《全国资源型城市可持续发展规划(2013—2020年)》,http://www.gov.cn,2013年11月12日。

第五章　西部地区城镇化的现状分析

近年来,随着新一轮西部大开发战略的深入实施,以及"一带一路"的不断推进,西部地区城镇化在政府外生力量的强力推动下,取得了显著的成绩。但同时,由于西部地区城镇化存在发展目标单一和动力机制失衡的缺陷,导致其尚有一些不容忽视的问题及不足,与东、中部地区及国家新型城镇化发展的要求相比,还有很大的优化改进空间。总之,"稳中有忧、进中有难"是西部地区城镇化的整体状况。

本章将对西部地区城镇化的发展现状进行深入剖析,探究其已取得的成效及尚存在的不足,为西部地区新型城镇化多元目标体系和均衡动力机制的构建提供现实依据。

一　西部地区城镇化发展的成效

随着我国现代化建设步伐的不断加快,以及西部大开发与"一带一路"的深入实施,西部地区在行政力量的强力推动下迎来了新的发展良机,经济建设和社会发展迈入了快速推进阶段。2015年,西部地区的 GDP 总量为 145521.5 亿元,比西部大开发初期 2000 年的 17035.97 亿元增长了 7.54 倍,年均增速达 15.37%(见图 5),同期,西部地区 GDP 占全国的比重,由 17.17% 提高到了 21.50%,以每年 1.51 个百分点的速度推进。依托快速发展的经济,西部地区的城镇化进程也取得了可喜的成绩,城镇化水平从

2000 年的 28.73%，增长到了 2015 年的 48.74%（见图 6），保持了平稳的发展态势。

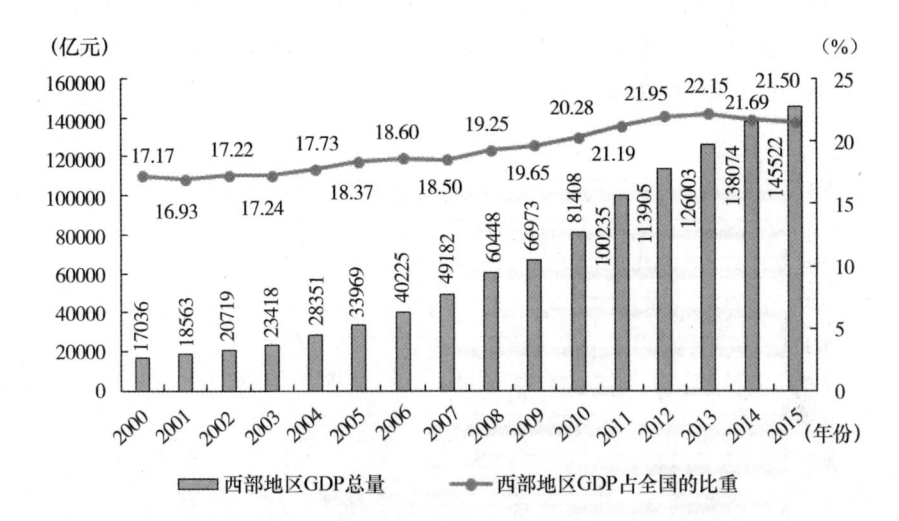

图 5　2000—2015 年西部地区 GDP 总量及其占全国比重变化

资料来源：中国经济与社会发展统计数据库 2000—2015 年相关数据。

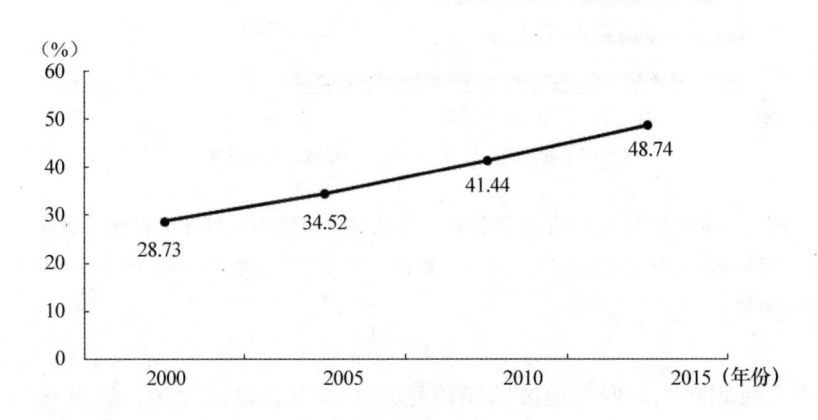

图 6　2000—2015 年西部地区城镇人口比重变化

资料来源：国家统计局 2000—2015 年相关数据。

（一）城镇化水平日趋提高

随着西部大开发战略的实施，西部地区城镇化发展事业也已进入快速推进阶段。2000—2015 年，西部地区城镇人口比重由 28.73% 逐年提高到了 48.74%，年均提高 4%，各省（自治区、直辖市）的城镇化水平都取得了较大幅度的上升（见图 7），其中，重庆和内蒙古的城镇化率均已超过全国水平（56.10%），分别达到 60.92% 和 60.29%。

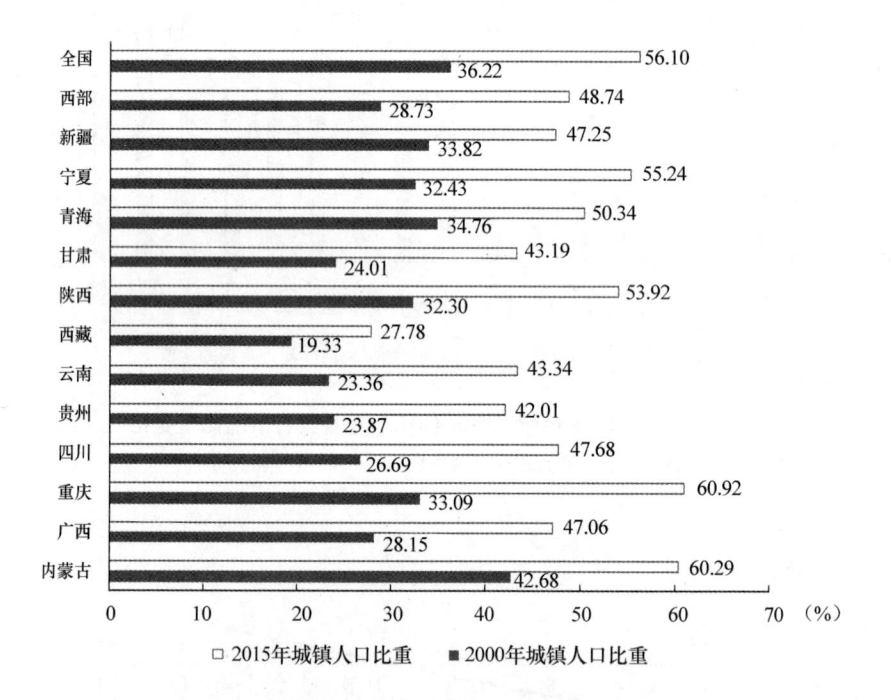

地区	2000年城镇人口比重	2015年城镇人口比重
全国	36.22	56.10
西部	28.73	48.74
新疆	33.82	47.25
宁夏	32.43	55.24
青海	34.76	50.34
甘肃	24.01	43.19
陕西	32.30	53.92
西藏	19.33	27.78
云南	23.36	43.34
贵州	23.87	42.01
四川	26.69	47.68
重庆	33.09	60.92
广西	28.15	47.06
内蒙古	42.68	60.29

图 7　2000 年与 2015 年西部各省（自治区、直辖市）城镇人口比重对比

资料来源：中国经济与社会发展统计数据库 2000 年相关数据，国家统计局 2015 年相关数据。

与此同时，西部地区的城镇化水平与东、中部地区，以及全国平均水平的差距正日趋缩小（见图 8），分别从 2005 年的相差 19.09 个、4.58 个和 8.47 个百分点，减小到了 2015 年的相差 16.21 个、3.43 个和 7.36 个百分点。

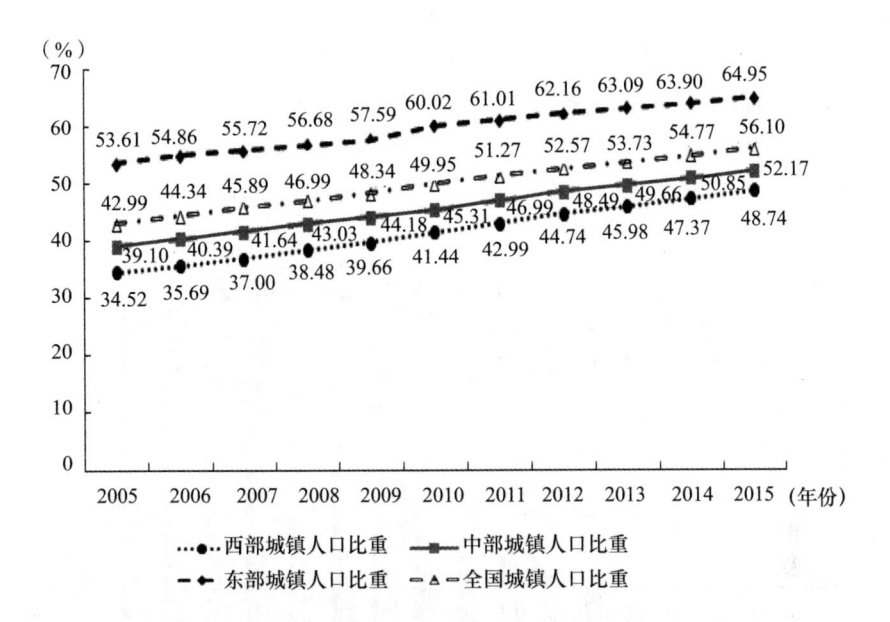

图8 2005—2015年各地区城镇人口比重对比

资料来源：国家统计局2005—2015年相关数据。

（二）产业结构逐步优化

产业发展与城镇化建设二者相互协调、相互促进、相互融合，城镇化的不断推进，为产业的要素聚集奠定了广阔的空间和坚实的平台，同时，产业结构的优化升级，也为城镇化提供了动力基础与支撑保障。因此，推进城镇化的首要任务，即是注重产城互动、强化产业引领，发展人类赖以生存和依托的产业。

近年来，西部各省（自治区、直辖市）依托其城镇自身的资源禀赋和区位优势，在产业发展方面取得了显著成效，使得产业增加值得以增长提高，产业结构得以优化升级。2000—2015年，西部地区第一、第二、第三产业增加值都实现了大幅增长，分别由3692.04亿元、6706.76亿元和6858.42亿元，上涨为17364亿元、66282.6亿元和61874.4亿元（见图9），增加了3.7倍、8.88倍和8.02倍。同时，西部地区的产业结构也逐步趋于合理，第一、第二、第三产业增加值占GDP的比重，分别由2000年的21.67%、39.37%和

40.26%，调整为2015年的11.93%、45.55%和42.52%，第二和第三产业稳步扩张，在产业结构中的占比出现明显增长。

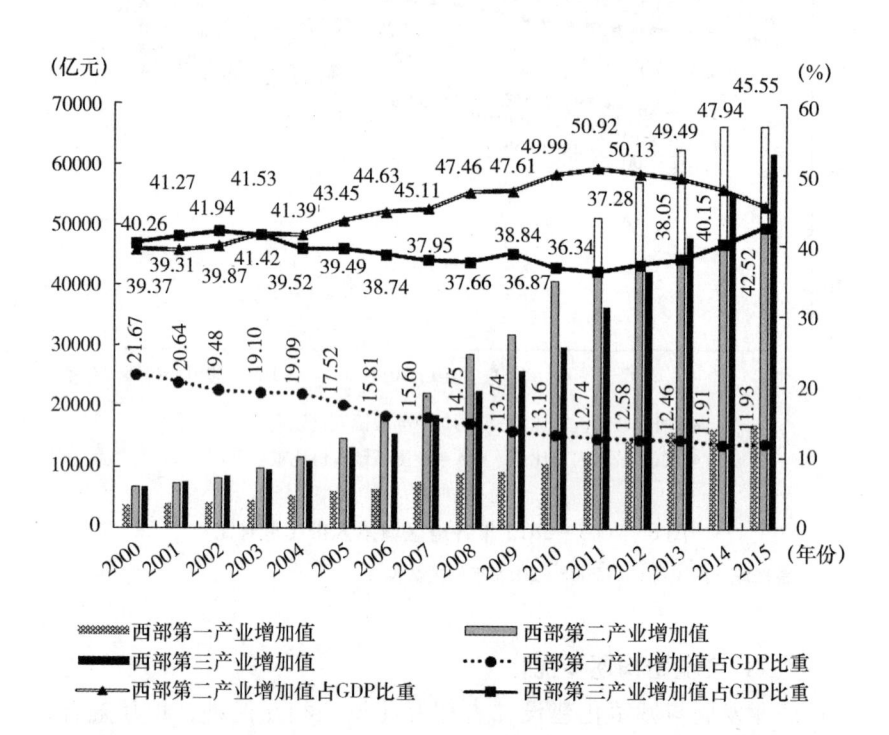

图9 2000—2015年西部地区三次产业增加值及占GDP比重变化
资料来源：中国经济与社会发展统计数据库2000—2015年相关数据。

与此同时，西部地区抓住现代化建设和西部大开发的难得机遇，大力推进经济发展，在特色经济和优势产业发展方面，立足其丰富的资源禀赋、独特的区位条件，使能源工业、有色冶金工业、化工工业、农牧产品加工工业、旅游业，以及航空航天、装备制造、高新技术产业获得了长足发展。

第一，能源工业。"西气东输""西电东送""西煤东运"、国家大型能源煤炭基地工程等重大项目，以及新疆、青海、陕甘宁、川渝等石油天然气生产基地，黄河上游、长江上游等水电基地，陕北、蒙西、宁夏、云贵等煤电基地，这些都在国家能源保障体系中居于举足轻重的地位。第二，有色冶金工业。云南和甘肃在铅锌开采、冶炼、加工方面，四川在钒钛矿采掘和加工方面，以及以稀土资源出名的内蒙古在其开采方面，都跨越上了新台阶。第三，化工工业。以柴达木盐矿闻名的青海钾肥项目、以磷矿为支撑的云南磷肥项目，极大地提升了我国钾肥和高浓度磷肥的自给率，为我国化肥的生产建立了新的功勋。第四，农牧产品加工工业。以优质棉、果蔬被人们熟知的新疆特色农产品加工工业，和以乳业、羊绒著称于世的内蒙古畜牧产品加工工业，已经成长为两大自治区的主要支柱产业。此外，诸如烟草、制糖等传统优势产业，均已在云南和广西两地实现了新的突破。第五，旅游业。旅游业历来是西部地区极具发展潜力和发展优势的产业，西部地区具有历史文化悠久深厚、宗教文化丰富多彩、民俗文化绚丽独特和民族风情神秘瑰丽，以及自然山水雄伟壮阔等特点。西部各区域各展所长，已积极进行了全方位、多层次的开发，推出了富有地方特色和文化意蕴的生态游、休闲游、探险游等旅游产品。例如，陕北的红色游、青藏的雪域高原游，以及"丝绸之路""茶马古道"和"唐蕃古道"等著名旅游品牌。再如，世界奇迹秦始皇兵马俑、敦煌石窟文化艺术宝藏、万里长城遗址，以及华夏远古轩辕黄帝陵、元谋人遗址等闻名遐迩的人文景观。又如，世界屋脊喜马拉雅山、羌族野生动物园，以及浩如烟海的大漠戈壁、沟壑纵横的黄土高原、此起彼伏的广阔牧场、雄伟壮阔的祁连冰川、波涛汹涌的九曲黄河、集山水洞林石于一体的喀斯特地貌、秀丽壮观的长江三峡等世界闻名的自然景观，还有，陕西的壶口瀑布、贵州的黄果树瀑布、四川的九寨沟、云南的香格里拉，以及新疆的吐鲁番和喀纳斯、广西的桂林山水、内蒙古和宁夏的草原及大漠风光等举世闻名的旅游精品，异彩纷呈，越来越为世人所瞩目。第六，航空航天、装备制造、高新技术产业。西安、重庆和成都在这些领域中，均取得了不俗的业绩，堪称业内典范。

（三）城镇数量空间显著扩张

自西部大开发战略实施以来，西部地区城市数量不断扩充，地级及以上城市数量由 2000 年的 61 个增加到了 2015 年的 92 个，增长了 50.82%，且各个规模等级城市的数量均有所提高（见图 10）。2000—2015 年，西部地区巨型城市的数量由 2 个上升为 3 个，超大城市的数量由 2 个上升为 5 个，特大城市的数量由 20 个上升为 29 个，大城市的数量由 21 个上升为 24 个，中等城市的数量由 15 个上升为 27 个，小城市数量由 1 个上升为 4 个。

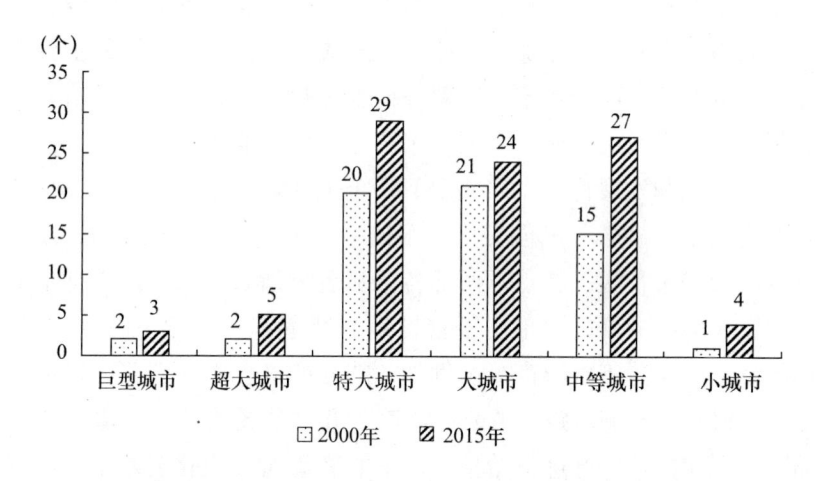

图 10　2000 年与 2015 年西部地区城市体系规模结构对比

注：以城市市辖区年末总人口为划分标准，400 万人以上为巨型城市，200 万—400 万人为超大城市，100 万—200 万人为特大城市，50 万—100 万人为大城市，20 万—50 万人为中等城市，20 万人以下为小城市。

资料来源：国家统计局 2000 年、2015 年相关数据。

在城市数量不断扩充的同时，西部地区的城市空间也得到了显著拓展。2000—2015 年，西部地区城市建成区面积从 4760 平方公里扩张到了 11846 平方公里，增加了 1.5 倍（见图 11），各省（自治区、直辖市）城市建成区面积都有较大幅度的增长（见图 12）。其中，变化幅度最大的是四川和重庆，城市建成区面积分别扩张了 1290 平方公里和 1005 平方公里，已分别达到 2282 平方公里和 1329 平方公里。

◆ 第五章 西部地区城镇化的现状分析 ◆

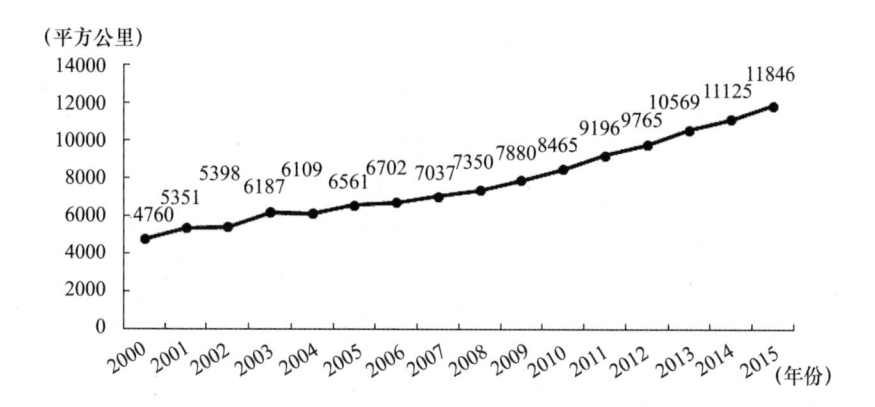

图11 2000—2015年西部地区城市建成区面积变化

资料来源：中国经济与社会发展统计数据库2000—2003年相关数据，国家统计局2004—2015年相关数据。

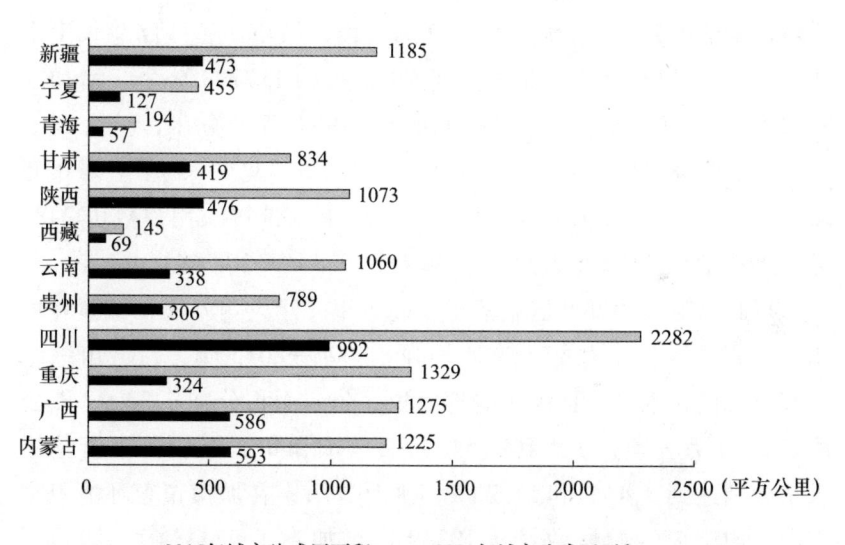

图12 2000年与2015年西部各省（自治区、直辖市）城市建成区面积对比

资料来源：中国经济与社会发展统计数据库2000年相关数据，国家统计局2015年相关数据。

（四）城镇基础设施建设渐趋完善

城镇基础设施是城镇实现其经济效益、社会效益和环境效益相统一的基础，是保障城镇居民生产生活正常运行的重要支撑，它既是城镇发挥集聚效应的前提，又是城镇集聚效应作用的结果。因此，下大力气推进城镇基础设施建设，是保障城镇产业发展、完善城镇功能、改善人居环境、提升城镇文明、增强城镇综合承载力的首要任务。

近年来，西部各省（自治区、直辖市）对城镇基础设施的建设力度不断增强，各项基础设施均有较大幅度改善，切实提高了城镇的基础保障能力。在城市供水和燃气方面，2004—2015年，西部地区城市供水综合生产能力由4040.92万立方米/日上升到了4912.82万立方米/日，城市供水管道长度由59173公里增长到了120858公里，增加了1.04倍（见图13）；西部地区城市天然气供气总量由98.36亿立方米提高到了244.42亿立方米，增加了1.48倍，天然气管道长度由25540公里增长到了112381公里，增加了3.4倍（见图14）。在城市公共交通方面，城市运营线路总长度由2006年的24956公里，延长到了2015年的117793公里，增加了3.72倍；城市道路面积由2004年的57954万平方米，扩大到了2015年的148068万平方米，增加了1.55倍（见图15）。在城市互联网方面，2011—2015年，西部地区城市宽带接入用户数由2489万户迅速增至4374.5万户，年均增长15.14%（见图16）。

与此同时，西部地区城镇化经过多年的建设与发展，城镇环境明显改善，城镇承载能力有所增强。2004—2015年，在城市绿地和园林方面，西部地区城市绿地面积、公园面积分别从22.22万公顷和2.52万公顷，扩大到了54.02万公顷和8.13万公顷，年均增长率分别达到8.41%和11.24%（见图17）；在城市市容环境卫生方面，城市公共厕所数量从19369座增加到了27348座，增长了41.19%，城市市容环卫专用车辆设备从9822台增加到了36564台，年均增长率达12.69%（见图18）；在城市生活垃圾清运和处理方面，城市生活垃圾无害化处理能力、城市污水日处理能力分别从44666吨/日和1133.5万立方米提高到了106425吨/日和3000.8万立方米，分别增加了1.38倍和1.65倍（见图19）。

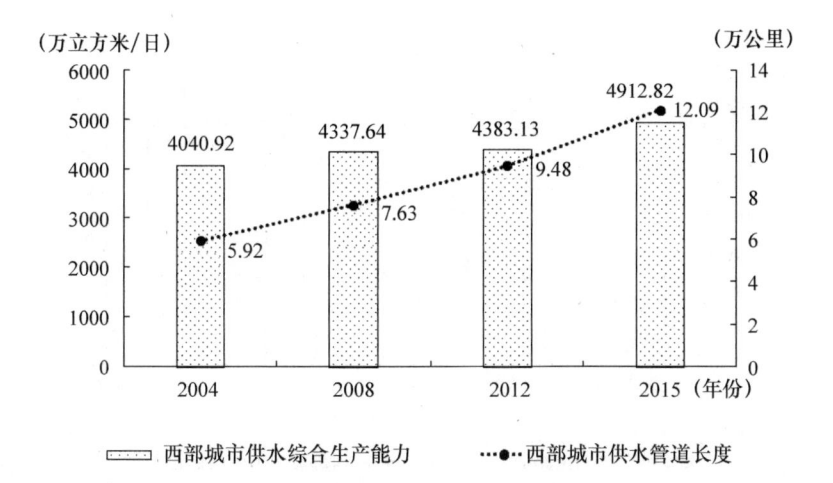

图13　2004—2015年西部地区城市供水综合生产能力和
城市供水管道长度变化

资料来源：国家统计局2004—2015年相关数据。

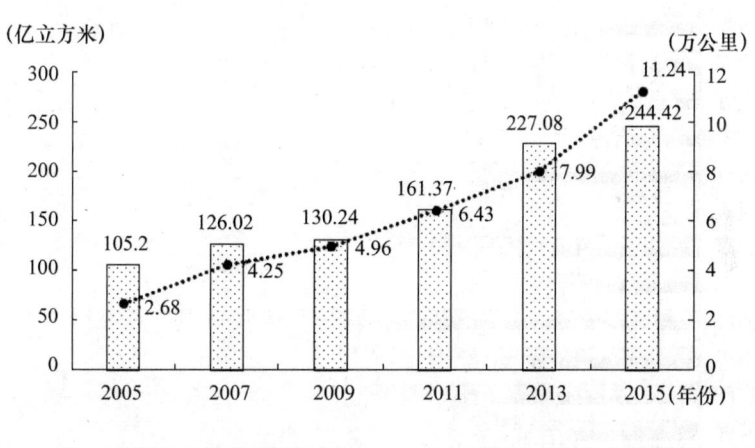

图14　2005—2015年西部地区城市天然气供气总量和
城市天然气管道长度变化

资料来源：国家统计局2005—2015年相关数据。

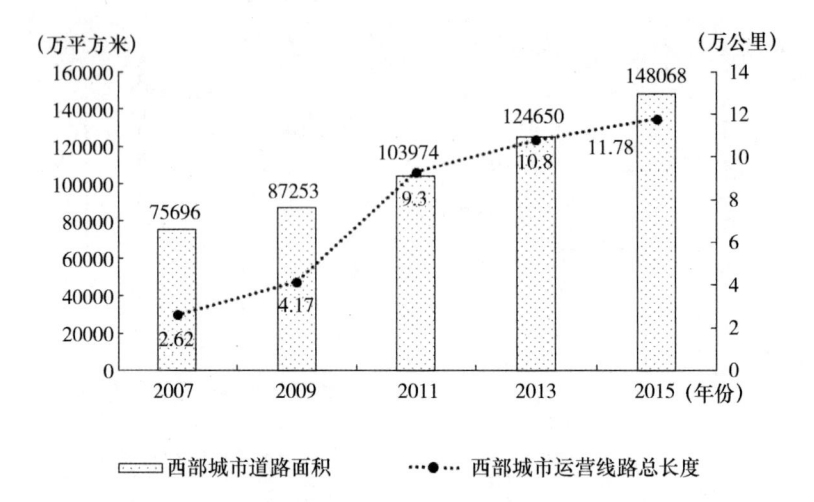

图15 2007—2015年西部地区城市道路面积和城市运营线路总长度变化

资料来源：国家统计局2007—2015年相关数据。

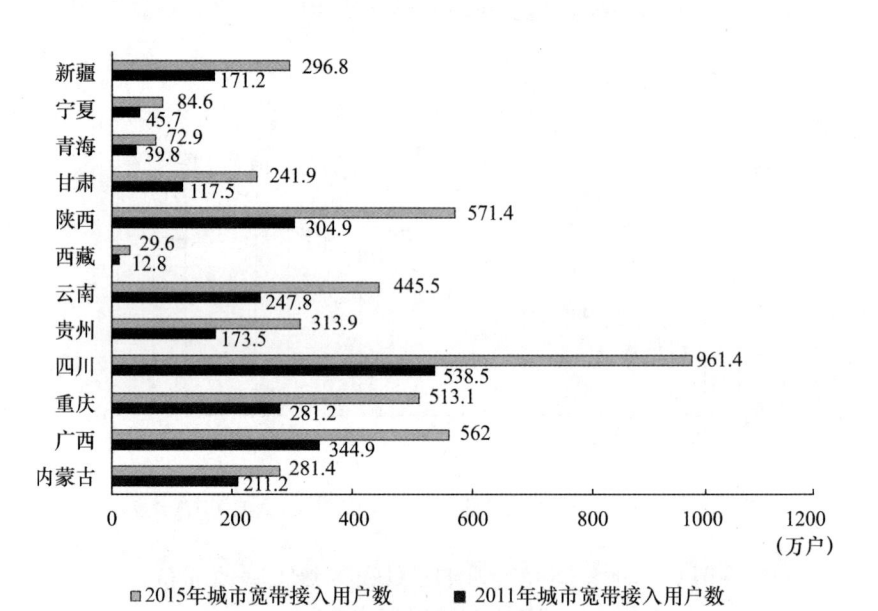

图16 2011年与2015年西部各省（自治区、直辖市）城市宽带接入用户数对比

资料来源：国家统计局2011年、2015年相关数据。

第五章 西部地区城镇化的现状分析

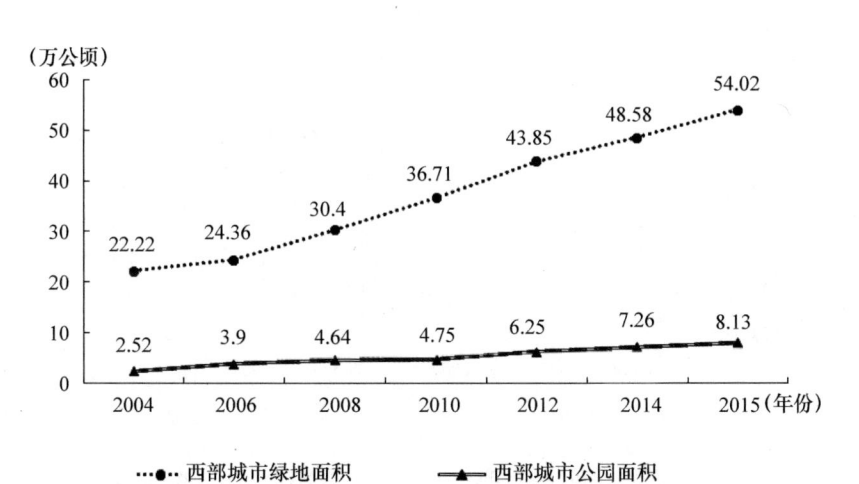

图17 2004—2015年西部地区城市绿地面积和城市公园面积变化

资料来源：国家统计局2004—2015年相关数据。

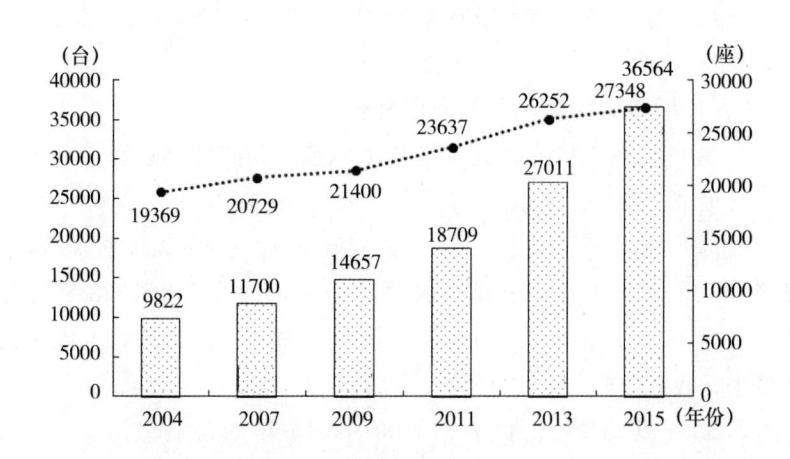

图18 2004—2015年西部地区城市市容环卫专用车辆设备和城市公共厕所数量变化

资料来源：国家统计局2004—2015年相关数据。

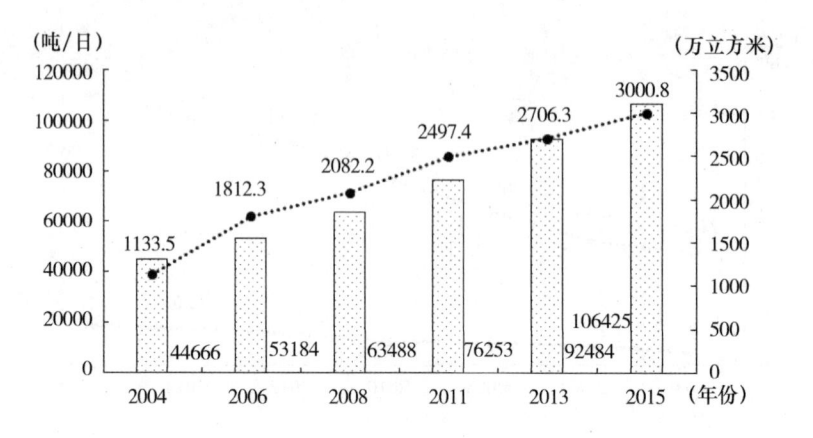

图 19 2004—2015 年西部地区城市生活垃圾无害化处理能力和城市污水日处理能力变化

资料来源：国家统计局 2004—2015 年相关数据。

（五）城乡居民生活条件有所好转

1. 城乡居民人均收入大幅增长，城乡差距有缩小趋势

近年来，西部地区城乡居民人均收入大幅度增长。2005—2013年，西部地区城镇居民人均可支配收入由 8783.2 元提高到了 22710.1 元，增加了 1.59 倍；农村居民人均纯收入由 2378.9 元提高到了 6833.6 元，增长了 187%。同期，城乡居民人均收入差距有所缩小，收入之比（以农村为1）从 2005 年的 3.69 下降到了 2013 年的 3.32（见图 20）。此外，2000—2015 年西部各省（自治区、直辖市）城乡居民家庭恩格尔系数均明显降低，居民生活变得更加富足（见图 21 和图 22）。

2. 城乡公共服务水平不断提升，政府投入力度显著加大

近年来，西部地方政府加大了对公共服务的投入力度，大幅度提升了城乡公共服务水平，明显改善了城乡居民生活环境。2007—2015 年，在基本民生类服务方面，西部地方财政社会保障和就业支出由 1365.85 亿元增长到了 5600.06 亿元，增加了 3.1

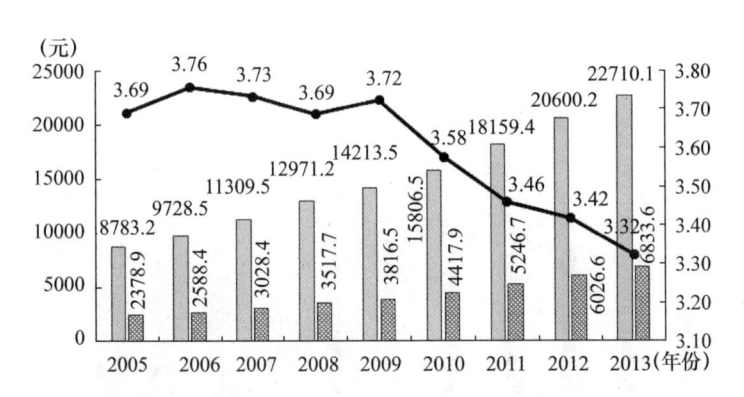

◆ 第五章 西部地区城镇化的现状分析 ◆

图20 2005—2013年西部地区城乡居民人均收入变化

资料来源：《中国统计年鉴（2014）》《中国统计年鉴（2015）》。

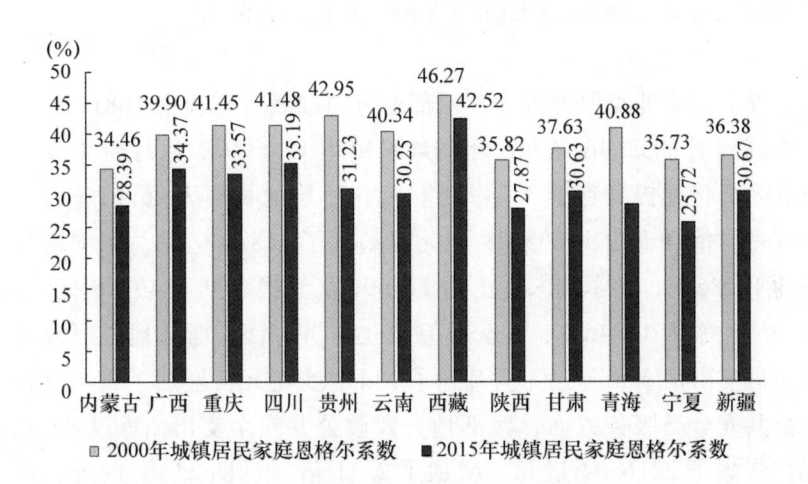

图21 2000年与2015年西部各省（自治区、直辖市）
城镇居民家庭恩格尔系数对比

资料来源：《中国统计年鉴（2001）》《中国统计年鉴（2016）》。

143

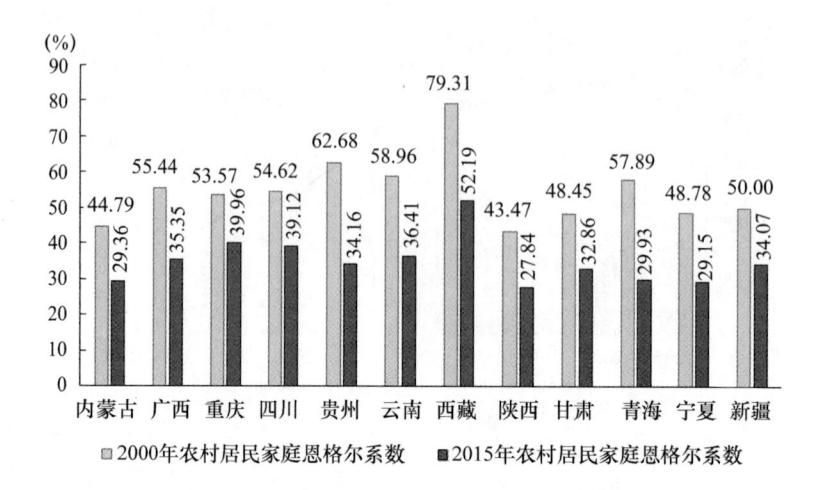

图 22　2000 年与 2015 年西部各省（自治区、直辖市）农村居民家庭恩格尔系数对比

资料来源：《中国统计年鉴（2001）》《中国统计年鉴（2016）》。

倍；在公共事业类服务方面，西部地方财政教育支出由 1681.16 亿元提高到了 7032.46 亿元，年均增长率为 19.59%，医疗卫生支出由 538.2 亿元提高到了 3554.71 亿元，年均增长率为 26.61%，文化体育与传媒支出由 205.38 亿元提高到了 818.2 亿元，年均增长率为 18.86%，科学技术支出由 119.97 亿元提高到了 497.6 亿元，年均增长率为 19.46%；在公益基础类服务方面，西部地方财政环境保护支出由 385.7 亿元上升到了 1321.85 亿元，增加了 2.43 倍；在公共安全类服务方面，西部地方财政公共安全支出由 669.08 亿元扩张到了 2216.04 亿元，增加了 2.31 倍（见图 23）。此外，西部地方财政住房保障支出从 2010 年的 845.76 亿元提升到了 2015 年的 2026.67 亿元，增长了 139.63%，其中，增长幅度最大的为贵州，增长幅度最小的为青海（见图 24）。

第五章 西部地区城镇化的现状分析

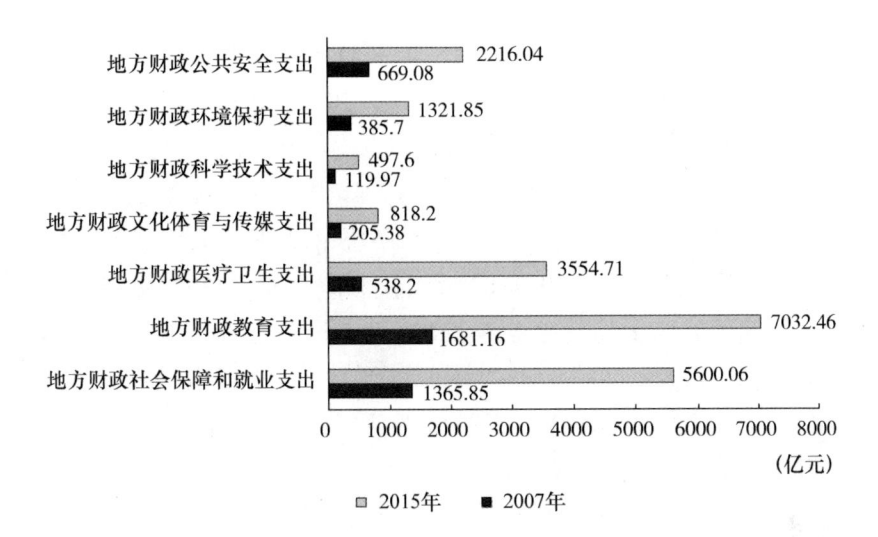

图 23　2007 年与 2015 年西部地区公共服务主要支出对比

资料来源：国家统计局 2007 年、2015 年相关数据。

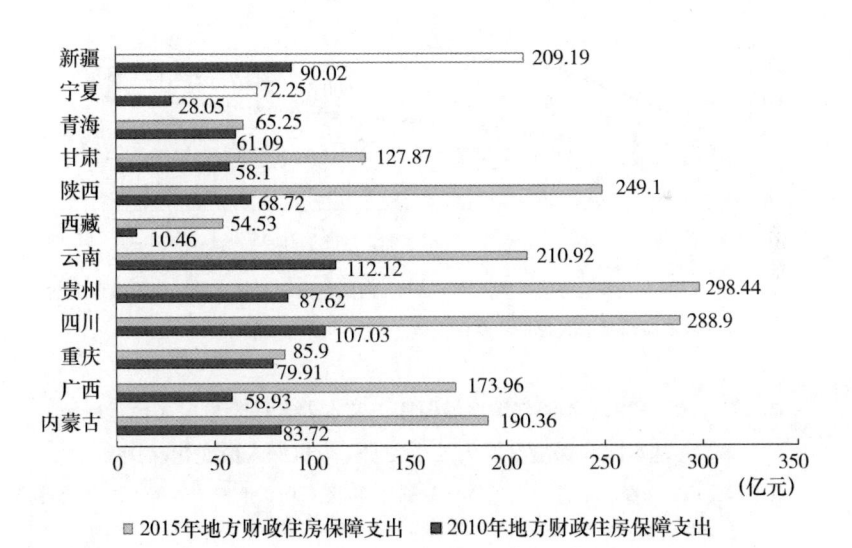

图 24　2010 年与 2015 年西部各省（自治区、直辖市）地方财政住房保障支出对比

资料来源：《中国统计年鉴（2011）》，国家统计局 2015 年相关数据。

在政府的不断努力之下,西部地区的社会保障体系日臻完善,有效保障了城乡居民的基本生活权益。2007—2015年,西部地区城镇职工基本养老保险参保人数从3538.4万人增加到了6580.09万人,增长了85.96%;城镇基本医疗保险参保人数从4360.3万人提高到了13714.1万人,增加了2.15倍;失业保险参保人数从2167.35万人扩大到了2997.82万人,增长了38.32%(见图25)。此外,西部地区工伤保险参保人数、生育保险参保人数均有所增长,分别由2006年的1534.71万人和1223.99万人,提升到了2015年的3597.58万人和3061.28万人,年均增长率分别达9.93%和10.72%(见图26)。

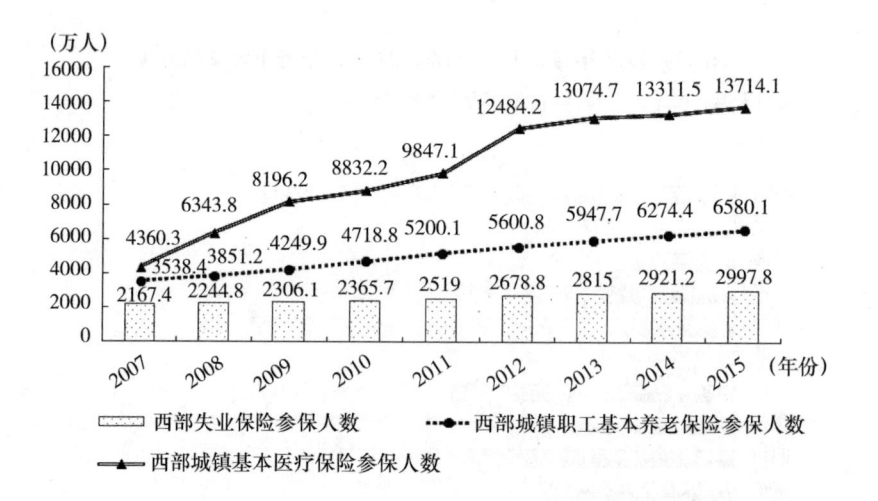

图25 2007—2015年西部地区城镇职工基本养老保险参保人数、城镇基本医疗保险参保人数、失业保险参保人数变化

资料来源:中国经济与社会发展统计数据库2007—2010年相关数据,国家统计局2008—2015年相关数据。

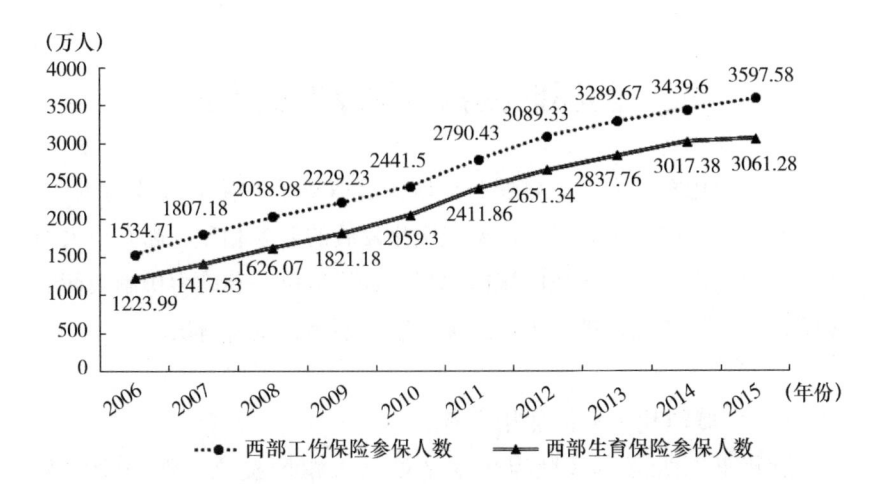

图26 2006—2015年西部地区工伤保险参保人数、生育保险参保人数变化

资料来源：国家统计局2006—2015年相关数据。

与此同时，随着医疗卫生体制改革的推进，以及各级医疗机构功能的健全，西部地区城乡医疗卫生状况得到较大改善。2003—2015年，西部地区医疗卫生机构床位数由82.84万张扩大到了201.99万张，增长了143.83%；卫生技术人员数由109.17万人提高到了213.91万人，增长了95.94%（见图27）。

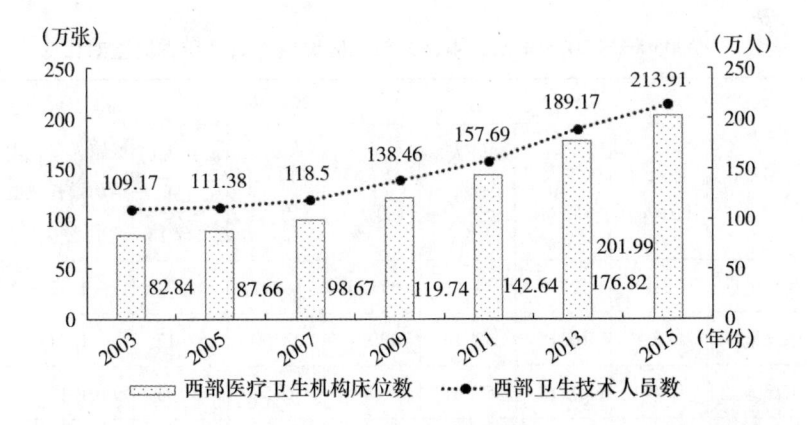

图27 2003—2015年西部地区医疗卫生机构床位数和卫生技术人员数变化

资料来源：国家统计局2003—2015年相关数据。

二 西部地区城镇化发展的不足

在城镇化发展方面,尽管西部地区已取得了明显的成效与进步,但其与东、中部地区和国家新型城镇化发展的要求相比,尚有很大的改进空间;再加上西部地区城镇化存在着目标单一和动力机制失衡的缺陷,导致其城镇化进程仍有大量问题和不足,亟待解决。

(一)城镇化水平依然相对滞后

近年来,西部地区城镇化水平虽已大幅度提高,但与全国及中、东部地区相比,依然相对滞后。2015年,从城镇人口数量来看,全国城镇人口达77116万人,中、东部地区分别为22460万人和36958万人,而西部地区只有18097万人;从城镇人口比重来看,全国城镇人口比重达56.10%,中、东部地区分别为52.17%和64.95%,而西部地区仅为48.74%,低于全国水平7.36个百分点,低于中、东部地区3.43个百分点和16.21个百分点(见表1)。可见,西部地区在城镇化发展水平方面仍然落后于全国水平,以及中、东部地区。

表1 2005年与2015年西、中、东部地区城镇人口及所占比重对比

地区	2005年 总人口(万人)	2005年 城镇人口(万人)	2005年 城镇人口比重(%)	2015年 总人口(万人)	2015年 城镇人口(万人)	2015年 城镇人口比重(%)	2005—2015年城镇人口比重年均增长速度(%)
西部地区	35917	12399	34.52	37133	18097	48.74	1.42
中部地区	41738	16318	39.10	43054	22460	52.17	1.31
东部地区	50949	27313	53.61	56901	36958	64.95	1.13
全国	130756	56212	42.99	137462	77116	56.10	1.31

资料来源:国家统计局2005年、2015年相关数据。

西部地区城镇化水平不仅与全国和中、东部地区之间有明显差距,同时也与自身经济发展不相适应。发展经济学家钱纳里根据世界银行 20 世纪 80 年代末各国发展的数据得出,按人均国内生产总值划分各国的城镇化水平:低收入国家的城镇化率为 35%,下中等收入国家的城镇化率为 56%,中等收入国家的城镇化率为 58%,上中等收入国家的城镇化率为 62%,高收入国家的城镇化率为 78%。2015 年,西部地区的人均地区生产总值虽已大大超过了低收入国家的经济水平,但其城镇化率却比下中等收入国家低 7.26 个百分点。说明,西部地区的城镇化水平严重滞后于自身的经济发展。

虽然西部地区城镇化的发展层次既落后于全国及中、东部地区,也滞后于自身经济发展,但其城镇化年均增长速度较快,年均增长率分别高出全国及中、东部地区 0.11 个百分点、0.11 个百分点、0.29 个百分点(见表 1)。

(二)经济结构性矛盾突出

1. 整体经济实力较弱

西部地区的经济规模、经济实力同东部地区相比,显得十分落后。2015 年,东部地区生产总值为 372983 亿元,占全国比重达 51.6%,西部地区生产总值为 145019 亿元,仅占全国 20.1% 的比重,东、西部相差 227964 亿元(见表 2)。2013 年,东部人均地区生产总值达 62405 元,而西部只有 34491 元,西部地区仅为东部地区的 55.27%,二者差值高达 27914 元。

此外,在三次产业产值及占全国比重方面,东、西部地区也存在较大差距。2015 年,从三次产业产值来看,东部地区第一、第二、第三产业产值分别为 21015 亿元、162421 亿元、189547 亿元,西部地区则分别为 17362 亿元、64736 亿元、62921 亿元,西部地区三大产业分别落后东部地区 3653 亿元、97685 亿元、126626 亿元;从三大产业产值在全国生产总值中所占比重来看,东部三大产业占全国比重分别高出西部地区 6 个、30.4 个、37.2 个百分点(见表 2)。

表2　　2015年西、中、东部及东北地区国民经济情况对比

地区	国内（地区）生产总值 绝对量（亿元）	占全国比重（%）	第一产业产值 绝对量（亿元）	占全国比重（%）	占本地区比重（%）	第二产业产值 绝对量（亿元）	占全国比重（%）	占本地区比重（%）	第三产业产值 绝对量（亿元）	占全国比重（%）	占本地区比重（%）
西部	145019	20.1	17362	28.5	12.0	64736	20.2	44.6	62921	18.4	43.4
中部	146950	20.3	15864	26.1	10.8	68784	21.4	46.8	62302	18.3	42.4
东部	372983	51.6	21015	34.5	5.6	162421	50.6	43.6	189547	55.6	50.8
东北	57816	8.0	6614	10.9	11.4	24846	7.7	43.0	26356	7.7	45.6
全国	685506	—	60871	—	—	280560	—	—	344075	—	—

资料来源：《中国统计年鉴（2016）》。

2. 产业结构不协调

西部地区第一、第二产业所占比重过高，第三产业发展不足，如此不合理的产业结构，难以起到支撑城镇化健康推进的作用。2015年，三大产业占本地区生产总值的比重，东部地区为5.6%、43.6%、50.8%，西部地区为12.0%、44.6%、43.4%，东部分别比西部高出-6.4个、-1个、7.4个百分点（见表2）。可见，西部地区第一、第二产业比重相对偏高，工业化进程明显快于城镇化步伐；同时，第三产业发展滞后，阻碍了西部地区经济结构的调整升级，限制了人口城镇化水平的提高。

（三）城镇化发展不协调

1. 城镇化发展不均衡

（1）城镇化率差异较大

西部各省（自治区、直辖市）城镇化发展水平差异较大，由2015年的城镇人口比重数据可知，西部各省（自治区、直辖市）可划分为以下四个层级：内蒙古和重庆位于第一层级，城镇人口比

重分别达到60.29%和60.92%，均超过全国56.10%的水平；宁夏、陕西、青海位于第二层级，城镇人口比重分别为55.24%、53.92%、50.34%，虽低于全国水平，但均超过西部地区48.74%的水平；四川（47.68%）、新疆（47.25%）、广西（47.06%）、云南（43.34%）、甘肃（43.19%）、贵州（42.01%）位于第三层级，虽然城镇人口比重低于西部地区水平，但均在40%以上；西藏位于第四层级，城镇人口比重较低，仅有27.78%。其间，城镇化率最高的内蒙古（60.29%）与城镇化率最低的西藏（27.78%）相比，二者相差32.51个百分点（见表3）。由此可见，西部区域内城镇化发展水平差异较大，城镇化发展不均衡的问题十分突出。

表3　2015年西部各省（自治区、直辖市）城镇人口及所占比重

地区	总人口（万人）	城镇人口（万人）	城镇人口比重（%）
内蒙古	2511	1514	60.29
广西	4796	2257	47.06
重庆	3017	1838	60.92
四川	8204	3912	47.68
贵州	3530	1483	42.01
云南	4742	2055	43.34
西藏	324	90	27.78
陕西	3793	2045	53.92
甘肃	2600	1123	43.19
青海	588	296	50.34
宁夏	668	369	55.24
新疆	2360	1115	47.25
西部地区	37133	18097	48.74
全国	137462	77116	56.10

资料来源：国家统计局2015年相关数据。

（2）城镇化发展速度失衡

西部各省（自治区、直辖市）的城镇化发展速度快慢各异，呈现极不平衡的状态。2005—2015 年，城镇化发展速度较快的当数陕西、重庆、贵州、四川，年均增长速度分别达 1.67%、1.57%、1.51%、1.47%，比西部地区 1.42% 的水平高出 0.25、0.15、0.09、0.05 个百分点；发展速度处于中间状态的是云南（1.38%）、广西（1.34%）、甘肃（1.32%）、内蒙古（1.31%），虽低于西部地区水平，但超过全国发展速度（1.31%）；发展速度较慢的为宁夏、青海、新疆，平均增速分别为 1.30%、1.11%、1.01%，低于全国水平；城镇化水平增长最为缓慢的是西藏，年均增长速度仅为 0.71%，与发展最快的陕西相差 0.96 个百分点（见表 4）。

表 4　　2005 年与 2015 年西部各省（自治区、直辖市）城镇人口及所占比重对比

地区	2005 年 总人口（万人）	2005 年 城镇人口（万人）	2005 年 城镇人口比重（%）	2015 年 总人口（万人）	2015 年 城镇人口（万人）	2015 年 城镇人口比重（%）	2005—2015 年城镇人口比重年均增长速度（%）
内蒙古	2403	1134	47.19	2511	1514	60.29	1.31
广西	4660	1567	33.63	4796	2257	47.06	1.34
重庆	2798	1265	45.21	3017	1838	60.92	1.57
四川	8212	2710	33.00	8204	3912	47.68	1.47
贵州	3730	1002	26.86	3530	1483	42.01	1.51
云南	4450	1313	29.51	4742	2055	43.34	1.38
西藏	280	58	20.71	324	90	27.78	0.71
陕西	3690	1374	37.24	3793	2045	53.92	1.67
甘肃	2545	764	30.02	2600	1123	43.19	1.32
青海	543	213	39.23	588	296	50.34	1.11
宁夏	596	252	42.28	668	369	55.24	1.30

续表

地区	2005年 总人口（万人）	2005年 城镇人口（万人）	2005年 城镇人口比重（%）	2015年 总人口（万人）	2015年 城镇人口（万人）	2015年 城镇人口比重（%）	2005—2015年城镇人口比重年均增长速度（%）
新疆	2010	747	37.16	2360	1115	47.25	1.01
西部地区	35917	12399	34.52	37133	18097	48.74	1.42
全国	130756	56212	42.99	137462	77116	56.10	1.31

资料来源：国家统计局2005年、2015年相关数据。

2. 城镇体系不健全

（1）城市数量偏少

西部地区城市数量偏少，城市密度较低。2015年，从城市总量来看，全国共有城市656个，其中，中部地区226个，东部地区246个，西部地区只有184个；从城市数量占全国比重来看，中、东部地区分别为34.45%和37.50%，西部地区仅为28.05%，低于中、东部地区6.4个百分点和9.45个百分点；从城市密度来看，西部地区远远低于中、东部地区及全国水平，仅为0.27（见表5）。

表5　2015年西、中、东部地区城市数量及城市密度对比

地区	城市总数（个）	占全国比重（%）	直辖市（个）	地级市（个）	县级市（个）	城市密度（个/平方公里）
西部地区	184	28.05	1	91	92	0.27
中部地区	226	34.45	0	100	126	1.35
东部地区	246	37.50	3	100	143	2.31
全国	656	100	4	291	361	0.68

资料来源：国家统计局2015年相关数据。

（2）规模结构畸形

西部地区城市规模结构不合理，超大城市极其缺乏。2015年，西部地区城市市辖区人口在400万人以上的巨型城市、200万—400万人的超大城市、100万—200万人的特大城市、50万—100万人的大城市、20万—50万人的中等城市、20万人以下的小城市的数量占全国城市总量的比重分别为1.02%、1.69%、9.83%、8.14%、9.15%、1.36%，东部地区各类城市占全国的比重分别达到3.05%、8.47%、11.86%、8.81%、2.03%、0.68%。可见，东部地区在巨型城市、超大城市、特大城市、大城市的数量，以及在全国城市总数中所占的比重方面，均超过西部地区，超出比重分别为2.03%、6.78%、2.03%、0.68%，相差最大的为超大城市；而在中等城市和小城市的数量和比重方面，西部地区则优于东部地区（见表6）。

从西部地区内部来看，2015年，不同规模城市数量占本地区城市总量比重，巨型城市、超大城市、特大城市、大城市、中等城市、小城市分别为3.26%、5.43%、31.52%、26.09%、29.35%、4.35%。由此看出，西部地区特大城市、大城市数量较多，但巨型城市、超大城市数量偏少，因而对经济发展的拉动作用较弱；中等城市数量虽然较多，但产业规模和人口规模均较小；小城市数量，特别是拥有特色产业的小城市数量略显不足，致使城镇化发展的西部区域特色未能充分体现。

2015年，市辖区人口超过50万的城市（涵盖大城市、特大城市、超大城市、巨型城市）数量，在本地区城市总量中所占的比重，西部为66.3%，中部为83%，东部为92.23%；在全国城市总量中所占的比重，西部为20.68%，中部为28.14%，东部为32.19%。可见，无论是从区域内还是从全国范围来看，西部地区50万以上人口城市所占比重均偏低，难以带动西部地区经济发展和社会进步。

表6　　　　2015年西、中、东部地区城市规模结构对比

地区	项目	巨型城市	超大城市	特大城市	大城市	中等城市	小城市	合计
西部地区	城市数量（个）	3	5	29	24	27	4	92
	占全国比重（%）	1.02	1.69	9.83	8.14	9.15	1.36	31.19
	占本地区比重（%）	3.26	5.43	31.52	26.09	29.35	4.35	100
中部地区	城市数量（个）	3	8	30	42	16	1	100
	占全国比重（%）	1.02	2.71	10.17	14.24	5.42	0.34	33.90
	占本地区比重（%）	3.00	8.00	30.00	42.00	16.00	1.00	100
东部地区	城市数量（个）	9	25	35	26	6	2	103
	占全国比重（%）	3.05	8.47	11.86	8.81	2.03	0.68	34.92
	占本地区比重（%）	8.74	24.27	33.98	25.24	5.83	1.94	100
全国	城市数量（个）	15	38	94	92	49	7	295
	占全国比重（%）	5.08	12.88	31.86	31.19	16.61	2.37	100

注：以城市市辖区年末总人口为划分标准，400万人以上为巨型城市，200万—400万人为超大城市，100万—200万人为特大城市，50万—100万人为大城市、20万—50万人为中等城市，20万人以下为小城市。

资料来源：国家统计局2015年相关数据。

(3) 空间分布不平衡

城镇作为某一地区的增长极，凭借其优势区位，吸引一定区域范围内的劳动力、资本、技术等要素集聚于此，使经济、社会、文化资源得以优化配置，从而扩张经济规模、优化经济结构、创新发展方式，进一步地，推动城镇化的发展。当城镇化进展到一定阶段时，城镇又通过辐射作用，使各种资源要素、产业和社会经济活动向周边地区扩散，带动周边地区共同发展，从而推动整个区域的城镇化进程。一般地，城镇体系越合理、空间分布越均衡，城镇的聚集和辐射作用越强，所能影响和带动的区域范围也越广；反之，如果某一地区的城镇体系不健全，将阻碍延滞城镇聚集和辐射效应的有效发挥。

西部地区城市分布不合理，空间结构存在失衡问题。西部地区过于行政化的、不均衡的城镇化动力机制，带来了市场发育不健全的弊病，致使城镇的自生发展能力始终不强，加之西部地区普遍存在城镇产业结构单一、产品关联度不高，以及基础设施建设滞后的问题，导致城镇内部的耦合性较弱。此外，目前西部地区密度较低的城镇体系，致使各级城市相互之间缺乏协调合作，难以产生大规模的联动效应，城市彼此间的聚集和辐射效应一直较弱，呈现一种分散化的自我发展状态，无法承担起促进整个西部地区经济发展和社会进步的功能。

西部地区分散的城市布局，导致强大的城市连绵区一直难以形成。目前，尽管西部地区已有长江上游经济区、南贵昆经济区、黄河中游经济区、新疆经济区、黄河上游多民族经济区五个经济区初具雏形，但由于这些区域范围较大，中心城市的带动能力不足，远未能发挥经济区的聚集、辐射作用。

（四）城镇功能建设有待完善

近年来，虽然西部地区城镇化发展成效显著，但与全国及东、中部地区相比，其城镇基础设施建设和公共服务水平仍相对滞后，城镇承载能力有待增强。

在城市基础设施建设方面，2015年，西部一些省（自治区、直辖市）的城市用水普及率、城市燃气普及率、互联网普及率、城市每万人拥有公共交通车辆数、城市每万人拥有公共厕所数、城市每万人医疗机构床位数、人均城市道路面积、人均公园绿地面积、建成区绿化覆盖率、城市生活垃圾无害化处理率等尚未达到全国水平（见表7），影响了城市人居环境的改善。

表7　2015年西部各省（自治区、直辖市）城市基础设施水平

地区	城市用水普及率（%）	城市燃气普及率（%）	互联网普及率（%）	城市每万人拥有公共交通车辆数（标台）	城市每万人医疗机构床位数（张）	人均城市道路面积（平方米）	人均公园绿地面积（平方米）	建成区绿化覆盖率（%）	城市每万人拥有公共厕所数（座）	城市生活垃圾无害化处理率（%）
内蒙古	98.47	94.09	50.30	9.10	97.04	22.61	19.28	39.20	4.76	97.70
广西	97.50	94.46	42.80	9.10	58.47	16.28	11.60	37.60	1.43	98.70
重庆	96.87	95.34	48.30	11.03	63.69	12.05	16.99	40.30	2.40	98.60
四川	93.05	92.46	40.00	13.52	77.90	13.63	11.96	38.70	2.14	96.80
贵州	95.43	84.06	38.40	11.27	111.64	11.22	12.94	35.90	2.24	93.80
云南	97.33	76.79	37.40	12.62	102.31	14.23	10.57	37.30	2.94	90.00
西藏	88.06	79.98	44.60	9.05	109.41	24.98	11.65	42.60	4.19	——
陕西	97.12	94.73	50.00	15.51	80.16	15.67	12.57	40.60	4.58	98.00
甘肃	97.28	85.77	38.80	9.00	68.35	15.18	12.12	30.20	2.39	64.20
青海	99.06	85.96	54.50	13.25	163.26	10.63	10.48	29.80	3.73	87.20
宁夏	96.40	87.26	49.30	13.97	77.04	22.52	18.11	37.90	2.63	89.90
新疆	98.81	97.63	54.90	16.08	128.46	17.69	11.50	37.50	3.44	80.90
全国	98.10	95.30	50.30	13.29	82.70	15.60	13.35	40.10	2.75	94.10

资料来源：国家统计局2015年相关数据。

在城镇公共服务水平方面，西部地区也明显落后于东、中部及东北地区。以社会保险覆盖率为例，2012年，西部地区城镇职工基本养老保险覆盖率、城镇职工基本医疗保险覆盖率、工伤保险覆盖率、失业保险覆盖率均与东、中部及东北地区有较大差距（见表8）。可见，西部地区的城镇承载能力急需提升，城镇功能建设有待完善。

表8　2012年西、中、东部及东北地区社会保险覆盖率对比

地区	城镇职工基本养老保险覆盖率（%）	城镇职工基本医疗保险覆盖率（%）	工伤保险覆盖率（%）	失业保险覆盖率（%）
西部地区	60.89	58.62	9.95	10.95
中部地区	79.41	64.95	10.70	12.29
东部地区	86.06	79.36	30.16	23.11
东北地区	93.72	83.32	26.17	26.96

资料来源：《中国统计年鉴（2013）》。

（五）城乡居民生活水平仍需提高

随着西部地区城镇化的不断推进，城乡居民生活条件已取得明显改善，但与中、东部及东北地区相比，西部地区的城乡居民生活水平还较为落后，城乡二元结构依然显著。

城乡二元结构虽然是我国普遍存在的历史现象，但由于西部地区特殊的、政府主导且高度集中的城镇化发展模式，以及较为落后的社会经济和思想观念，致使由以户籍制度为核心的社会制度因素决定的城乡二元结构显得更为突出，现代大工业与传统农业并存、先进城镇与落后农村并存的现象更为明显。西部地区严重的城乡双重所有制体制、双重公民身份体制、双重交换体制、双重分配体制，造成了在价值规律支配下的城乡劳动力及其供养人口双向流动机制、等价交换机制、比较利益驱动机制等城镇化过程的基本运行机制的失灵与扭曲，制约了资源要素的优化配

置，加之西部地区城镇内部又出现了新的二元结构矛盾，致使城乡居民无法普遍地、均等地享受基础设施、公共服务和社会保障，这降低了城镇化的质量，阻碍了西部地区经济与城镇化的持续发展。

从城乡居民人均收入来看，2015年，东部地区城镇居民人均可支配收入和农村居民人均纯收入均最高，分别达到36691.3元和14297.4元，比最低的西部地区多出了10218.2元和5204元；同期，中、东、东北地区及全国的城乡居民人均收入之比（以农村为1）分别为2.46、2.57、2.38、2.73，而西部地区则高达2.91，是全国城乡居民人均收入差距最大的地区（见表9）。

表9　2015年西、中、东部及东北地区城乡居民人均收入对比

地区	城镇居民人均可支配收入（元）	农村居民人均纯收入（元）	城乡居民人均收入之比（以农村为1）
西部地区	26473.1	9093.4	2.91
中部地区	26809.6	10919.0	2.46
东部地区	36691.3	14297.4	2.57
东北地区	27399.6	11490.1	2.38
全国	31194.8	11421.7	2.73

资料来源：《中国统计年鉴（2016）》，国家统计局2015年相关数据。

从城乡居民家庭恩格尔系数来看，2012年，西部地区城镇居民家庭恩格尔系数为38.46%，与最低的东北地区（34.24%）相差4.22个百分点；同期，西部地区农村居民家庭恩格尔系数为40.81%，是全国四大地区中唯一一个农村尚处于小康水平的地区，而中、东部及东北地区农村居民均已实现富裕水平（见表10）。

表10 2012年西、中、东部及东北地区城乡居民家庭恩格尔系数对比

地区	城镇居民家庭恩格尔系数（%）	农村居民家庭恩格尔系数（%）	城乡居民家庭恩格尔系数之比（以农村为1）
西部地区	38.46	40.81	0.94
中部地区	36.85	38.58	0.96
东部地区	36.34	39.40	0.92
东北地区	34.24	37.63	0.91
全国	36.22	39.33	0.92

资料来源：《中国统计年鉴（2013）》。

（六）资源环境问题严重

近年来，西部地区在行政力量主导的城镇化动力机制的强力作用下，极度重视经济增长，只追求"金山银山"，而罔顾"绿水青山"，对于具有经济效益的高能耗、高产出、高污染的产业扶持较多，而对于生态效益良好的绿色产业的投入却相对较少，再加上在人口、资本、技术等要素资源大规模向城镇集聚的过程中，缺乏正确的政策引导和合理的规划控制，造成城镇化呈现粗放型、外延式的发展局面，致使经济活动对自然资源、生态环境带来了较大的扰动与破坏，导致西部地区环境承载能力与经济社会发展之间严重失调，由此引发的难题与矛盾，使得资源环境本就极其脆弱的西部地区的生态红灯频频闪现，陷入了资源能源消耗过度、环境污染严重、生态失衡加剧的"窠臼"，严重威胁了西部地区城镇化的持续发展。

1. 资源能源消耗过度

城镇是经济发展的主要载体，亦是资源能源消耗较为集中的区域。"以资源换增长"的扩张模式使西部地区城镇化得以快速推进，由此也注定其将付出巨大的资源能源代价。由于西部地区城镇建设呈简单粗放的平面式拓展，缺乏有效的规划制约，导致优质耕地被大量侵占，以及城镇用地结构不合理、建设布局散乱、配套基

础设施不健全的问题，再加上部分小城镇还存在重复建设、产业结构趋同的现象，造成了土地资源的严重浪费。此外，西部地区一些追求"高投入、高产出、高能耗"的资源依赖型城镇，长期过度开发，资源加工初级、附加值低，忽视能源资源使用效率的提高及循环利用，致使资源的再生系统遭到破坏，不可再生资源面临枯竭，加剧了资源环境的恶化。再者，西部地区迅速增长的城镇人口所生成的庞大资源及一次能源需求，也加大了资源环境的压力。

2. 环境污染严重

西部地区城镇化发展过程中资源能源的大规模低效利用，加剧了城镇的环境污染程度。第一，空气污染形势严峻。汽车排放的尾气和工业企业排放的烟气等对城镇的空气造成了严重污染，光化学烟雾、雾霾天气和酸雨沉降时有发生，不仅直接威胁着城镇居民的身心健康，而且对社会的和谐稳定也造成了不利影响。2015 年，西部地区生产总值占全国比重为 21.05%，但其二氧化硫排放量、氮氧化物排放量、烟（粉）尘排放量占全国比重则为 37.11%、29.80%、28.88%，分别超出生产总值比重 16.06 个百分点、8.75 个百分点、7.83 个百分点（见表 11）。污染物排放量过高，说明西部地区经济结构中重工业所占份额较大，这加大了西部地区的城市环境压力，不利于城镇化的健康发展。第二，水资源污染加剧。由于西部地区大多处于干旱半干旱地带，城镇化发展面临着水资源严重匮乏的自然资源瓶颈，再加上在城镇化推进过程中，西部地区长期存在着对水资源无序利用和保护滞后的问题，加剧了水资源的短缺和水质的污染，致使城镇的饮水安全受到了极大的威胁，导致水资源的供求矛盾日渐突出，阻碍了区域经济和城镇化的持续发展，阻碍了人民生活水平的提高。第三，"垃圾围城"愈演愈烈。由于西部地区城镇的垃圾无害化处理能力普遍有限，致使城镇生产生活中产生的工业固体废弃物、医疗废弃物、生活垃圾等无法及时地进行安全处理处置，造成了严重的环境污染，导致城镇陷入"垃圾围城"的困境，制约了城镇化的健康可持续发展。

表11　　2015年西、中、东部地区主要污染物排放情况对比

地区	地区生产总值占全国比重（%）	主要污染物排放			
		废水排放总量占全国比重（%）	二氧化硫排放量占全国比重（%）	氮氧化物排放量占全国比重（%）	烟（粉）尘排放量占全国比重（%）
西部地区	21.05	20.47	37.11	29.80	28.88
中部地区	25.56	27.01	28.18	30.06	34.55
东部地区	58.29	52.52	34.71	40.13	36.56

资料来源：国家统计局2015年相关数据。

3. 生态失衡加剧

在行政力量主导的城镇化动力机制作用下，西部地区由于受到片面经济增长观和唯GDP论的影响，政府过度追求政绩建设，财政投入偏向经济增长，致使城镇的建筑、广场、道路等政绩工程爆发式增加，而环保设施却一度被严重忽略，绿地、林地、湿地更是急剧减少，不仅加剧了西部地区的生态失衡问题，导致诸如黄色拥堵效应、红色热岛效应、绿色水华效应、白色采石秃斑效应、杂色垃圾效应等多种生态恶化现象的出现，还削弱了西部地区城镇的环境承载能力，致使人地关系高度紧张。这种生态环境恶化加剧、经济社会发展滞后的相互叠加作用，形成了西部地区生态失衡和经济落后的恶性循环，不仅极大地危害了西部地区的经济和城镇化发展，甚至对全国的生态环境建设，以及经济与城镇化发展产生了巨大的负面影响。

三　小结

近年来，在政府外生力量的强力推动下，西部地区城镇化取得了优异的成绩。在城镇化发展的数量方面：西部地区城镇化率日趋提高，城镇数量不断扩充、城镇空间显著拓展；在城镇化发展的质

量方面：西部地区产业结构优化升级、特色产业发展良好，城镇基础设施建设渐趋完善、城乡公共服务水平不断提升，城乡居民生活条件日益好转、城乡差距有缩小趋势。

但同时，由于西部地区城镇化存在发展目标单一和动力机制失衡的缺陷，即西部地区在政府外生动力主导的城镇化发展模式作用下，片面追求经济增长而忽视人的全面发展，违背了市场经济的一般规律和城镇化的发展规律，导致出现了市场内生力量发育相对滞后的问题，以及居民的幸福感和满意度没有随经济增长而相应提高的怪象。此外，西部地区城镇化与东、中部地区及国家新型城镇化发展的要求相比，仍有很大的优化改进空间，还有许多亟待解决的问题与不足。例如，西部地区城镇化率仍旧相对较低，经济结构性矛盾突出，城镇化发展不均衡，城镇体系不健全、功能建设不完善，城乡居民生活水平仍需提高、城乡二元结构依然显著，资源环境问题严重，等等。由此，本章从现实的角度为西部地区新型城镇化多元目标体系和均衡动力机制的构建提供了事实支撑，并为进一步提出推动西部地区新型城镇化平稳、健康、可持续发展的政策建议提供了现实依据。

第六章 西部地区新型城镇化发展绩效评价分析

第三章以创新、协调、绿色、开放、共享的新发展理念为依托，从理论层面阐释了西部地区新型城镇化发展的多维目标体系，本章在此基础上，由理论层面分析落实到实证层面评价，设计了由产业集聚化、城乡一体化、城市生态化、要素市场化、生活宜居化五个维度构成的西部地区新型城镇化发展绩效评价指标体系，并基于2012—2015年的相关数据，运用主成分分析法和聚类分析法，对西部11个省（自治区、直辖市）的新型城镇化发展绩效进行了总体和分维度评价，进一步地，对比分析了东、西部地区新型城镇化发展绩效的评价结果，由此明确了西部地区新型城镇化发展的优势与不足，为西部地区新型城镇化的具体实践提供了现实依据。

一 新型城镇化发展绩效评价指标体系的构建

（一）评价指标体系构建的原则

1. 科学性原则

为能够从多个角度对新型城镇化发展绩效进行全面、综合评价，必须采用科学的方法和手段，坚持突出重点、统筹兼顾，选取能够通过调查、测度或统计等方法进行明确量化的指标，这些指标既要能够科学反映新型城镇化的核心内涵，又要能够准确、客观地反映指标体系不同维度的应有之义，使评价指标体系较为真实和客观地反映出新型城镇化的发展绩效。

2. **系统性原则**

新型城镇化涉及经济、社会、人口、环境等多方面的内容，是一个由众多子系统共同构成的复杂有机整体，各子系统不仅自身具有鲜明的特征，而且彼此之间相互影响、相互联系。因此，新型城镇化发展绩效评价指标体系的构建必须依照系统化思维，从生活宜居化、要素市场化、产业集聚化、城市生态化、城乡一体化五个维度进行客观分析，同时从各个维度中选取具有代表性的表征指标，以便全面、客观、系统地描述或反映评价对象。

3. **代表性原则**

由于新型城镇化发展绩效评价指标体系是一个涉及多维度、多层次的复杂系统，且各个维度又包含众多能够反映评价对象的具体指标。因此，在选取具体表征指标时，应挑选具有典型代表性、能够反映各维度主要特征的指标，避免指标过多甚至冗余。

4. **可操作性原则**

新型城镇化发展绩效评价指标体系所选取的指标含义必须明确、易于理解，选用的指标要有可靠的出处，确保数据的真实性和科学性，不列入尚无稳定数据来源或无法量化的指标。同时，考虑到实际数据搜寻的成本，应选取符合实际工作需要、便于具体实施及操作的、口径统一的指标。

（二）评价指标体系的设计

第三章理论部分以创新、协调、绿色、开放、共享的新发展理念为引领，设计了西部地区新型城镇化发展的多维目标体系，本章在此基础上，遵循科学性、系统性、代表性、可操作性的原则，并参考和借鉴有关新型城镇化发展绩效评价的研究成果，对备选指标进行了仔细筛选，最终构建了涵盖生活宜居化、要素市场化、产业集聚化、城市生态化、城乡一体化五个维度的西部地区新型城镇化发展绩效评价指标体系（见表12）。

另外，表12虽然是针对西部地区传统城镇化存在的发展目标单一的缺陷而提出设计的，但秉承新型城镇化以人为本的核心思想，并与新发展理念相结合，包含生活宜居化、要素市场化、产业集聚化、城市生态化、城乡一体化五个维度的多元目标体系，无论对西部地区，还是东部地区，抑或是全国来说，均是其新型城镇化最终所应实现的理想状态，只是相较于西部地区而言，目前东部地区的新型城镇化发展目标表现得略为全面与多样。因此，表12所构建的西部地区新型城镇化发展绩效评价指标体系，同样适用于东部地区。

表12　　西部地区新型城镇化发展绩效评价指标体系

A 目标	B 维度指标	C 表征指标	计量单位	指标属性
新型城镇化发展绩效	B_1 生活宜居化——共享	C_1 城市用水普及率	%	正向
		C_2 城市燃气普及率	%	正向
		C_3 人均城市道路面积	平方米	正向
		C_4 城市每万人医疗机构床位数	张	正向
		C_5 每万人拥有城市卫生技术人员数	人	正向
		C_6 每百人公共图书馆藏书	册、件	正向
		C_7 电视节目综合人口覆盖率	%	正向
		C_8 艺术表演场馆机构数	个	正向
		C_9 快递营业网点	处	正向
		C_{10} 货运总量	万吨	正向

续表

A 目标	B 维度指标	C 表征指标	计量单位	指标属性
新型城镇化发展绩效	B_2 要素市场化 ——开放	C_{11} 客运总量	万人	正向
		C_{12} 进出口总额（按经营单位所在地分）	万美元	正向
		C_{13} 外商投资企业数	户	正向
		C_{14} 国际旅游外汇收入	百万美元	正向
	B_3 产业集聚化 ——创新	C_{15} 规模以上工业企业单位数	个	正向
		C_{16} 私营工业企业单位数	个	正向
		C_{17} 第二、第三产业产值占地区生产总值比重	%	正向
		C_{18} 规模以上工业企业 R&D 经费支出占地区生产总值比重	%	正向
		C_{19} 技术市场成交额	亿元	正向
		C_{20} 国内专利申请授权量	项	正向
		C_{21} 每十万人口高等学校平均在校生数	人	正向
	B_4 城市生态化 ——绿色	C_{22} 森林覆盖率	%	正向
		C_{23} 建成区绿化覆盖率	%	正向
		C_{24} 人均公园绿地面积	平方米/人	正向
		C_{25} 城市生活垃圾无害化处理率	%	正向
		C_{26} 二氧化硫排放量	吨	逆向
		C_{27} 烟（粉）尘排放量	吨	逆向
		C_{28} 每万元地区生产总值用水量	吨/万元	逆向
	B_5 城乡一体化 ——协调	C_{29} 城乡居民人均收入之比（以农村为1）	—	逆向
		C_{30} 城乡居民人均消费支出之比（以农村为1）	—	逆向
		C_{31} 城乡每万人医疗机构床位数之比（以农村为1）	—	逆向
		C_{32} 城乡居民最低生活保障人数之比（以农村为1）	—	逆向
		C_{33} 非农产业与农业产值之比	—	正向
		C_{34} 非农产业与农业从业人员之比	—	正向

1. 生活宜居化——共享 B_1

新型城镇化是共享发展的城镇化，是以人为本、推进人的全面发展、实现人民群众共建共享的城镇化。因此，将城镇真正建设成为人们的安居之处、乐业之地，使居民生活得更加幸福美好是西部地区新型城镇化发展的首要任务。具体地，生活宜居化通过以下9个指标来衡量。

C_1 城市用水普及率（%）：是衡量一个地区城市居民生活设施建设状况优劣的重要指标。该指标越大，说明城市居民的生活质量越高。城市用水普及率＝城市用水人口数/城市总人口数×100%。

C_2 城市燃气普及率（%）：是衡量一个地区城市居民生活设施建设状况优劣的重要指标。该指标越大，说明城市居民的生活质量越高。城市燃气普及率＝城市使用燃气人口数/城市总人口数×100%。

C_3 人均城市道路面积（平方米）：是衡量一个地区城市交通设施建设状况优劣的重要指标。该指标越大，说明城市居民生活质量越高。人均城市道路面积＝城市道路面积/城市总人口数×100%。

C_4 城市每万人医疗机构床位数（张）：反映了单位数量城市居民就医服务条件的基本情况，既是评价城市医疗水平高低的基本指标，也是衡量城市居民生活质量优劣的重要指标。该指标越大，说明城市基础医疗卫生水平越高。城市每万人医疗机构床位数＝城市各级各类医院固定实有床位数/城市总人口数（万人）。

C_5 每万人拥有城市卫生技术人员数（人）：反映了单位数量城市居民就医服务条件的基本情况，既是评价城市医疗水平高低的基本指标，也是衡量城市居民生活质量优劣的重要指标。该指标越大，说明城市基础医疗卫生水平越高。每万人拥有城市卫生技术人员数＝城市卫生技术人员数/城市总人口数（万人）。

C_6 每百人公共图书馆藏书（册、件）：在一定程度上反映了城镇的科技文化活跃状况，是衡量城镇公共文化服务发展水平高低的重要指标。该指标越大，说明城镇的科技文化活动越丰富，说明城镇越具活力。每百人公共图书馆藏书＝城镇公共图书馆藏书量/城镇常住人口数（百人）。

C_7 电视节目综合人口覆盖率（%）：反映了居民的生活质量优劣状况，是衡量一个地区居民获取信息能力的强弱，以及休闲娱乐项目的丰富程度的重要指标。该指标越大，说明居民获取信息的能力越强、休闲娱乐活动越丰富，说明居民的生活质量越高。电视节目综合人口覆盖率＝接收到各级广播、电视节目的人口数/总人口数×100%。

C_8 艺术表演场馆机构数（个）：反映了居民的文化娱乐活动的活跃状况，是衡量一个地区公共娱乐服务发展水平高低的重要指标。该指标越大，说明居民的文化娱乐活动越丰富，越有利于城镇化的发展。

C_9 快递营业网点（处）：在一定程度上体现了一个地区居民网上购物的便捷程度，反映了该区域网络服务业的发达程度。该指标越大，说明本区域的网购服务业越发达，居民的购物成本越低，越有利于居民生活质量的提高。

2. 要素市场化——开放 B_2

新型城镇化是在开放条件下推进的城镇化，是尊重市场规律，坚持需求导向，充分发挥市场机制在资源配置中决定性作用的城镇化。因此，建立复杂多元的分工协作关系，促使各类资源要素在开放的条件下有序自由流动，推进人力、物力、财力和信息技术的充分交流和优化配置，是西部地区新型城镇化实现又好又快发展的前提基础。具体地，要素市场化通过以下 5 个指标来衡量。

C_{10} 货运总量（万吨）：指在一定时期内，各种运输工具实际运送的货物重量。该指标越大，说明本区域运输业的市场化程度越高，越有助于运输业为国民经济和社会发展提供服务，越有利于城镇化发展。

C_{11} 客运总量（万人）：指在一定时期内，各种运输工具实际运送的旅客数量。该指标越大，说明本区域运输业的市场化程度越高，越有助于运输业为居民生活提供服务，越有利于城镇化发展。

C_{12} 进出口总额（按经营单位所在地分）（万美元）：指在一定

时期内，所在地海关注册登记的有进出口经营权的企业的实际进、出口额，反映了一个地区的对外开放程度。该指标越大，说明本区域越开放，市场化程度越高，越有利于城镇化发展。

C_{13}外商投资企业数（户）：指在本国境内设立的，由本国投资者和外国投资者共同投资或仅由外国投资者投资的企业户数，是衡量一个地区招商引资环境优劣的重要指标。该指标越大，说明本区域越开放，市场化程度越高，引进外资的能力越强，越有利于城镇化发展。

C_{14}国际旅游外汇收入（百万美元）：指一个地区通过为入境的国际旅游者提供各种旅游商品和服务而获取的全部外汇收入，是衡量该区域国际旅游规模大小和水平高低的重要指标。该指标越大，说明本区域越开放，市场化程度越高，国际旅游业越发达，越有助于本区域的对外交流，越有助于旅游城镇的建设，越有利于城镇化发展。

3. 产业集聚化——创新 B_3

新型城镇化是非农产业不断向城镇集聚的过程，是以科技创新驱动城镇产业发展的过程。产业发展与城镇化建设密不可分，二者存在相互协调、相互促进的关系，城镇化的发展壮大为产业集聚提供了广阔空间，产业发展为城镇化的推进奠定了资源基础。因此，注重产城互动、强化科技创新是西部地区新型城镇化健康、可持续发展的重要内容。具体地，产业集聚化通过以下 7 个指标来衡量。

C_{15}规模以上工业企业单位数（个）：反映了一个地区规模以上工业企业的发展状况。该指标越大，说明本区域规模以上工业企业的集聚状况越好，说明本区域工业化程度越高，越有利于城镇化发展。

C_{16}私营工业企业单位数（个）：反映了一个地区私营工业企业的发展状况。该指标越大，说明本区域私营工业企业的集聚状况越好，说明本区域工业化程度越高，越有利于城镇化发展。

C_{17}第二、第三产业产值占地区生产总值比重（%）：反映了一个地区的产业结构状况。该指标越大，说明本区域的产业结构越趋合理，说明本区域经济发展水平越高，越有利于城镇化的推进。第二、第三产业产值占地区生产总值比重=（第二产业生产总值+第三产业生产总值）/地区生产总值×100%。

C_{18} 规模以上工业企业 R&D 经费支出占地区生产总值比重（%）：反映了一个地区规模以上工业企业对科学技术的投入力度和重视程度。该指标越高，说明本区域规模以上工业企业对科学技术的投入力度越大，说明本区域的科技发展状况越好，说明城镇化发展绩效提高的潜力越大。规模以上工业企业 R&D 经费支出占地区生产总值比重=规模以上工业企业 R&D 经费支出/地区生产总值×100%。

C_{19} 技术市场成交额（亿元）：是衡量一个地区将科技成果转化为现实生产力能力强弱的重要指标。该指标越大，说明本区域将科技成果向现实生产力转化的能力越强，越有助于满足用户对技术商品的现实需求和潜在需求，越有助于促进全社会创新资源的合理配置和高效利用，越有利于城镇化发展。

C_{20} 国内专利申请授权量（项）：反映了一个地区自主知识产权的科技和设计成果的拥有情况。该指标越大，说明本区域的科技和设计成果越多，说明本区域的科技创新能力越强，越有助于产业的创新发展，越有利于城镇化的推进。

C_{21} 每十万人口高等学校平均在校生数（人）：不仅反映了一个地区城镇的教育发展状况，以及城镇人口质量的高低，而且反映了城镇的潜在创新能力大小，该指标同生产力发展水平和人口增加值有着密切的联系。该指标越大，说明本区域高素质人才的后备力量越强，说明本区域潜在的创新能力越强，越有利于城镇化发展。每十万人口高等学校平均在校生数=高等学校在校生人数/总人口数（十万人）。

4. 城市生态化——绿色 B_4

新型城镇化是推进"美丽西部"建设的城镇化，是以自然规律为准则、以可持续发展为目标的城镇化。因此，将绿色发展理念和原则融入城镇化建设全过程，着力推进城镇化与生态文明的协调发展和协同创新，强化资源节约、环境友好，不断提升城镇的生态环境承载能力，从而实现城市的生态化发展，是西部地区新型城镇化的重要内容。具体地，城市生态化通过以下 7 个指标来衡量。

C_{22} 森林覆盖率（%）：不仅反映了一个地区森林面积的占有情况，以及森林资源的丰富程度和实现的绿化程度，而且是确定森林经营和开发利用方针的重要依据之一。该指标越大，说明本区域的森林资源越丰富，越有助于生态环境和人居环境的改善，越有利于城镇化发展。森林覆盖率 = 森林面积/土地总面积 × 100%。

C_{23} 建成区绿化覆盖率（%）：反映了城市生态环境与人居环境的改善情况。该指标越大，说明城市生态环境越优良，说明城市居民居住质量越高，越有利于城镇化发展。建成区绿化覆盖率 = 城市建成区绿化覆盖面积/城市建成区面积 × 100%。

C_{24} 人均公园绿地面积（%）：反映了城市生态环境与人居环境的优劣。该指标越大，说明城市生态环境越优良，说明城市居民居住质量越高，越有利于城镇化发展。人均公园绿地面积 = 城市公园绿地面积/城市总人口数 × 100%。

C_{25} 城市生活垃圾无害化处理率（%）：反映了城市环境保护和生态建设的工作成效。该指标越大，说明城市环境保护和生态建设的工作成效越显著，越有利于城镇化发展。城市生活垃圾无害化处理率 = 城市生活垃圾无害化处理数量/城市生活垃圾产生数量 × 100%。

C_{26} 二氧化硫排放量（吨）：指报告期内工业二氧化硫排放量与生活二氧化硫排放量之和。该指标越小，说明本区域的环境污染程度越小，说明本区域的生态环境越优良，越有利于城镇化发展。

C_{27} 烟（粉）尘排放量（吨）：指报告期内企业在燃料燃烧和工艺生产过程中排入大气的烟尘总量。该指标越小，说明本区域的环境污染程度越小，说明本区域的生态环境越优良，越有利于城镇化发展。

C_{28} 每万元地区生产总值用水量（吨/万元）：反映了一个地区水资源的利用效率与利用效益。该指标越小，说明本区域对水资源的利用效率、利用效益越高，说明本区域水资源的节约利用状况越好，越有助于遏制水资源的枯竭，越有助于促进经济社会的可持续发展，越有利于城镇化的推进。每万元地区生产总值用水量＝城市生产用水供水量/地区生产总值×100%。

5. 城乡一体化——协调 B_5

新型城镇化是城乡协调发展的城镇化，由重城轻乡、城乡分治向城乡一体发展转变，是新型城镇化的创新特征之一。推进新型城镇化，就是在保持城镇和农村各自特色的基础上，体现城乡一盘棋的思想，以城镇经济为依托，以非农产业为主导，促进公共资源和生产要素在城乡之间均衡配置与平等交换，形成互补协调、平等统一、和谐共荣的新型城乡关系，从而达到城乡一体化发展的目标。因此，推动城乡基础设施和公共服务均等化，以及城乡居民的权利一体化和生活质量等质化，最终实现城乡良性互动、共同繁荣，是西部地区新型城镇化发展的理想状态。具体地，城乡一体化通过以下6个指标来衡量。

C_{29}城乡居民人均收入之比（以农村为1）：反映了一个地区城乡居民人均收入情况的差异程度，是衡量城乡一体化发展水平高低的重要指标。该指标越低，说明本区域城乡居民人均收入的差距越小，说明本区域城乡居民生活水平的差距越小，越有利于城乡居民收入一体化的实现。城乡居民人均收入之比＝城镇居民人均可支配收入/农村居民人均纯收入。

C_{30}城乡居民人均消费支出之比（以农村为1）：反映了一个地区城乡居民人均消费情况的差异程度，是衡量城乡一体化发展水平高低的重要指标。该指标越低，说明本区域城乡居民人均消费支出的差距越小，说明本区域城乡居民生活水平的差距越小，越有利于城乡居民消费一体化的实现。城乡居民人均消费支出之比＝城镇居民人均消费支出/农村居民人均消费支出。

C_{31}城乡每万人医疗机构床位数之比（以农村为1）：反映了一个地区城乡单位数量居民就医服务条件的差异程度，是衡量城乡一体化发展水平高低的重要指标。该指标越低，说明本区域城乡医疗水平的差距越小，说明本区域城乡居民生活质量的差距越小，越有利于城乡医疗服务一体化的实现。城乡每万人医疗机构床位数之比＝城市每万人医疗机构床位数/农村每万人医疗机构床位数。

C_{32}城乡居民最低生活保障人数之比（以农村为1）：反映了一个地区在城乡规定的生活在最低生活保障线以下居民数量的差异，是衡量城乡一体化发展水平高低的重要指标。该指标越低，说明本区域城乡居民生活水平的差距越小，说明本区域城乡居民生活质量的差距越小，越有利于城乡居民生活一体化的实现。城乡居民最低生活保障人数之比＝城市居民最低生活保障人数/农村居民最低生活保障人数。

C_{33}非农产业与农业产值之比：反映了一个地区城乡产业结构的差异程度，是衡量城乡一体化发展水平高低的重要指标。该指标越大，说明本区域的非农产业越发达，越有利于城镇化的推进，越有利于城乡产业一体化的实现。非农产业与农业产值之比＝（第二产业生产总值＋第三产业生产总值）/第一产业生产总值。

C_{34}非农产业与农业从业人员之比：反映了一个地区城乡就业结构的差异程度，是衡量城乡一体化发展水平高低的重要指标。该指标越大，说明本区域的非农产业越发达，越有利于城镇化的推进，越有利于城乡就业一体化的实现。非农产业与农业从业人员之比＝（第二产业从业人员数＋第三产业从业人员数）/第一产业从业人员数。

二 新型城镇化发展绩效评价方法的选择及数据处理

（一）评价方法选择与说明

1. 新型城镇化发展绩效评价方法的选择

目前，新型城镇化的评价方法有十几种，总体上可归纳为主观赋权评价法和客观赋权评价法两类。主观赋权评价法，是一种由相

第六章 西部地区新型城镇化发展绩效评价分析

关领域的专家依靠个人经验对问题做出主观判断而得到权重的方法，常用的有层次分析法、模糊综合评判法。主观赋权评价法的优点是充分利用了专家的经验，能够较好地反映所研究的问题，而缺点在于无法摆脱评价过程的随机性，以及评判专家主观的不确定性和认识的模糊性，难以避免个人主观因素所带来的偏差。客观赋权评价法，是一种根据各项指标所表征的具体信息而得出权重的方法，常用的有主成分分析法、灰色关联度法、均方差分析法。客观赋权评价法的优点是克服了人为确定权重的缺陷，使评价结果具有唯一性，且客观合理，而缺点在于计算方法较为复杂，而且不能体现评判者对于不同属性指标重视的差异程度，有时还会出现指标权重与指标属性的实际重要程度相差较大的情况。

新型城镇化发展绩效评价指标体系是一个涉及多维度、多层次的复杂系统，包含的表征指标较多，且各个具体表征指标之间的相关性较强，这符合主成分分析法的应用条件，因此，本书将运用主成分分析法对西部地区新型城镇化发展绩效进行综合评价。主成分分析法能够在不损失或尽量少损失原有信息的情况下，将多个具有相关性的指标重新组合成少数几个互不相关的综合指标，起到降维和简化分析的效果，从而大大精简了原始指标体系结构，从根本上解决了指标间信息的重复问题。同时，由于指标的权重是由指标数据本身的变异特征而非人为主观判断确定，因此也就避免了人为因素的影响。

综上，鉴于本书所构建的新型城镇化发展绩效评价指标体系，以及主成分分析法本身的适用性和特点，本书将运用主成分分析法对西部地区新型城镇化发展绩效做出评价。简要步骤为：第一步，以表征指标经过处理后的数据作为主成分分析法的输入，确定各表征指标在维度指标中的权重，进而合成维度指标评价得分；第二步，以维度指标评价得分作为主成分分析法的输入，确定各维度指标在总目标中的权重，进而合成新型城镇化发展绩效评价得分。

2. 新型城镇化发展绩效评价的一般步骤

运用主成分分析法对西部地区新型城镇化发展绩效进行评价的具体步骤为：

（1）对表征指标数据进行无量纲化处理。

（2）运用主成分分析法计算各维度指标评价得分。

①确定主成分个数 m。

②计算各主成分得分。设 $f_1, f_2, \cdots, f_m$ 为各主成分得分，则：

$$f_m = \sum_{i=1}^{n} \alpha_i^{(m)} x_i$$

其中，$\alpha_i^{(m)}$ 表示第 m 个主成分所对应的特征向量，x_i 表示各表征指标无量纲化后的数据。

③计算维度指标评价得分。设 F 为维度指标评价得分，则：

$$F = \sum_{i=1}^{m} \frac{\lambda_i}{\lambda} f_i \quad (\lambda = \sum_{j=1}^{m} \lambda_j)$$

其中，λ_i 表示第 i 个主成分对应的特征根。

（3）运用主成分分析法计算新型城镇化发展绩效评价得分。

设 Y 为新型城镇化发展绩效评价得分，则：

$$Y = \sum_{p=1}^{m} K_p F_p$$

其中，$K_1, K_2, \cdots, K_m$ 表示各维度指标的权重，$F_1, F_2, \cdots, F_m$ 表示各维度指标的评价得分。

（二）研究对象的选取、数据来源与处理

1. 研究对象的选取

2012年中共第十八次大表大会上明确提出中国要推进"新型城镇化"，因此本书选取2012—2015年的相关数据对西部地区新型城镇化的发展绩效进行评价。本书研究的西部地区包括内蒙古、广西、重庆、四川、贵州、云南、西藏、陕西、甘肃、青海、宁夏、新疆12个省（自治区、直辖市），由于西藏目前缺乏研究所需的系统数据，所以，本章绩效评价的研究对象为除西藏之外的西部11个省（自治区、直辖市）。

2. 数据来源与处理

本研究所采用的数据来源于：2013—2016 年《中国统计年鉴》，2013 年《中国卫生和计划生育统计年鉴》，各省（自治区、直辖市）2013—2016 年统计年鉴，国家统计局 2012—2015 年相关数据，中宏统计数据库 2012—2015 年相关数据。对于评价指标体系中的个别缺失数据，本研究运用对已获得原始数据做线性趋势回归的方法，用线性预测值代替缺失值，在具体操作中，应用 SPSS19.0 的缺失值替换来实现。

由于各表征指标的量纲、量级存在差异，故需对各表征指标的初始数据进行无量纲化处理，本书采用标准化方法。具体地：

正向指标：

$$x_{ij} = \frac{a_{ij} - \min\{a_{ij}\}}{\max\{a_{ij}\} - \min\{a_{ij}\}} \quad (i=1,2,\cdots,m; j=1,2,\cdots,n)$$

逆向指标：

$$x_{ij} = \frac{\max\{a_{ij}\} - a_{ij}}{\max\{a_{ij}\} - \min\{a_{ij}\}} \quad (i=1,2,\cdots,m; j=1,2,\cdots,n)$$

其中，a^{ij} 表示第 i 个样本、第 j 个基础指标的初始数据，x_{ij} 表示经标准化处理后的基础指标数值。

三 西部地区新型城镇化发展绩效评价

（一）2012 年西部新型城镇化发展绩效评价

1. 表征指标与维度指标权重的确定

在将 2012 年西部地区新型城镇化发展绩效表征指标数据进行预处理之后，采用两步主成分分析法，得到新型城镇化发展绩效指数与各维度指数的统计特征与权重。

在第一步的主成分分析中，生活宜居化维度，提取了 3 个主成分，累计方差贡献率为 73.154%；要素市场化维度，提取了 1 个主成分，累计方差贡献率为78.456%；产业集聚化维度，提取了2个主成分，累计方差贡献率为86.568%；城市生态化维度，提取了2个主成分，累计方差贡献率为62.434%；城乡一体化维度，提取了2个主成分，累计方差贡献率为80.365%。在第二步主成分分析中，新型城镇化发展绩效指数提取了2个主成分，累计方差贡献率为74.464%。由此分析，在两步主成分分析中，主成分的提取科学合理，能够反映原始数据的绝大部分信息，累计方差贡献率大多超过70%（见表13）。

表13　2012年新型城镇化发展绩效各级指标的统计特征　　单位：%

指标	成分	方差贡献率	累计方差贡献率
生活宜居化	1	34.242	34.242
	2	25.252	59.494
	3	13.660	73.154
要素市场化	1	78.456	78.456
产业集聚化	1	56.404	56.404
	2	30.164	86.568
城市生态化	1	32.960	32.960
	2	29.474	62.434
城乡一体化	1	61.171	61.171
	2	19.194	80.365
新型城镇化发展绩效	1	52.601	52.601
	2	21.863	74.464

由第一步主成分分析确定各表征指标在维度指标中的权重（见表14），进而得出维度指数（见表16）；由第二步主成分分析确定五个维度指标在总目标中的权重（见表15），进而得出新型城镇化发展绩效指数（见表16）。

表14　2012年新型城镇化发展绩效各表征指标的主成分系数和最终权重

表征指标	第一主成分系数	第二主成分系数	第三主成分系数	表征指标的权重
城市用水普及率	0.209	0.257	-0.021	0.183
城市燃气普及率	0.262	0.103	-0.001	0.158
人均城市道路面积	0.062	0.066	-0.574	-0.055
城市每万人医疗机构床位数	-0.100	0.430	-0.095	0.084
每万人拥有城市卫生技术人员数	-0.020	0.426	0.009	0.139
每百人公共图书馆藏书	0.093	-0.050	0.630	0.144
电视节目综合人口覆盖率	0.290	-0.127	0.142	0.118
艺术表演场馆机构数	0.267	-0.037	-0.037	0.105
快递营业网点	0.216	-0.117	-0.056	0.050
货运总量	0.161	—	—	0.161
客运总量	0.226	—	—	0.226
进出口总额（按经营单位所在地分）	0.245	—	—	0.245
外商投资企业数	0.242	—	—	0.242
国际旅游外汇收入	0.244	—	—	0.244
规模以上工业企业单位数	0.295	-0.089	—	0.161
私营工业企业单位数	0.295	-0.106	—	0.134
第二、第三产业产值占地区生产总值比重	0.056	0.288	—	0.118
规模以上工业企业R&D经费支出占地区生产总值比重	0.193	0.137	—	0.150
技术市场成交额	-0.092	0.377	—	0.062
国内专利申请授权量	0.264	-0.024	—	0.142
每十万人口高等学校平均在校生数	-0.084	0.404	—	0.074
森林覆盖率	0.328	0.085	—	0.213

续表

表征指标	第一主成分系数	第二主成分系数	第三主成分系数	表征指标的权重
建成区绿化覆盖率	0.356	-0.099	—	0.141
人均公园绿地面积	0.167	-0.283	—	-0.045
城市生活垃圾无害化处理率	0.340	0.019	—	0.188
二氧化硫排放量	0.056	0.439	—	0.237
烟（粉）尘排放量	0.087	0.429	—	0.248
每万元地区生产总值用水量	0.233	0.027	—	0.136
城乡居民人均收入之比（以农村为1）	0.264	-0.207	—	0.151
城乡居民人均消费支出之比（以农村为1）	0.305	-0.470	—	0.120
城乡每万人医疗机构床位数之比（以农村为1）	-0.089	0.666	—	0.091
城乡居民最低生活保障人数之比（以农村为1）	0.174	0.267	—	0.196
非农产业与农业产值之比	0.217	0.196	—	0.212
非农产业与农业从业人员之比	0.237	0.140	—	0.214

表15　2012年新型城镇化发展绩效各维度指标的主成分系数和最终权重

维度指标	第一主成分系数	第二主成分系数	维度指标的权重
生活宜居化	0.249	0.220	0.240
要素市场化	0.396	-0.255	0.205
产业集聚化	0.401	-0.139	0.242
城市生态化	-0.185	0.727	0.083
城乡一体化	0.157	0.441	0.240

第六章 西部地区新型城镇化发展绩效评价分析

2012年西、东部各省（自治区、直辖市）新型城镇化发展绩效总体评价得分，排名前三位的均为东部省（直辖市），分别为上海、浙江、江苏，得分分别为0.482、0.396、0.370；排名后三位的均为西部省（自治区），分别为宁夏、贵州、甘肃，得分分别为0.176、0.147、0.132。其中，上海之所以位居榜首，在于其生活宜居化指数和城乡一体化指数均名列第一，得分分别为0.631和0.755；甘肃之所以排名垫底，在于其生活宜居化指数和城市生态化指数排名均为倒数第二，得分分别为0.192和0.276，城乡一体化指数排名倒数第三，得分为0.084，其他维度指数排名也相对靠后。此外，整体上看，2012年新型城镇化发展绩效指数呈现由东部到西部逐渐递减的趋势，东部地区新型城镇化发展绩效总体评价高于西部地区，东部地区新型城镇化发展绩效指数最低的河北（0.239），高于西部地区指数最高的四川（0.233）（见表16）。

表16　2012年西、东部各省（自治区、直辖市）新型城镇化发展绩效评价结果

地区	维度指数					新型城镇化发展绩效指数
	生活宜居化	要素市场化	产业集聚化	城市生态化	城乡一体化	
上海	0.631	0.302	0.381	0.471	0.755	0.482
浙江	0.558	0.321	0.567	0.541	0.309	0.396
江苏	0.487	0.443	0.695	0.377	0.289	0.370
广东	0.450	0.847	0.526	0.438	0.165	0.364
北京	0.606	0.240	0.368	0.633	0.562	0.351
天津	0.426	0.089	0.361	0.482	0.441	0.344
福建	0.440	0.177	0.278	0.601	0.213	0.313
山东	0.402	0.339	0.499	0.297	0.240	0.292
辽宁	0.451	0.200	0.309	0.357	0.232	0.275
海南	0.338	0.029	0.019	0.664	0.160	0.248

续表

地区	维度指数					新型城镇化发展绩效指数
	生活宜居化	要素市场化	产业集聚化	城市生态化	城乡一体化	
河北	0.486	0.141	0.203	0.254	0.221	0.239
四川	0.255	0.185	0.193	0.464	0.184	0.233
陕西	0.339	0.113	0.198	0.474	0.116	0.228
重庆	0.208	0.107	0.215	0.533	0.161	0.227
新疆	0.560	0.040	0.061	0.286	0.190	0.225
青海	0.509	0.001	0.093	0.381	0.146	0.224
广西	0.258	0.111	0.106	0.492	0.121	0.206
内蒙古	0.306	0.092	0.140	0.308	0.162	0.189
云南	0.251	0.068	0.079	0.499	0.073	0.187
宁夏	0.236	0.013	0.130	0.360	0.156	0.176
贵州	0.133	0.044	0.095	0.445	0.051	0.147
甘肃	0.192	0.035	0.110	0.276	0.084	0.132

2. 2012 年西部地区新型城镇化发展绩效评价

2012 年西部各省（自治区、直辖市）新型城镇化发展绩效总体评价得分，排名前三位的分别为四川、陕西、重庆，得分分别为 0.233、0.228、0.227；排名后三位的分别为宁夏、贵州、甘肃，得分分别为 0.176、0.147、0.132（见表 17）。

表 17　2012 年西部各省（自治区、直辖市）新型城镇化发展绩效评价得分及排名

排名	地区	新型城镇化发展绩效指数
1	四川	0.233
2	陕西	0.228
3	重庆	0.227

续表

排名	地区	新型城镇化发展绩效指数
4	新疆	0.225
5	青海	0.224
6	广西	0.206
7	内蒙古	0.189
8	云南	0.187
9	宁夏	0.176
10	贵州	0.147
11	甘肃	0.132

在此基础上，对西部地区新型城镇化发展绩效指数进行系统聚类分析，得出2012年西部11个省（自治区、直辖市）新型城镇化发展绩效指数大致分为四类（见图28和表18）。

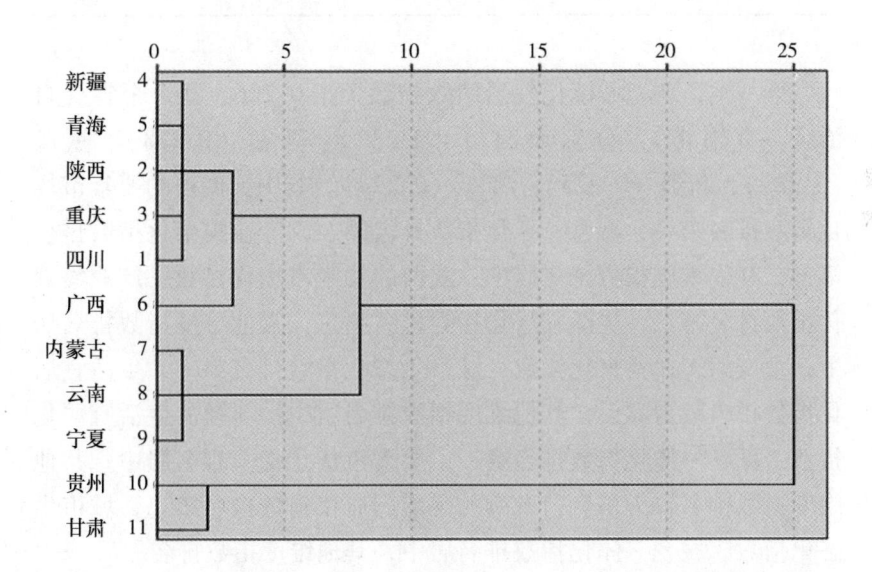

图28 2012年西部各省（自治区、直辖市）新型城镇化发展绩效聚类分析结果

表18　　2012年西部各省（自治区、直辖市）新型城镇化发展绩效评价排名及分类

聚类类别	地区	生活宜居化	要素市场化	产业集聚化	城市生态化	城乡一体化	新型城镇化发展绩效指数排名
第一类	四川	6	1	3	5	2	1
	陕西	3	2	2	4	8	2
	重庆	9	4	1	1	4	3
	新疆	1	8	11	10	1	4
	青海	2	11	9	7	6	5
第二类	广西	5	3	7	3	7	6
第三类	内蒙古	4	5	4	9	3	7
	云南	7	6	10	2	10	8
	宁夏	8	10	5	8	5	9
第四类	贵州	11	7	8	6	11	10
	甘肃	10	9	6	11	9	11

第一类，新型城镇化发展绩效指数大于0.206，共5个省（自治区、直辖市），分别为四川（0.233）、陕西（0.228）、重庆（0.227）、新疆（0.225）、青海（0.224）。其中，四川的要素市场化指数排名第一，城乡一体化指数排名第二，产业集聚化指数排名第三，其他维度指数排名居中；陕西的要素市场化指数、产业集聚化指数排名第二，生活宜居化指数排名第三，其他维度指数排名居中；重庆的产业集聚化指数、城市生态化指数排名第一，生活宜居化指数排名较为靠后，其他维度指数排名居中；新疆的生活宜居化指数、城乡一体化指数排名第一，要素市场化指数排名居中，其他维度指数排名较为靠后；青海的生活宜居化指数排名第二，城市生态化指数、城乡一体化指数排名居中，其他维度指数排名靠后。

第二类，新型城镇化发展绩效指数大于0.189，且小于等于0.206，只有广西（0.206）1个省份。广西的要素市场化指数、城市生态化指数排名第三，其他维度指数排名居中。

第三类，新型城镇化发展绩效指数大于0.147，且小于等于0.189，共3个省（自治区），分别为内蒙古（0.189）、云南（0.187）、宁夏（0.176）。其中，内蒙古的城乡一体化指数排名第三，城市生态化指数排名靠后，其他维度指数排名居中；云南的城市生态化指数排名第二，生活宜居化指数、要素市场化指数排名居中，其他维度指数排名靠后；宁夏的要素市场化指数排名靠后，其他维度指数排名居中。

第四类，新型城镇化发展绩效指数小于等于0.147，共2个省份，分别为贵州（0.147）、甘肃（0.132）。其中，贵州的生活宜居化指数、城乡一体化指数排名垫底，其他维度指数排名居中；甘肃的城市生态化指数排名末尾，生活宜居化指数排名倒数第二，要素市场化指数、城乡一体化指数排名倒数第三，产业集聚化指数排名居中。

综上，由聚类分析结果可知，2012年西部11个省（自治区、直辖市）的新型城镇化发展绩效指数呈"榔头状"分布。具体地，新型城镇化发展绩效中等偏上的第二类省份、新型城镇化发展绩效中等偏下的第三类省份、新型城镇化发展绩效较低的第四类省份的数量均较少，分别只有1个、3个和2个，分别仅占西部地区的9%、27%和18%；而位于第一类的新型城镇化发展绩效较高的省份数量为5个，占西部地区的46%（见表19）。

表19　2012年西部各省（自治区、直辖市）新型城镇化发展绩效类型判定

聚类类别	分类标准	地区	数量（个）	占西部地区比重（%）
第一类	新型城镇化发展绩效指数＞0.206	四川、陕西、重庆、新疆、青海	5	46
第二类	0.189＜新型城镇化发展绩效指数≤0.206	广西	1	9
第三类	0.147＜新型城镇化发展绩效指数≤0.189	内蒙古、云南、宁夏	3	27
第四类	新型城镇化发展绩效指数≤0.147	贵州、甘肃	2	18

(二) 2013 年西部新型城镇化发展绩效评价

1. 表征指标与维度指标权重的确定

在将 2013 年西部地区新型城镇化发展绩效表征指标数据进行预处理之后，采用两步主成分分析法，得到新型城镇化发展绩效指数与各维度指数的统计特征与权重。

在第一步的主成分分析中，生活宜居化维度，提取了 3 个主成分，累计方差贡献率为 73.046%；要素市场化维度，提取了 2 个主成分，累计方差贡献率为 87.801%；产业集聚化维度，提取了 2 个主成分，累计方差贡献率为 86.805%；城市生态化维度，提取了 3 个主成分，累计方差贡献率为 76.659%；城乡一体化维度，提取了 2 个主成分，累计方差贡献率为 77.397%。在第二步主成分分析中，新型城镇化发展绩效指数提取了 2 个主成分，累计方差贡献率为 74.156%。由此分析，在两步主成分分析中，主成分的提取科学合理，能够反映原始数据的绝大部分信息，累计方差贡献率均超过 73%（见表 20）。

表 20　　2013 年新型城镇化发展绩效各级指标的统计特征　　单位：%

指标	成分	方差贡献率	累计方差贡献率
生活宜居化	1	31.949	31.949
	2	25.691	57.640
	3	15.406	73.046
要素市场化	1	67.446	67.446
	2	20.355	87.801
产业集聚化	1	57.018	57.018
	2	29.787	86.805
城市生态化	1	32.740	32.740
	2	29.230	61.970
	3	14.689	76.659

第六章 西部地区新型城镇化发展绩效评价分析

续表

指标	成分	方差贡献率	累计方差贡献率
城乡一体化	1	53.178	53.178
	2	24.219	77.397
新型城镇化发展绩效	1	49.977	49.977
	2	24.178	74.156

由第一步主成分分析确定各表征指标在维度指标中的权重（见表21），进而得出维度指数（见表23）；由第二步主成分分析确定五个维度指标在总目标中的权重（见表22），进而得出新型城镇化发展绩效指数（见表23）。

表21　　2013年新型城镇化发展绩效各表征指标的主成分系数和最终权重

表征指标	第一主成分系数	第二主成分系数	第三主成分系数	表征指标的权重
城市用水普及率	0.209	0.257	0.015	0.185
城市燃气普及率	0.311	0.007	-0.031	0.132
人均城市道路面积	0.024	0.077	0.495	0.142
城市每万人医疗机构床位数	-0.120	0.463	0.096	0.131
每万人拥有城市卫生技术人员数	-0.015	0.444	0.012	0.152
每百人公共图书馆藏书	0.148	-0.010	-0.389	-0.042
电视节目综合人口覆盖率	0.334	-0.093	-0.192	0.073
艺术表演场馆机构数	0.203	0.027	0.307	0.163
快递营业网点	0.200	-0.099	0.042	0.062
货运总量	0.396	-0.071	—	0.288
客运总量	0.576	-0.285	—	0.376

续表

表征指标	第一主成分系数	第二主成分系数	第三主成分系数	表征指标的权重
进出口总额（按经营单位所在地分）	0.219	0.159	—	0.205
外商投资企业数	-0.192	0.616	—	-0.081
国际旅游外汇收入	-0.012	0.407	—	0.085
规模以上工业企业单位数	0.295	-0.097	—	0.160
私营工业企业单位数	0.295	-0.113	—	0.155
第二、第三产业产值占地区生产总值比重	0.058	0.288	—	0.137
规模以上工业企业 R&D 经费支出占地区生产总值比重	0.198	0.122	—	0.172
技术市场成交额	-0.089	0.378	—	0.071
国内专利申请授权量	0.258	-0.011	—	0.166
每十万人口高等学校平均在校生数	-0.087	0.409	—	0.083
森林覆盖率	0.303	0.115	0.130	0.198
建成区绿化覆盖率	0.398	-0.030	-0.115	0.137
人均公园绿地面积	0.254	-0.200	-0.541	-0.071
城市生活垃圾无害化处理率	0.367	0.033	0.037	0.176
二氧化硫排放量	0.036	0.465	-0.097	0.174
烟（粉）尘排放量	0.075	0.448	-0.079	0.188
每万元地区生产总值用水量	0.064	-0.116	0.783	0.133
城乡居民人均收入之比（以农村为1）	0.110	0.431	—	0.210
城乡居民人均消费支出之比（以农村为1）	-0.076	0.627	—	0.144
城乡每万人医疗机构床位数之比（以农村为1）	-0.134	0.262	—	-0.010
城乡居民最低生活保障人数之比（以农村为1）	0.319	-0.139	—	0.176
非农产业与农业产值之比	0.315	-0.025	—	0.209
非农产业与农业从业人员之比	0.310	0.015	—	0.218

表22　　2013年新型城镇化发展绩效各维度指标的主成分系数和最终权重

维度指标	第一主成分系数	第二主成分系数	维度指标的权重
生活宜居化	0.190	0.316	0.231
要素市场化	0.532	-0.325	0.253
产业集聚化	0.438	0.025	0.303
城市生态化	-0.187	0.403	0.005
城乡一体化	-0.046	0.559	0.151

2013年西、东部各省（自治区、直辖市）新型城镇化发展绩效总体评价得分，排名前三位的均为东部省份，分别为江苏、广东、浙江，得分分别为0.379、0.365、0.337；排名后三位的省份分别为贵州、甘肃、海南，得分分别为0.084、0.080、0.077，两个省份来自西部地区。其中，江苏之所以位居榜首，在于其产业集聚化指数名列第一，得分为0.697，要素市场化指数名列第二，得分为0.591，生活宜居化指数名列第三，得分为0.487；甘肃之所以排名靠后，在于其城市生态化指数排名垫底，生活宜居化指数排名倒数第二，城乡一体化指数排名倒数第三，得分分别为0.244、0.188和0.035，其他维度指数也相对较低。此外，整体上看，2013年新型城镇化发展绩效指数呈现由东部到西部逐渐递减的趋势，东部地区新型城镇化发展绩效总体评价高于西部地区，除海南外，东部地区新型城镇化发展绩效指数最低的河北（0.200），高于西部地区指数最高的四川（0.199）（见表23）。

表23　　2013年西、东部各省（自治区、直辖市）新型城镇化发展绩效评价结果

地区	生活宜居化	要素市场化	产业集聚化	城市生态化	城乡一体化	新型城镇化发展绩效指数
江苏	0.487	0.591	0.697	0.380	0.240	0.379
广东	0.434	0.766	0.556	0.451	0.182	0.365

续表

地区	生活宜居化	要素市场化	产业集聚化	城市生态化	城乡一体化	新型城镇化发展绩效指数
浙江	0.469	0.481	0.596	0.540	0.270	0.337
山东	0.440	0.383	0.511	0.315	0.169	0.282
上海	0.497	0.120	0.372	0.489	0.627	0.264
北京	0.489	0.215	0.369	0.644	0.448	0.260
天津	0.411	0.078	0.364	0.468	0.447	0.219
辽宁	0.360	0.362	0.301	0.377	0.158	0.216
福建	0.419	0.207	0.285	0.621	0.214	0.201
河北	0.449	0.273	0.209	0.268	0.213	0.200
四川	0.225	0.509	0.199	0.492	0.168	0.199
陕西	0.341	0.248	0.204	0.502	0.081	0.162
重庆	0.242	0.203	0.223	0.518	0.160	0.150
内蒙古	0.317	0.153	0.137	0.304	0.163	0.133
广西	0.266	0.212	0.107	0.493	0.093	0.122
新疆	0.373	0.127	0.059	0.277	0.144	0.118
青海	0.423	0.000	0.084	0.324	0.135	0.108
宁夏	0.314	0.029	0.130	0.357	0.128	0.104
云南	0.260	0.176	0.076	0.520	0.021	0.099
贵州	0.093	0.221	0.094	0.467	0.034	0.084
甘肃	0.188	0.098	0.109	0.244	0.035	0.080
海南	0.287	0.024	0.019	0.648	0.145	0.077

2. 2013年西部地区新型城镇化发展绩效评价

2013年西部各省（自治区、直辖市）新型城镇化发展绩效总体评价得分，排名前三位的分别为四川、陕西、重庆，得分分别为0.199、0.162、0.150；排名后三位的分别为云南、贵州、甘肃，得分分别为0.099、0.084、0.080（见表24）。

第六章 西部地区新型城镇化发展绩效评价分析

表24　2013年西部各省（自治区、直辖市）新型城镇化发展绩效评价得分及排名

排名	地区	新型城镇化发展绩效指数
1	四川	0.199
2	陕西	0.162
3	重庆	0.150
4	内蒙古	0.133
5	广西	0.122
6	新疆	0.118
7	青海	0.108
8	宁夏	0.104
9	云南	0.099
10	贵州	0.084
11	甘肃	0.080

在此基础上，对西部地区新型城镇化发展绩效指数进行系统聚类分析，得出2013年西部11个省（自治区、直辖市）新型城镇化发展绩效指数大致分为四类（见图29和表25）。

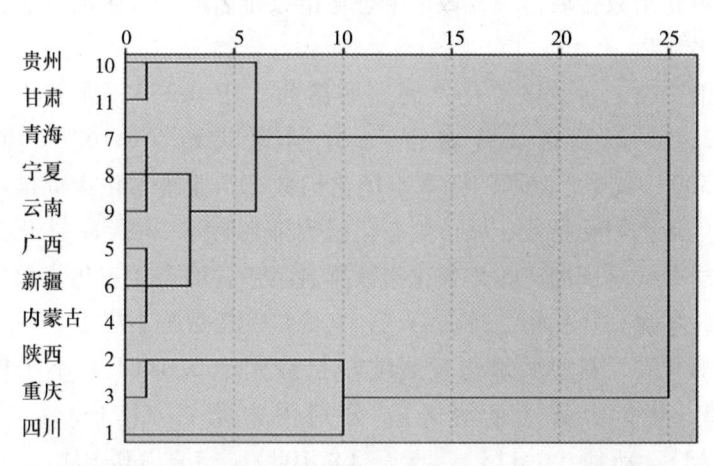

图29　2013年西部各省（自治区、直辖市）新型城镇化发展绩效聚类分析结果

表25　　2013年西部各省（自治区、直辖市）新型城镇化发展绩效评价排名及分类

聚类类别	地区	维度指数排名					新型城镇化发展绩效指数排名
		生活宜居化	要素市场化	产业集聚化	城市生态化	城乡一体化	
第一类	四川	9	1	3	5	1	1
第二类	陕西	3	2	2	3	8	2
	重庆	8	5	1	2	3	3
第三类	内蒙古	4	7	4	9	2	4
	广西	6	4	7	4	7	5
	新疆	2	8	11	10	4	6
	青海	1	11	9	8	5	7
	宁夏	5	10	5	7	6	8
	云南	7	6	10	1	11	9
第四类	贵州	11	3	8	6	10	10
	甘肃	10	9	6	11	9	11

第一类，新型城镇化发展绩效指数大于0.162，只有四川省（0.199）。四川的要素市场化指数、城乡一体化指数排名第一，产业集聚化指数排名第三，城市生态化指数排名居中，生活宜居化指数排名靠后。

第二类，新型城镇化发展绩效指数大于0.133，且小于等于0.162，共2个省（直辖市），分别为陕西（0.162）、重庆（0.150）。其中，陕西的要素市场化指数、产业集聚化指数排名第二，生活宜居化指数、城市生态化指数排名第三，城乡一体化指数排名居中；重庆的产业集聚化指数排名第一，城市生态化指数排名第二，城乡一体化指数排名第三，其他维度指数排名居中。

第三类，新型城镇化发展绩效指数大于0.084，且小于等于0.133，共6个省（自治区），分别为内蒙古（0.133）、广西（0.122）、新疆（0.118）、青海（0.108）、宁夏（0.104）、云南（0.099）。其中，内蒙古的城乡一体化指数排名第二，城市生态化

指数排名靠后,其他维度指数排名居中;广西的所有维度指数均排名居中;新疆的生活宜居化指数排名第二,要素市场化指数、城乡一体化指数排名居中,其他维度指数排名靠后;青海的生活宜居化指数排名第一,城市生态化指数、城市一体化指数排名居中,其他维度指数排名靠后;宁夏的要素市场化指数排名靠后,其他维度指数排名居中;云南的城市生态化指数排名第一,生活宜居化指数、要素市场化指数排名居中,其他维度指数排名靠后。

第四类,新型城镇化发展绩效指数小于等于 0.084,共 2 个省份,分别为贵州(0.084)、甘肃(0.080)。其中,贵州的要素市场化指数排名第三,生活宜居化指数排名垫底,城乡一体化指数排名倒数第二,其他维度指数排名居中;甘肃的城市生态化指数排名末尾,生活宜居化指数排名倒数第二,要素市场化指数、城乡一体化指数排名倒数第三,产业集聚化指数排名居中。

综上,由聚类分析结果可知,2013 年西部 11 个省(自治区、直辖市)的新型城镇化发展绩效指数呈"橄榄形"分布。具体地,新型城镇化发展绩效较高的第一类省份、新型城镇化发展绩效中等偏上的第二类省份、新型城镇化发展绩效较低的第四类省份的数量均较少,分别只有 1 个、2 个和 2 个,分别仅占西部地区的 9%、18% 和 18%;而位于第三类的新型城镇化发展绩效中等偏下的省份数量为 6 个,占西部地区的 55%(见表 26)。

表26　　2013 年西部各省(自治区、直辖市)新型城镇化发展绩效类型判定

聚类类别	分类标准	地区	数量(个)	占西部地区比重(%)
第一类	新型城镇化发展绩效指数 > 0.162	四川	1	9
第二类	0.133 < 新型城镇化发展绩效指数 ≤ 0.162	陕西、重庆	2	18
第三类	0.084 < 新型城镇化发展绩效指数 ≤ 0.133	内蒙古、广西、新疆、青海、宁夏、云南	6	55
第四类	新型城镇化发展绩效指数 ≤ 0.084	贵州、甘肃	2	18

(三) 2014 年西部新型城镇化发展绩效评价

1. 表征指标与维度指标权重的确定

在将 2014 年西部地区新型城镇化发展绩效表征指标数据进行预处理之后，采用两步主成分分析法，得到新型城镇化发展绩效指数与各维度指数的统计特征与权重。

在第一步的主成分分析中，生活宜居化维度，提取了 3 个主成分，累计方差贡献率为 72.251%；要素市场化维度，提取了 1 个主成分，累计方差贡献率为 75.769%；产业集聚化维度，提取了 2 个主成分，累计方差贡献率为 87.266%；城市生态化维度，提取了 2 个主成分，累计方差贡献率为 61.972%；城乡一体化维度，提取了 2 个主成分，累计方差贡献率为 77.863%。在第二步主成分分析中，新型城镇化发展绩效指数提取了 2 个主成分，累计方差贡献率为 75.053%。由此分析，在两步主成分分析中，主成分的提取科学合理，能够反映原始数据的绝大部分信息，累计方差贡献率大多超过 70%（见表 27）。

表 27 2014 年新型城镇化发展绩效各级指标的统计特征　　单位：%

指标	成分	方差贡献率	累计方差贡献率
生活宜居化	1	30.835	30.835
	2	25.908	56.743
	3	15.508	72.251
要素市场化	1	75.769	75.769
产业集聚化	1	57.375	57.375
	2	29.892	87.266
城市生态化	1	32.393	32.393
	2	29.579	61.972
城乡一体化	1	52.447	52.447
	2	25.416	77.863
新型城镇化发展绩效	1	50.295	50.295
	2	24.758	75.053

第六章 西部地区新型城镇化发展绩效评价分析

由第一步主成分分析确定各表征指标在维度指标中的权重（见表28），进而得出维度指数（见表30）；由第二步主成分分析确定五个维度指标在总目标中的权重（见表29），进而得出新型城镇化发展绩效指数（见表30）。

表28　　2014年新型城镇化发展绩效各表征指标的主成分系数和最终权重

表征指标	第一主成分系数	第二主成分系数	第三主成分系数	表征指标的权重
城市用水普及率	0.245	0.296	0.045	0.220
城市燃气普及率	0.323	0.013	-0.037	0.135
人均城市道路面积	-0.012	0.075	0.464	0.121
城市每万人医疗机构床位数	-0.090	0.445	0.110	0.145
每万人拥有城市卫生技术人员数	0.020	0.435	0.009	0.166
每百人公共图书馆藏书	0.188	-0.038	-0.455	-0.031
电视节目综合人口覆盖率	0.334	-0.096	-0.142	0.078
艺术表演场馆机构数	0.192	0.058	0.370	0.182
快递营业网点	0.165	-0.096	0.147	0.068
货运总量	0.197	—	—	0.197
客运总量	0.207	—	—	0.207
进出口总额（按经营单位所在地分）	0.251	—	—	0.251
外商投资企业数	0.246	—	—	0.246
国际旅游外汇收入	0.242	—	—	0.242
规模以上工业企业单位数	0.295	-0.105	—	0.158
私营工业企业单位数	0.292	-0.118	—	0.152
第二、第三产业产值占地区生产总值比重	0.065	0.279	—	0.138

续表

表征指标	第一主成分系数	第二主成分系数	第三主成分系数	表征指标的权重
规模以上工业企业 R&D 经费支出占地区生产总值比重	0.204	0.109	—	0.171
技术市场成交额	-0.093	0.386	—	0.071
国内专利申请授权量	0.251	0.004	—	0.166
每十万人口高等学校平均在校生数	-0.081	0.408	—	0.086
森林覆盖率	0.323	0.107	—	0.220
建成区绿化覆盖率	0.381	-0.109	—	0.147
人均公园绿地面积	0.135	-0.261	—	-0.054
城市生活垃圾无害化处理率	0.374	0.059	—	0.224
二氧化硫排放量	0.048	0.433	—	0.232
烟（粉）尘排放量	0.069	0.423	—	0.238
每万元地区生产总值用水量	0.216	-0.041	—	0.093
城乡居民人均收入之比（以农村为1）	0.028	0.509	—	0.185
城乡居民人均消费支出之比（以农村为1）	-0.113	0.588	—	0.116
城乡每万人医疗机构床位数之比（以农村为1）	-0.087	-0.053	—	-0.076
城乡居民最低生活保障人数之比（以农村为1）	0.338	-0.116	—	0.190
非农产业与农业产值之比	0.333	-0.044	—	0.210
非农产业与农业从业人员之比	0.323	0.005	—	0.219

第六章 西部地区新型城镇化发展绩效评价分析

表 29　　2014 年新型城镇化发展绩效各维度指标的主成分系数和最终权重

维度指标	第一主成分系数	第二主成分系数	维度指标的权重
生活宜居化	0.372	-0.164	0.195
要素市场化	0.335	0.006	0.226
产业集聚化	0.386	0.027	0.268
城市生态化	-0.167	0.718	0.125
城乡一体化	0.098	0.474	0.222

2014 年西、东部各省（自治区、直辖市）新型城镇化发展绩效总体评价得分，排名前三位的均为东部省份，分别为广东、江苏、浙江，得分分别为 0.402、0.385、0.368；排名后三位的省份分别为海南、贵州、甘肃，得分分别为 0.131、0.110、0.090，两个省份来自西部地区。其中，广东之所以位居榜首，在于其要素市场化指数名列第一，得分为 0.866，产业集聚化指数名列第三，得分为 0.638；甘肃之所以排名垫底，在于其城市生态化指数和城乡一体化指数均为末尾，得分分别为 0.238 和 0.008，生活宜居化指数排名倒数第二，得分为 0.232，其他维度指数排名也相对靠后。此外，整体上看，2014 年新型城镇化发展绩效指数呈现由东部到西部逐渐递减的趋势，东部地区新型城镇化发展绩效总体评价高于西部地区，除海南外，东部地区新型城镇化发展绩效指数最低的河北（0.202），高于西部地区指数最高的陕西（0.190）（见表 30）。

表 30　　2014 年西、东部各省（自治区、直辖市）新型城镇化发展绩效评价结果

地区	生活宜居化	要素市场化	产业集聚化	城市生态化	城乡一体化	新型城镇化发展绩效指数
广东	0.460	0.866	0.638	0.427	0.118	0.402
江苏	0.606	0.440	0.761	0.368	0.202	0.385

续表

地区	维度指数					新型城镇化发展绩效指数
	生活宜居化	要素市场化	产业集聚化	城市生态化	城乡一体化	
浙江	0.540	0.372	0.680	0.528	0.236	0.368
上海	0.421	0.306	0.394	0.491	0.612	0.341
北京	0.494	0.231	0.394	0.607	0.382	0.311
山东	0.562	0.295	0.579	0.277	0.147	0.299
天津	0.434	0.103	0.375	0.457	0.387	0.264
福建	0.463	0.218	0.317	0.586	0.174	0.253
辽宁	0.410	0.241	0.306	0.344	0.115	0.214
河北	0.521	0.166	0.240	0.241	0.157	0.202
陕西	0.423	0.161	0.224	0.446	0.084	0.190
重庆	0.278	0.133	0.248	0.497	0.158	0.186
四川	0.246	0.223	0.229	0.446	0.140	0.185
内蒙古	0.412	0.110	0.143	0.308	0.128	0.158
广西	0.251	0.139	0.115	0.493	0.112	0.148
新疆	0.471	0.066	0.066	0.264	0.113	0.137
云南	0.321	0.119	0.085	0.492	0.025	0.135
青海	0.494	0.000	0.082	0.347	0.073	0.134
宁夏	0.342	0.017	0.137	0.378	0.101	0.133
海南	0.318	0.022	0.020	0.610	0.118	0.131
贵州	0.200	0.110	0.098	0.424	0.012	0.110
甘肃	0.232	0.054	0.116	0.238	0.008	0.090

2. 2014 年西部地区新型城镇化发展绩效评价

2014 年西部各省（自治区、直辖市）新型城镇化发展绩效总体评价得分，排名前三位的分别为陕西、重庆、四川，得分分别为

0.190、0.186、0.185；排名后三位的分别为宁夏、贵州、甘肃，得分分别为 0.133、0.110、0.090（见表 31）。

表 31　　2014 年西部各省（自治区、直辖市）新型城镇化发展绩效评价得分及排名

排名	地区	新型城镇化发展绩效指数
1	陕西	0.190
2	重庆	0.186
3	四川	0.185
4	内蒙古	0.158
5	广西	0.148
6	新疆	0.137
7	云南	0.135
8	青海	0.134
9	宁夏	0.133
10	贵州	0.110
11	甘肃	0.090

在此基础上，对西部地区新型城镇化发展绩效指数进行系统聚类分析，得出 2014 年西部 11 个省（自治区、直辖市）新型城镇化发展绩效指数大致分为三类（见图 30 和表 32）。

第一类，新型城镇化发展绩效指数大于 0.158，共 3 个省（直辖市），分别为陕西（0.190）、重庆（0.186）、四川（0.185）。其中，陕西的要素市场化指数排名第二，生活宜居化指数、产业集聚化指数排名第三，其他维度指数排名居中；重庆的产业集聚化指数、城市生态化指数、城乡一体化指数排名第一，其他维度指数排名居中；四川的要素市场化指数排名第一，产业集聚化指数、城乡一体化指数排名第二，城市生态化指数排名居中，生活宜居化指数排名靠后。

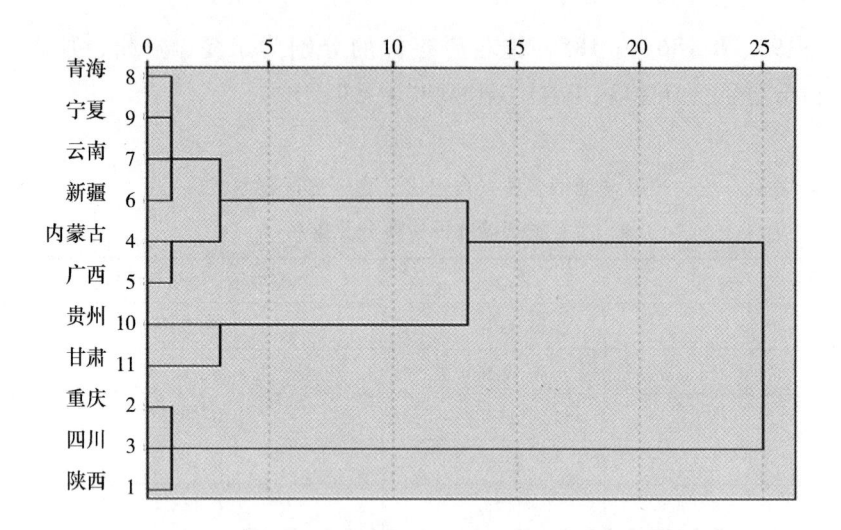

图30 2014年西部各省（自治区、直辖市）新型城镇化
发展绩效聚类分析结果

表32　2014年西部各省（自治区、直辖市）新型城镇化
发展绩效评价排名及分类

聚类类别	地区	维度指数排名					新型城镇化发展绩效指数排名
		生活宜居化	要素市场化	产业集聚化	城市生态化	城乡一体化	
第一类	陕西	3	2	3	4	7	1
	重庆	7	4	1	1	1	2
	四川	9	1	2	5	2	3
第二类	内蒙古	4	7	4	9	3	4
	广西	8	3	7	2	5	5
	新疆	2	8	11	10	4	6
	云南	6	5	9	3	9	7
	青海	1	11	10	8	8	8
	宁夏	5	10	5	7	6	9

续表

聚类类别	地区	维度指数排名					新型城镇化发展绩效指数排名
		生活宜居化	要素市场化	产业集聚化	城市生态化	城乡一体化	
第三类	贵州	11	6	8	6	10	10
	甘肃	10	9	6	11	11	11

第二类，新型城镇化发展绩效指数大于 0.110，且小于等于 0.158，共 6 个省（自治区），分别为内蒙古（0.158）、广西（0.148）、新疆（0.137）、云南（0.135）、青海（0.134）、宁夏（0.133）。其中，内蒙古的城乡一体化指数排名第三，城市生态化指数排名靠后，其他维度指数排名居中；广西的城市生态化排名第二，要素市场化指数排名第三，其他维度指数排名居中；新疆的生活宜居化指数排名第二，要素市场化指数、城乡一体化指数排名居中，其他维度指数排名靠后；云南的城市生态化指数排名第三，生活宜居化指数、要素市场化指数排名居中，其他维度指数排名靠后；青海的生活宜居化指数排名第一，城市生态化指数、城乡一体化指数排名居中，其他维度指数排名靠后；宁夏的要素市场化指数排名靠后，其他维度指数排名居中。

第三类，新型城镇化发展绩效指数小于等于 0.110，共 2 个省份，分别为贵州（0.110）、甘肃（0.090）。其中，贵州的生活宜居化指数排名垫底，城乡一体化指数排名倒数第二，其他维度指数排名居中；甘肃的城市生态化指数、城乡一体化指数排名末尾，生活宜居化指数排名倒数第二，要素市场化指数排名倒数第三，产业集聚化指数排名居中。

综上，由聚类分析结果可知，2014 年西部 11 个省（自治区、直辖市）的新型城镇化发展绩效指数呈"橄榄形"分布。具体地，新型城镇化发展绩效较高的第一类省份、新型城镇化发展绩效较低的第三类省份的数量均较少，分别只有 3 个和 2 个，分别仅占西部地区的27%和18%；而位于第二类的新型城镇化发展绩效中等的省份数量为6个，占西部地区的55%（见表33）。

表33　　　2014年西部各省（自治区、直辖市）新型城镇化发展绩效类型判定

聚类类别	分类标准	地区	数量（个）	占西部地区比重（%）
第一类	新型城镇化发展绩效指数 > 0.158	陕西、重庆、四川	3	27
第二类	0.110 < 新型城镇化发展绩效指数 ≤ 0.158	内蒙古、广西、新疆、云南、青海、宁夏	6	55
第三类	新型城镇化发展绩效指数 ≤ 0.110	贵州、甘肃	2	18

（四）2015年西部新型城镇化发展绩效评价

1. 表征指标与维度指标权重的确定

在将2015年西部地区新型城镇化发展绩效表征指标数据进行预处理之后，采用两步主成分分析法，得到新型城镇化发展绩效指数与各维度指数的统计特征与权重。

在第一步的主成分分析中，生活宜居化维度，提取了4个主成分，累计方差贡献率为80.831%；要素市场化维度，提取了1个主成分，累计方差贡献率为73.368%；产业集聚化维度，提取了2个主成分，累计方差贡献率为87.184%；城市生态化维度，提取了2个主成分，累计方差贡献率为60.988%；城乡一体化维度，提取了2个主成分，累计方差贡献率为81.025%。在第二步主成分分析中，新型城镇化发展绩效指数提取了2个主成分，累计方差贡献率为74.220%。由此分析，在两步主成分分析中，主成分的提取科学合理，能够反映原始数据的绝大部分信息，累计方差贡献率大多超过70%（见表34）。

由第一步主成分分析确定各表征指标在维度指标中的权重（见表35），进而得出维度指数（见表37）；由第二步主成分分析确定五个维度指标在总目标中的权重（见表36），进而得出新型城镇化发展绩效指数（见表37）。

表34　　2015年新型城镇化发展绩效各级指标的统计特征　　单位：%

指标	成分	方差贡献率	累计方差贡献率
生活宜居化	1	31.698	31.698
	2	23.149	54.847
	3	14.585	69.432
	4	11.399	80.831
要素市场化	1	73.368	73.368
产业集聚化	1	57.721	57.721
	2	29.463	87.184
城市生态化	1	34.087	34.087
	2	26.900	60.988
城乡一体化	1	53.150	53.150
	2	27.875	81.025
新型城镇化发展绩效	1	48.961	48.961
	2	25.259	74.220

表35　　2015年新型城镇化发展绩效各表征指标的主成分系数和最终权重

表征指标	第一主成分系数	第二主成分系数	第三主成分系数	第四主成分系数	表征指标的权重
城市用水普及率	0.501	0.127	-0.188	-0.076	0.188
城市燃气普及率	0.368	-0.061	-0.022	-0.066	0.114
人均城市道路面积	0.193	-0.008	-0.084	-0.605	-0.027
城市每万人医疗机构床位数	-0.062	0.490	0.103	-0.048	0.128
每万人拥有城市卫生技术人员数	0.073	0.478	0.071	0.029	0.182
每百人公共图书馆藏书	0.164	-0.050	-0.099	0.493	0.102
电视节目综合人口覆盖率	0.204	-0.164	0.105	0.213	0.082

续表

表征指标	第一主成分系数	第二主成分系数	第三主成分系数	第四主成分系数	表征指标的权重
艺术表演场馆机构数	0.055	0.132	0.469	-0.171	0.120
快递营业网点	-0.232	0.066	0.682	0.090	0.064
货运总量	0.210	—	—	—	0.210
客运总量	0.182	—	—	—	0.182
进出口总额（按经营单位所在地分）	0.261	—	—	—	0.261
外商投资企业数	0.254	—	—	—	0.254
国际旅游外汇收入	0.251	—	—	—	0.251
规模以上工业企业单位数	0.297	-0.105	—	—	0.161
私营工业企业单位数	0.295	-0.120	—	—	0.155
第二、第三产业产值占地区生产总值比重	0.059	0.281	—	—	0.134
规模以上工业企业R&D经费支出占地区生产总值比重	0.203	0.106	—	—	0.170
技术市场成交额	-0.095	0.388	—	—	0.068
国内专利申请授权量	0.252	0.005	—	—	0.169
每十万人口高等学校平均在校生数	-0.083	0.409	—	—	0.083
森林覆盖率	0.126	0.399	—	—	0.246
建成区绿化覆盖率	-0.124	0.347	—	—	0.084
人均公园绿地面积	-0.248	0.092	—	—	-0.098
城市生活垃圾无害化处理率	-0.083	0.299	—	—	0.085
二氧化硫排放量	0.419	0.068	—	—	0.264

续表

表征指标	第一主成分系数	第二主成分系数	第三主成分系数	第四主成分系数	表征指标的权重
烟（粉）尘排放量	0.413	0.090	—	—	0.271
每万元地区生产总值用水量	0.076	0.331	—	—	0.188
城乡居民人均收入之比（以农村为1）	-0.015	0.469	—	—	0.152
城乡居民人均消费支出之比（以农村为1）	-0.148	0.515	—	—	0.080
城乡每万人医疗机构床位数之比（以农村为1）	-0.022	-0.221	—	—	-0.090
城乡居民最低生活保障人数之比（以农村为1）	0.348	-0.079	—	—	0.201
非农产业与农业产值之比	0.349	-0.042	—	—	0.214
非农产业与农业从业人员之比	0.322	0.024	—	—	0.219

表36　2015年新型城镇化发展绩效各维度指标的主成分系数和最终权重

维度指标	第一主成分系数	第二主成分系数	维度指标的权重
生活宜居化	0.302	0.093	0.235
要素市场化	0.359	-0.141	0.200
产业集聚化	0.397	-0.114	0.234
城市生态化	-0.156	0.724	0.124
城乡一体化	0.144	0.504	0.259

2015年西、东部各省（自治区、直辖市）新型城镇化发展绩效总体评价得分，排名前三位的均为东部省（直辖市），分别为上

海、广东、浙江，得分分别为0.353、0.348、0.342；排名后三位的均为西部省（自治区），分别为宁夏、贵州、甘肃，得分分别为0.104、0.102、0.087。其中，上海之所以位居榜首，在于其城乡一体化指数名列第一，得分为0.618，生活宜居化指数名列第二，得分为0.516，其他维度指数排名也相对靠前；甘肃之所以排名垫底，在于其生活宜居化指数和城乡一体化指数均为倒数第三，得分分别为0.212和-0.001，其他维度指数排名也相对靠后。此外，整体上看，2015年新型城镇化发展绩效指数呈现由东部到西部逐渐递减的趋势，东部地区新型城镇化发展绩效总体评价高于西部地区，除海南外，东部地区新型城镇化发展绩效指数最低的河北（0.171），高于西部地区指数最高的四川（0.168）（见表37）。需要说明的是，新型城镇化发展绩效指数和各维度指数仅代表该省份指数的相对值，符号和数值反映了2015年特定省域在西、东部地区中所处的相对位置，是一种静态的区域差异结果，并不是其真实的新型城镇化发展绩效。

表37　　2015年西、东部各省（自治区、直辖市）新型城镇化发展绩效评价结果

地区	生活宜居化	要素市场化	产业集聚化	城市生态化	城乡一体化	新型城镇化发展绩效指数
上海	0.516	0.313	0.315	0.463	0.618	0.353
广东	0.410	0.835	0.582	0.391	0.081	0.348
浙江	0.547	0.384	0.622	0.465	0.198	0.342
江苏	0.459	0.448	0.679	0.297	0.156	0.322
北京	0.504	0.215	0.379	0.527	0.368	0.305
天津	0.379	0.103	0.305	0.439	0.344	0.241
山东	0.374	0.292	0.528	0.179	0.111	0.238
福建	0.364	0.223	0.283	0.566	0.141	0.225
辽宁	0.369	0.221	0.207	0.292	0.095	0.178

续表

地区	维度指数					新型城镇化发展绩效指数
	生活宜居化	要素市场化	产业集聚化	城市生态化	城乡一体化	
河北	0.383	0.160	0.219	0.203	0.123	0.171
四川	0.196	0.236	0.206	0.435	0.117	0.168
重庆	0.223	0.135	0.216	0.450	0.130	0.163
陕西	0.300	0.159	0.176	0.415	0.051	0.155
广西	0.251	0.143	0.091	0.452	0.079	0.138
内蒙古	0.346	0.103	0.116	0.254	0.082	0.135
新疆	0.425	0.067	0.056	0.251	0.057	0.128
海南	0.292	0.020	0.011	0.596	0.075	0.125
青海	0.472	0.000	0.059	0.312	0.005	0.123
云南	0.253	0.127	0.076	0.483	-0.001	0.121
宁夏	0.240	0.017	0.106	0.311	0.064	0.104
贵州	0.210	0.121	0.079	0.437	-0.034	0.102
甘肃	0.212	0.059	0.090	0.276	-0.001	0.087

2. 2015 年西部地区新型城镇化发展绩效评价

2015 年西部各省（自治区、直辖市）新型城镇化发展绩效总体评价得分，排名前三位的分别为四川、重庆、陕西，得分分别为 0.168、0.163、0.155；排名后三位的分别为宁夏、贵州、甘肃，得分分别为 0.104、0.102、0.087（见表38）。

表38　2015 年西部各省（自治区、直辖市）新型城镇化发展绩效评价得分及排名

排名	地区	新型城镇化发展绩效指数
1	四川	0.168
2	重庆	0.163

续表

排名	地区	新型城镇化发展绩效指数
3	陕西	0.155
4	广西	0.138
5	内蒙古	0.135
6	新疆	0.128
7	青海	0.123
8	云南	0.121
9	宁夏	0.104
10	贵州	0.102
11	甘肃	0.087

在此基础上，对西部地区新型城镇化发展绩效指数进行系统聚类分析，得出2015年西部11个省（自治区、直辖市）新型城镇化发展绩效指数大致分为四类（见图31和表39）。

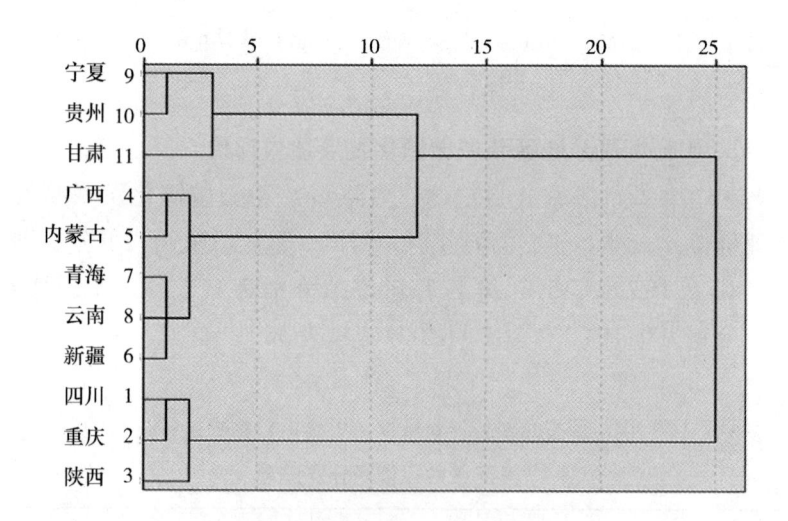

图31 2015年西部各省（自治区、直辖市）新型城镇化发展绩效聚类分析结果

第六章 西部地区新型城镇化发展绩效评价分析

表39　　2015年西部各省（自治区、直辖市）新型城镇化发展绩效评价排名及分类

聚类类别	地区	维度指数排名					新型城镇化发展绩效指数排名
		生活宜居化	要素市场化	产业集聚化	城市生态化	城乡一体化	
第一类	四川	11	1	2	5	2	1
	重庆	8	4	1	3	1	2
	陕西	4	2	3	6	7	3
第二类	广西	6	3	6	2	4	4
	内蒙古	3	7	4	10	3	5
	新疆	2	8	11	11	6	6
	青海	1	11	10	7	8	7
	云南	5	5	9	1	10	8
第三类	宁夏	7	10	5	8	5	9
	贵州	10	6	8	4	11	10
第四类	甘肃	9	9	7	9	9	11

第一类，新型城镇化发展绩效指数大于0.138，共3个省（直辖市），分别为四川（0.168）、重庆（0.163）、陕西（0.155）。其中，四川的要素市场化指数排名第一，产业集聚化指数、城乡一体化指数排名第二，城市生态化指数排名居中，生活宜居化指数排名靠后；重庆的产业集聚化指数、城乡一体化指数排名第一，城市生态化指数排名第三，其他维度指数排名居中；陕西的要素市场化指数排名第二，产业集聚化指数排名第三，其他维度指数排名居中。

第二类，新型城镇化发展绩效指数大于0.104，且小于等于0.138，共5个省（自治区），分别为广西（0.138）、内蒙古（0.135）、新疆（0.128）、青海（0.123）、云南（0.121）。其中，广西的城市生态化指数排名第二，要素市场化指数排名第三，其他维度指数排名居中；内蒙古的生活宜居化指数、城乡一体化指数排名第三，城市生态化指数排名靠后，其他维度指数排名居中；新疆

的生活宜居化指数排名第二，要素市场化指数、城乡一体化指数排名居中，其他维度指数排名靠后；青海的生活宜居化指数排名第一，城市生态化指数、城乡一体化指数排名居中，其他维度指数排名靠后；云南的城市生态化指数排名第一，生活宜居化指数、要素市场化指数排名居中，其他维度指数排名靠后。

第三类新型城镇化发展绩效指数大于0.087，且小于等于0.104，共2个省（自治区），分别为宁夏（0.104）、贵州（0.102）。其中，宁夏的要素市场化指数排名倒数第二，其他维度指数排名居中；贵州的城乡一体化指数排名末尾，生活宜居化指数排名倒数第二，其他维度指数排名居中。

第四类，新型城镇化发展绩效指数小于等于0.087，只有甘肃省（0.087）。甘肃的产业集聚化指数排名居中，其他维度指数排名均为倒数第三位。

综上，由聚类分析结果可知，2015年西部11个省（自治区、直辖市）的新型城镇化发展绩效指数呈"橄榄形"分布。具体地，新型城镇化发展绩效较高的第一类省份、新型城镇化发展绩效中等偏下的第三类省份、新型城镇化发展绩效较低的第四类省份的数量均较少，分别只有3个、2个和1个，分别仅占西部地区的27%、18%和9%；而位于第二类新型城镇化发展绩效中等偏上的省份数量为5个，占西部地区的46%（见表40）。

表40　　2015年西部各省（自治区、直辖市）新型城镇化发展绩效类型判定

聚类类别	分类标准	地区	数量（个）	占西部地区比重（%）
第一类	新型城镇化发展绩效指数>0.138	四川、重庆、陕西	3	27
第二类	0.104<新型城镇化发展绩效指数≤0.138	广西、内蒙古、新疆、青海、云南	5	46
第三类	0.087<新型城镇化发展绩效指数≤0.104	宁夏、贵州	2	18
第四类	新型城镇化发展绩效指数≤0.087	甘肃	1	9

四 2012—2015年西部地区新型城镇化发展绩效评价排名变动情况分析

本节将对2012—2015年西部各省（自治区、直辖市）新型城镇化发展绩效评价排名的变动情况进行分析，把西部11个省（自治区、直辖市）4年的新型城镇化发展绩效指数排名的变动情况分为四组，即排名无变化地区、排名上升地区、排名下降地区、排名波动地区（见表41）。

表41　2012—2015年西部各省（自治区、直辖市）新型城镇化发展绩效评价排名变动情况

排名变动分组	地区	2012年	2013年	2014年	2015年
排名无变化地区	贵州	10	10	10	10
	甘肃	11	11	11	11
排名上升地区	重庆	3	3	2	2
	广西	6	5	5	4
排名下降地区	新疆	4	6	6	6
排名波动地区	四川	1	1	3	1
	陕西	2	2	1	3
	青海	5	7	8	7
	内蒙古	7	4	4	5
	云南	8	9	7	8
	宁夏	9	8	9	9

注："排名无变化地区"指连续4年新型城镇化发展绩效指数排名不变的地区；"排名上升地区"指连续4年新型城镇化发展绩效指数排名上升的地区；"排名下降地区"指连续4年新型城镇化发展绩效指数排名下降的地区；"排名波动地区"指4年间新型城镇化发展绩效指数排名出现波动的地区。

第一组，2012—2015年新型城镇化发展绩效指数排名无变化的地区。这一组共2个省份，分别为贵州、甘肃。贵州的新型城镇化发展绩效指数排名，2012—2015年连续4年倒数第二（见表41）。从维度指数看，贵州的生活宜居化指数，2012—2014年一直排名垫底，2015年上升一位，至倒数第二；要素市场化指数从2012年的第七位，上升到2013年的第三位，之后降至2014年、2015年的第六位；产业集聚化指数连续4年一直位于第八位；城市生态化指数2012—2014年排名第六位，2015年上升至第四位；城乡一体化指数从2012年的末尾升至2013年、2014年的倒数第二，到2015年又滑至末尾（见图32）。甘肃的新型城镇化发展绩效指数排名，2012—2015年连续4年垫底（见表41）。从维度指数看，甘肃的生活宜居化指数，由2012—2014年的倒数第二，略微升至2015年的倒数第三；要素市场化指数，2012—2015年一直处于倒数第三位；产业集聚化指数2012—2014年排名第六位，2015年降至第七位；城市生态化指数从2012—2014年的末尾，升至2015年的倒数第三；城乡一体化指数排名4年间一直在最后三位徘徊（见图33）。

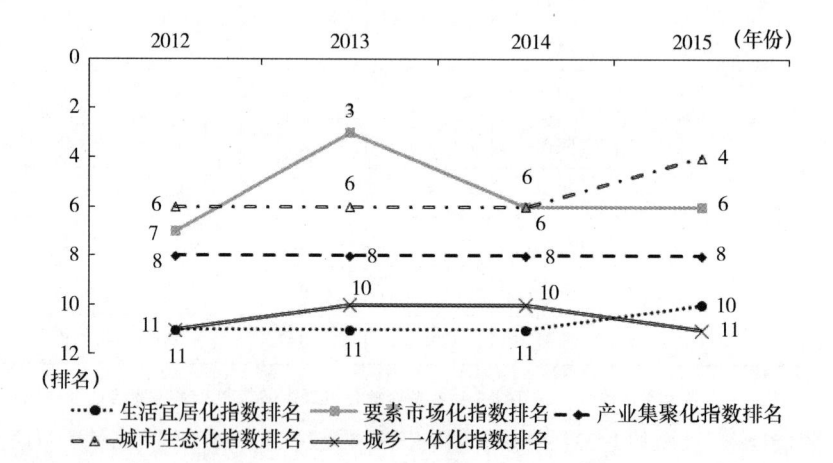

图32 2012—2015年贵州新型城镇化发展绩效各维度指数排名变动情况

◇ 第六章 西部地区新型城镇化发展绩效评价分析 ◇

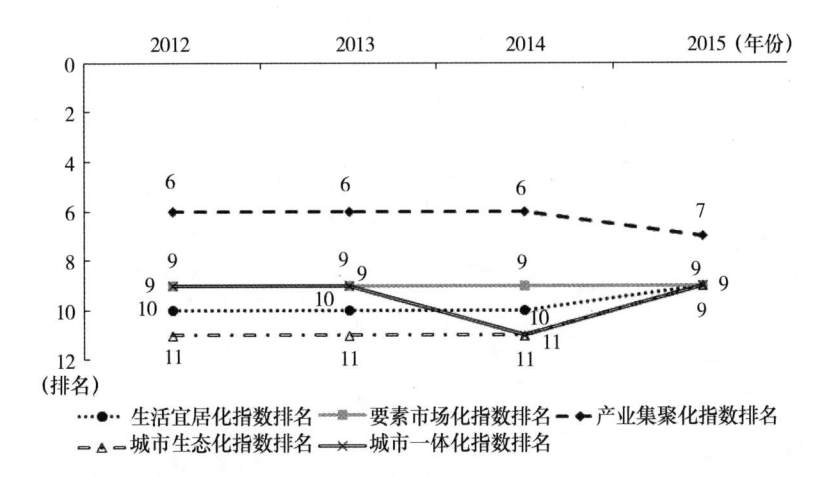

图33　2012—2015年甘肃新型城镇化发展绩效各维度指数排名变动情况

第二组，2012—2015年新型城镇化发展绩效指数排名上升的地区。这一组共2个，分别为重庆、广西。重庆的新型城镇化发展绩效指数排名，4年间累计提高一位，由2012年、2013年的第三位，上升至2014年、2015年的第二位（见表41）。从维度指数看，重庆的生活宜居化指数由2012年的第九位，升至2013年的第八位，以及2014年的第七位，但2015年又有所回落；要素市场化指数较为平稳，除了2013年稍有下滑，其他年份都位列第四；产业集聚化指数，2012—2015年一直稳居榜首；城市生态化指数，4年间不断在前三位波动；城乡一体化指数，从2012年的第四位提升到2013年的第三位，随后2014年、2015年又升至第一位（见图34）。广西的新型城镇化发展绩效指数排名，4年间累计上升两位，由2012年的第六位，上升到2013年、2014年的第五位，2015年又升至第四位（见表41）。从维度指数看，广西的生活宜居化指数从2012年的第五位，下降到2013年的第六位，以及2014年的第八位，2015年略有回升；要素市场化指数排名，除了2013年稍有下滑，其他年份都位列第三；产业集聚化指数，2012—2014年一直位列第七，2015年升至第六位；城市生态化指数从2012年的第三位下降到2013年的第四位，随后2014年、2015年又上升到第二位；城乡一体化指数由2012年、2013年的第七位，提升至2014年的第五位，2015年继续进步到第四位（见图35）。

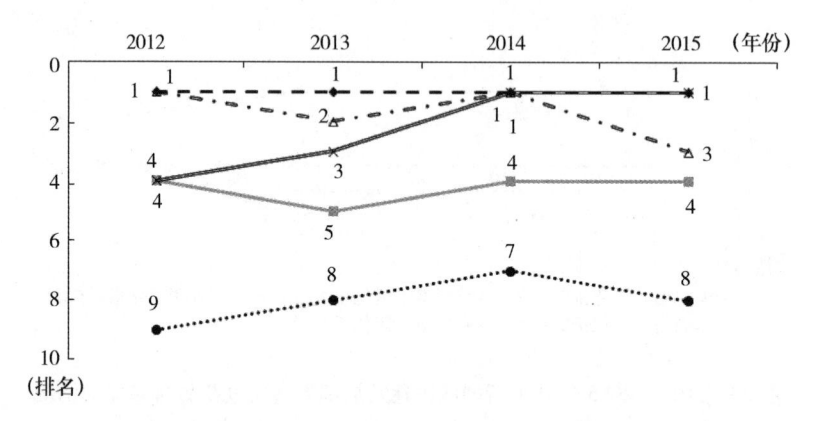

图34 2012—2015年重庆新型城镇化发展绩效各维度指数排名变动情况

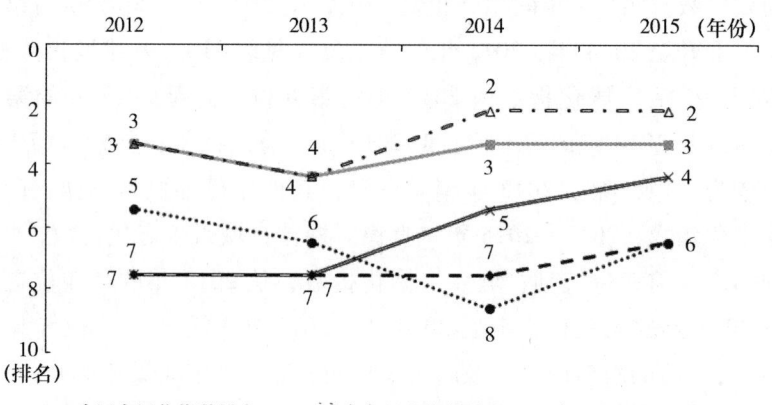

图35 2012—2015年广西新型城镇化发展绩效各维度指数排名变动情况

第三组，2012—2015年新型城镇化发展绩效指数排名下降的地区。这一组只有1个自治区，为新疆。新疆的新型城镇化发展绩效指数排名，4年间累计下降两位，由2012年的第四位，滑落至 2013—2015 年的第六位（见表 41）。从维度指数看，新疆的生活宜居化指数由 2012 年的第一位，降至 2013—2015 年的第二位；要素市场化指数 4 年间一直排名第八；产业集聚化指数，2012—2015 年连续垫底；城市生态化指数，由 2012—2014 年的倒数第二，降至 2015 年的倒数第一；城乡一体化指数从 2012 年的榜首，下滑到 2013 年、2014 年的第四位，2015 年又降至第六位（见图 36）。

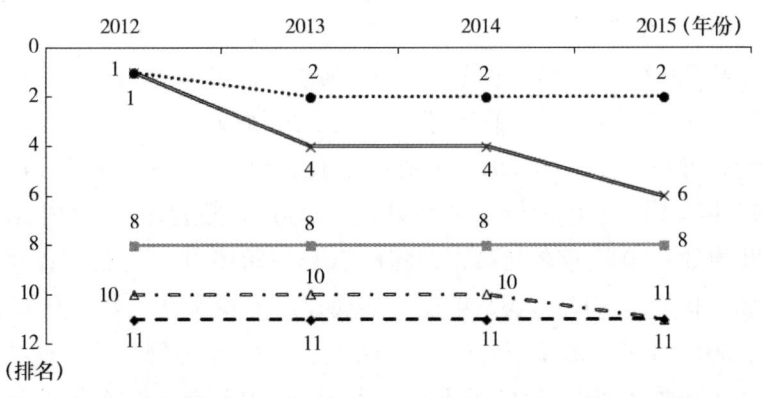

图 36　2012—2015 年新疆新型城镇化发展绩效各维度指数排名变动情况

第四组，2012—2015 年新型城镇化发展绩效指数排名波动的地区。这一组共 6 个省（自治区），分别为四川、陕西、青海、内蒙古、云南、宁夏。四川的新型城镇化发展绩效指数排名，由 2012 年、2013 年的第一位，稍微下滑到 2014 年的第三位，随后 2015 年又升至第一位（见表 41）。从维度指数看，四川的生活宜居化指数由 2012 年的第六位，降至 2013 年、2014 年的第九位，2015 年又继续下滑至末尾；要素市场化指数，2012—2015 年一直稳居榜首；产业集聚化指数，从 2012 年、2013 年的第三位，上升到 2014 年、2015 年的第二位；城市生态化指数 4 年间一直居于第五位；城乡一体化指数从2012年的第二位，升至2013年的第一位，但2014年、2015年又有所回落（见图37）。陕西的新型城镇化发展绩效指数排名，由2012年、2013年的第二位，升至2013年的榜首，但2015年又降至第三位（见表41）。从维度指数看，陕西的生活宜居化指数，由2012—2014年的第三位，下降到2015年的第四位；要素市场化指数4年间一直居于第二位；产业集聚化指数，从2012年、2013年的第二位，降至2014年、2015年的第三位；城市生态化指数，从2012年的第四位，上升到2013年的第三位，但2014年又有所回落，2015年继续降至第六位；城乡一体化指数，从2012年、2013年的第八位，提高到2014年、2015年的第七位（见图38）。青海的新型城镇化发展绩效指数排名，由2012年的第五位，下降到2013年的第七位，以及2014年的第八位，2015年又回升至第七位（见表41）。从维度指数看，青海的生活宜居化指数，2012年名列第二，随后2013—2015年升至榜首；要素市场化指数，2012—2015年连续垫底；产业集聚化指数，从2012年、2013年的倒数第三，降至2014年、2015年的倒数第二；城市生态化指数从2012年的第七位，下滑到2013年、2014年的第八位，2015年又有所回升；城乡一体化指数从2012年的第六位，提升到2013年的第五位，随后2014年、2015年又降至第八位（见图39）。内蒙古的新型城镇化发展绩效指数排名，由2012年的第七位，升至2013年、2014年的第四位，2015年又回落到第五位（见表41）。从维度指数看，内蒙古的生活宜居化指数，由2012—2014年的第四位，上升到2015年的第三位；要素市场化指数从2012年的第五位，滑落到2013—2015年的第七位；产业集聚化指数4年间一直居于第四位；城市生态化指数，从2012—2014年的倒数第三，降至2015年的倒数第二；城乡一体化指数从2012年的第三位，提升到2013年的第二位，但2014年、2015年又回落到第三位（见图40）。云南的新型城镇化发展绩效指数排名，由2012年的第八位，下降到2013年的第九位，2014年回升到第七位，2015年又降至第八位（见表41）。从维度指数看，云南的生活宜居

第六章 西部地区新型城镇化发展绩效评价分析

化指数，由2012年、2013年的第七位，上升到2014年的第六位，2015年继续升至第五位；要素市场化指数，由2012年、2013年的第六位，提高到2014年、2015年的第五位；产业集聚化指数，由2012年、2013年的倒数第二，略微提升到2014年、2015年的倒数第三；城市生态化指数，4年间不断在前三位波动；城乡一体化指数，2012—2015年一直在最后三位徘徊（见图41）。宁夏的新型城镇化发展绩效指数排名，由2012年的第九位，上升至2013年的第八位，随后2014年、2015年又降至第九位（见表41）。从维度指数看，宁夏的生活宜居化指数，由2012年的第八位，提高到2013年、2014年的第五位，2015年又回落至第七位；要素市场化指数，2012—2015年一直排名倒数第二；产业集聚化指数4年间持续位列第五；城市生态化指数从2012年的第八位，上升到2013年、2014年的第七位，2015年又下滑至第八位；城乡一体化指数从2012年的第五位，降至2013年、2014年的第六位，2015年又回升至第五位（见图42）。

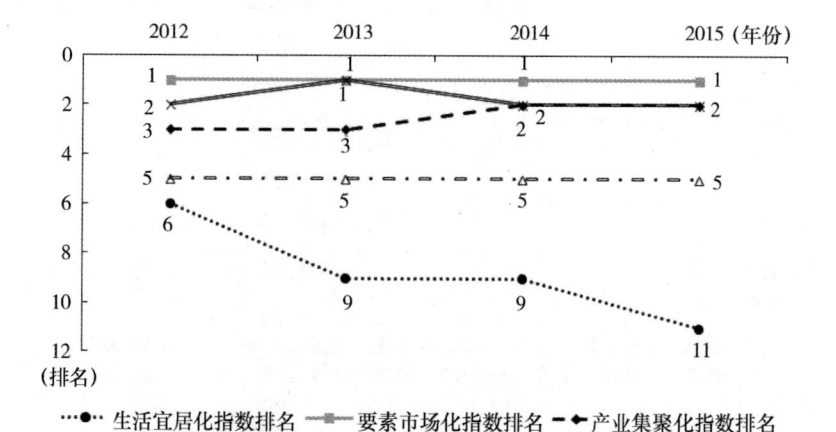

图37　2012—2015年四川新型城镇化发展绩效
各维度指数排名变动情况

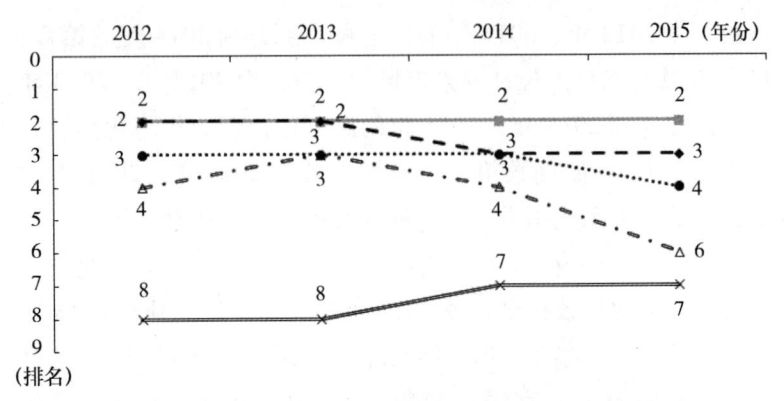

图 38　2012—2015 年陕西新型城镇化发展绩效各维度指数排名变动情况

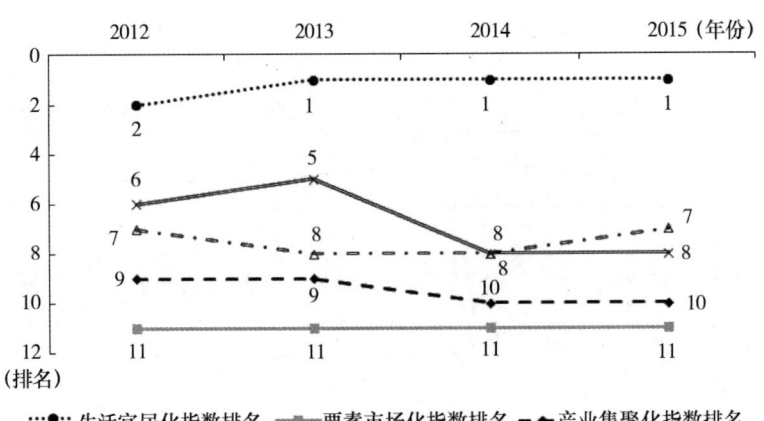

图 39　2012—2015 年青海新型城镇化发展绩效各维度指数排名变动情况

第六章 西部地区新型城镇化发展绩效评价分析

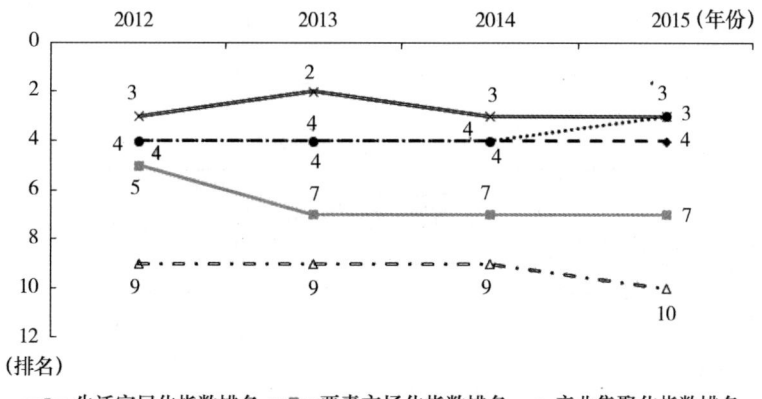

图40 2012—2015年内蒙古新型城镇化发展绩效各维度指数排名变动情况

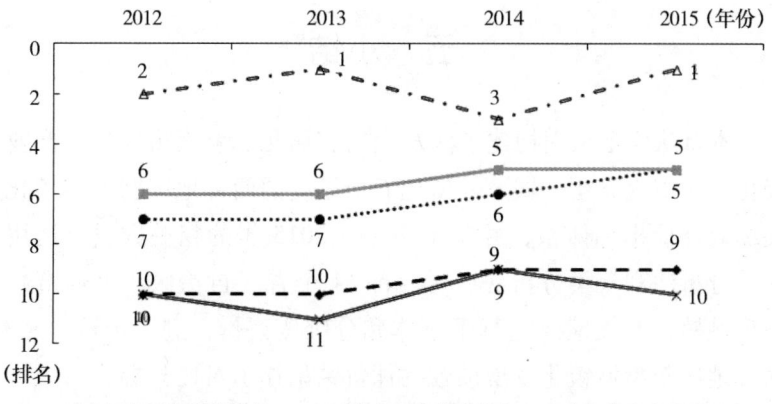

图41 2012—2015年云南新型城镇化发展绩效各维度指数排名变动情况

图42 2012—2015年宁夏新型城镇化发展绩效各维度指数排名变动情况

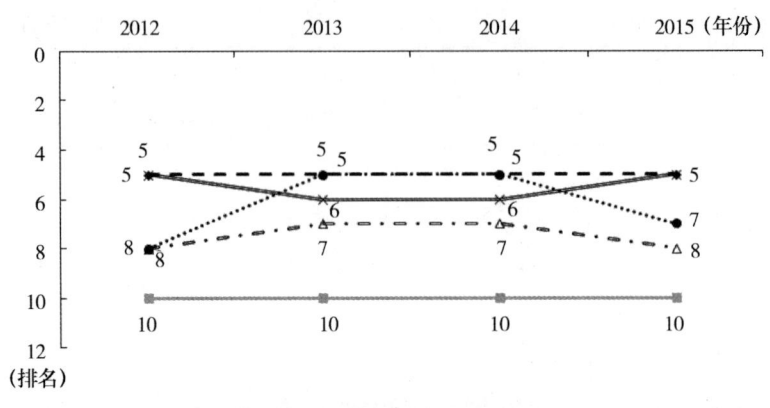

五 小结

本章从实证层面构建了涉及生活宜居化、要素市场化、产业集聚化、城市生态化、城乡一体化五个维度的西部地区新型城镇化发展绩效评价指标体系，并基于2012—2015年的相关数据，运用主成分分析法和聚类分析法，对西部11个省（自治区、直辖市）的新型城镇化发展绩效进行了总体和分维度评价，进一步地，对东、西部地区新型城镇化发展绩效的评价结果作了对比分析。

第一，从西、东部各省（自治区、直辖市）新型城镇化发展绩效评价结果分析。整体来看，2012—2015年新型城镇化发展绩效指数呈现由东部到西部逐渐递减的趋势，除海南外，东部地区新型城镇化发展绩效总体评价高于西部地区。

第二，从2012年、2013年、2014年、2015年西部各省（自治区、直辖市）新型城镇化发展绩效评价结果分析。2012—2015年西部各省（自治区、直辖市）的新型城镇化发展绩效排名逐渐固化，并表现出了极大的不均衡性，其分布状况与区域内部经济发展的不平衡状态一致。具体来看，四川、陕西、重庆3个省（直辖市）的新型城镇化发展绩效一直处于西部地区领先位置，内蒙古、广西、新疆、云南、青海、宁夏6个省（自治区）的新型城镇化发展绩效一直处于西部地区中间位置，贵州、甘肃2个省份的新型城镇化发展绩效一直处于西部地区末端位置。

第三，从2012—2015年西部各省（自治区、直辖市）新型城镇化发展绩效评价排名变动情况分析。2012—2015年西部各省（自治区、直辖市）的新型城镇化发展绩效排名变化不大，只存在小幅波动。重庆、广西的排名有小幅上升，新疆的排名有小幅下降，四川、陕西、青海、内蒙古、云南、宁夏的排名存在波动，贵州、甘肃的新型城镇化发展绩效指数排名则无变化。

第七章　西部地区新型城镇化动力机制测度分析

第三章从理论层面分析了西部地区新型城镇化发展的均衡动力机制，本章在此基础上，由理论层面分析落实到实证层面测度，构建了涵盖产业发展动力、市场环境动力、外向经济动力、政府行政动力四个方面的西部地区新型城镇化动力机制测度指标体系，并利用 2012—2015 年的相关数据，采用熵值法和聚类分析法，对西部 11 个省（自治区、直辖市）的新型城镇化动力机制进行了总体和分方面测度，进一步地，对比研究了东、西部地区新型城镇化动力机制的测度结果，较为客观地分析了西部地区新型城镇化动力机制的发展现状，为接下来提出推进西部地区新型城镇化平稳、健康、可持续发展的政策建议提供了现实依据。

一　新型城镇化动力机制测度指标体系的构建

（一）测度指标体系构建的原则

1. 科学性原则

新型城镇化动力机制测度指标体系的设置应遵循科学性原则，既要能够反映城镇化动力的本质特征和客观规律，又要能够明确地表现目标与指标之间的支配关系，还要在避免指标体系过大、指标层次过多与指标过细的同时，做到指标设计的不重复、不遗漏，以使指标体系可以较为客观和真实地测评新型城镇化动力机制。

第七章 西部地区新型城镇化动力机制测度分析

2. 系统性原则

新型城镇化动力机制是一个复杂的系统，其测度指标体系应能反映新型城镇化发展动力各个层次、各个方面的内容。因此，在系统性原则的指导下，从产业发展动力、市场环境动力、外向经济动力、政府行政动力四个方面入手，并选取一系列具有典型代表性的基础指标，建立一套科学、完整的新型城镇化动力机制测度指标体系，是客观、全面地反映新型城镇化发展动力现状的必然要求。

3. 精准性原则

由于新型城镇化动力机制测度指标体系是一个包含多方面、多层次的复杂系统，所涉及指标众多而繁杂，若一味地追求指标体系的完备性而将指标库中所有的指标都纳入测度指标体系，将造成不科学和不经济的问题，因为指标数量的增多意味着数据获取成本的上升，同时指标之间还可能存在一定的相关性，导致某些指标冗余。因此，新型城镇化动力机制测度指标体系的构建应依据精准性原则，在确保信息全面的同时，尽量减少指标数量，使指标体系能够精准地测评新型城镇化动力机制。

（二）测度指标体系的设计

第三章理论部分构建了西部地区新型城镇化发展的均衡动力机制，本章在此基础上，遵循科学性、系统性、精准性的原则，并参考和借鉴了新型城镇化动力机制的相关研究成果，对备选指标进行了仔细筛选，最终形成了包含产业发展动力、市场环境动力、外向经济动力、政府行政动力四个方面的西部地区新型城镇化动力机制测度指标体系（见表42）。

另外，表42虽然是针对西部地区传统城镇化存在的动力机制失衡的缺陷提出设计的，但涵盖产业发展动力、市场环境动力、外向经济动力、政府行政动力四个方面的均衡动力机制，无论对西部地区，还是东部地区，抑或是全国来说，均是其新型城镇化动力机制所应达到的理想状态，只是相较于西部地区而言，目前东部地区的新型城镇化动力机制表现得略为全面与均衡。因此，表42所构建的西部地区新型城镇化动力机制测度指标体系，同样适用于东部地区。

表42　　　　西部地区新型城镇化动力机制测度指标体系

Ⅰ 目标	Ⅱ 方面指标	Ⅲ 基础指标	计量单位	指标属性
新型城镇化动力机制	Ⅱ₁ 产业发展动力	Ⅲ₁农业劳动生产率	万元/人	正向
		Ⅲ₂工业化率	%	正向
		Ⅲ₃地均工业增加值	万元/平方米	正向
		Ⅲ₄第三产业产值占地区生产总值比重	%	正向
		Ⅲ₅第三产业劳动生产率	万元/人	正向
	Ⅱ₂ 市场环境动力	Ⅲ₆人均社会消费品零售总额	元	正向
		Ⅲ₇私营全社会固定资产投资占全社会固定资产投资比重	%	正向
		Ⅲ₈私营企业和个体就业人员数占就业人员总数比重	%	正向
	Ⅱ₃ 外向经济动力	Ⅲ₉外商投资全社会固定资产投资占全社会固定资产投资比重	%	正向
		Ⅲ₁₀外贸依存度	%	正向
		Ⅲ₁₁互联网普及率	%	正向
	Ⅱ₄ 政府行政动力	Ⅲ₁₂地方财政一般预算支出占地区生产总值比重	%	正向
		Ⅲ₁₃国有全社会固定资产投资占全社会固定资产投资比重	%	正向

1. 产业发展动力 Ⅱ₁

产业是"立城之基""兴城之本"，"城"的水平和规模由"业"决定，产业是新型城镇化发展的重要动力支撑。产业发展动力，是指农业、工业、第三产业对西部地区新型城镇化进程的先导和推动作用，农业是城镇化产生的初始动力，工业是城镇化加速推进的基本动力，第三产业的崛起是城镇化进一步发展的后续动力。具体地，产业发展动力通过以下5个指标来测量。

$Ⅲ_1$农业劳动生产率（万元/人）：反映了一个地区平均每个农业劳动者所创造的农业产值的多寡，是衡量农业劳动力投入产出水平高低的重要指标。该指标越大，说明本区域农业劳动者的生产效率越高，说明本区域的农业发展动力越强，越有利于推进城镇化发展。农业劳动生产率＝第一产业生产总值/第一产业从业人员数。

$Ⅲ_2$工业化率（%）：是衡量一个地区工业化发展程度的重要指标。该指标越大，说明本区域的工业越发达、工业化程度越高，说明本区域的工业发展动力越强，越有利于推进城镇化发展。工业化率＝工业增加值/地区生产总值×100%。

$Ⅲ_3$地均工业增加值（万元/平方米）：是衡量一个地区城镇土地利用效率高低的重要指标。该指标越大，说明城镇的土地利用效率越高，说明城镇的工业越发达，说明本区域的工业发展动力越强，越有利于推进城镇化发展。地均工业增加值＝工业增加值/城市建成区面积。

$Ⅲ_4$第三产业产值占地区生产总值比重（%）：反映了一个地区第三产业的发展状况。该指标越大，说明本区域的第三产业越发达，说明本区域的第三产业发展动力越强，越有助于城镇经济竞争力的提升，越有利于推进城镇化发展。第三产业产值占地区生产总值比重＝第三产业生产总值/地区生产总值×100%。

$Ⅲ_5$第三产业劳动生产率（万元/人）：反映了一个地区平均每个第三产业劳动者所创造的第三产业产值的多寡，是衡量第三产业劳动力投入产出水平的重要指标。该指标越大，说明本区域第三产业劳动者的生产效率越高，说明本区域的第三产业发展动力越强，越有助于城镇经济竞争力的提升，越有利于推进城镇化发展。第三产业劳动生产率＝第三产业生产总值/第三产业从业人员数。

2. 市场环境动力 $Ⅱ_2$

作为迄今为止人类社会所能发现的最有效率的资源配置方式，市场机制在公共资源的形成、公共利益的增进、交易信息的传递、有效激励的提供等方面，发挥着重要作用，是最有利于实现个人自由和经济繁荣的制度安排，是新型城镇化发展的活力源泉。市场环境动力，是使市场承担起配置资源的基础性责任，通过比较利益引导要素资源和生产活动向城镇和非农产业的流动与集中，从而推动西部地区新型城镇化发展。具体地，市场环境动力通过以下3个指标来测量。

$Ⅲ_6$ 人均社会消费品零售总额（元）：反映了一个地区一定时期内社会商品购买力的实现程度，是衡量地区市场规模大小的重要指标。该指标越大，说明本区域居民的物质文化生活水平越高，说明本区域的市场化程度越高，市场环境动力越强，越有利于推进城镇化发展。人均社会消费品零售总额=社会消费品零售总额/总人口数。

$Ⅲ_7$ 私营全社会固定资产投资占全社会固定资产投资比重（%）：反映了一个地区投资的市场化程度。该指标越大，说明本区域的经济活动越活跃，说明本区域投资的市场化程度越高，市场环境动力越强，越有利于推进城镇化发展。私营全社会固定资产投资占全社会固定资产投资比重=私营全社会固定资产投资/全社会固定资产投资×100%。

$Ⅲ_8$ 私营企业和个体就业人员数占就业人员总数比重（%）：反映了一个地区私营经济和个体经济吸纳劳动力能力的强弱。该指标越大，说明本区域私营经济和个体经济越发达，说明本区域市场化程度越高，市场环境动力越强，越有利于推进城镇化发展。私营企业和个体就业人员数占就业人员总数比重=私营企业和个体就业人员数/总就业人员数×100%。

3. 外向经济动力 $Ⅱ_3$

随着全球化、信息化的不断推进，以及"一带一路"的深入实施，资源得以在更广的范围、更深的层次进行优化配置，各个地区经济社会相互联系、相互依存、相互促进的关系愈发明显，封闭的市场格局被逐渐打破，生产要素的区际流动日益频繁，极大地促进了新型城镇化的发展。外向经济动力，是指西部地区城镇化发展的各种外部因素，通过促进本区域的经济发展推动新型城镇化进程。具体地，外向经济动力通过以下3个指标来测量。

Ⅲ$_9$外商投资全社会固定资产投资占全社会固定资产投资比重（%）：反映了一个地区投资市场的对外开放程度，是衡量该区域招商引资环境优劣的重要指标。该指标越大，说明本区域的投资市场越开放，说明本区域引进外资的能力越强，外向经济动力越强，越有利于推进城镇化发展。外商投资全社会固定资产投资占全社会固定资产投资比重＝外商投资全社会固定资产投资/全社会固定资产投资×100%。

Ⅲ$_{10}$外贸依存度（%）：反映了一个地区的国民经济对进出口贸易的依赖程度，是衡量该区域经济外向程度的重要指标。该指标越大，说明本区域的对外贸易活动对经济发展的影响越深，说明本区域的对外开放度越高，外向经济动力越强，越有利于推进城镇化发展。外贸依存度＝进出口总额/地区生产总值×100%。

Ⅲ$_{11}$互联网普及率（%）：反映了一个地区居民的生活质量状况，是衡量该区域居民获取信息和信息交流能力的重要指标。该指标越大，说明本区域居民获取信息和交流信息的能力越强，说明本区域越开放，外向经济动力越强，越有利于推进城镇化发展。互联网普及率＝互联网接入用户数/总人口数×100%。

4. 政府行政动力Ⅱ$_4$

政府通过充分调动、利用其拥有的众多社会和经济资源，正确发挥"守夜人"的职能，从而为新型城镇化的推进提供良好的政策与制度保障。政府行政动力，是指在尊重市场规律的前提下，政府通过直接投资、调整行政区划、提供制度变迁等手段，为市场的发育和运作创造环境，使市场能够在资源配置中发挥决定性作用，形成政府"有形之手"与市场"无形之手"的合理分工协作体系，从而推动西部地区新型城镇化的发展。具体地，政府行政动力通过以下2个指标来测量。

III_{12} 地方财政一般预算支出占地区生产总值比重（％）：反映了一个地区地方政府对该区域发展的投资力度。该指标越大，说明地方政府对本区域发展建设的投资力度越大，政府行政动力越强，越有利于推进城镇化发展。地方财政一般预算支出占地区生产总值比重＝地方财政一般预算支出/地区生产总值×100％。

III_{13} 国有全社会固定资产投资占全社会固定资产投资比重（％）：反映了一个地区国有企业对地方经济发展的支持力度。该指标越大，说明本区域国有企业对地方经济发展的支持力度越大，政府行政动力越强，越有利于推进城镇化发展。国有全社会固定资产投资占全社会固定资产投资比重＝国有全社会固定资产投资/全社会固定资产投资×100％。

二 新型城镇化动力机制测度方法的选择及数据处理

（一）测度方法选择与说明

1. 新型城镇化动力机制测度方法的选择

对西部地区新型城镇化动力机制进行测评，需要将反映城镇化动力机制的众多指标信息加以汇集，得到一个综合指标，以此来反映新型城镇化动力机制的发展状况。本书将根据各测度指标数值之间的差异程度，运用熵值法确定指标权重，以尽量减少和避免权重确定过程中的主观因素及某些客观局限，在此基础上利用加权求和的方法对西部地区新型城镇化动力机制进行测评。采用熵值法确定指标权重，不但能够规避主观赋权法无法克服的随机性、臆断性现象，而且有助于解决多指标变量间信息的重叠问题。

2. 新型城镇化动力机制测度的一般步骤

运用熵值法对西部地区新型城镇化动力机制进行测评的具体步骤为：

(1) 对基础指标数据进行无量纲化处理。

(2) 计算在第 j 项测度指标下，第 i 个被测评对象占该指标的比重 P_{ij}：

$$P_{ij} = x_{ij} / \sum_{i=1}^{m} x_{ij} \qquad (i = 1,2,\cdots,m; j = 1,2,\cdots,n)$$

其中，m 表示样本个数，n 表示测度指标个数。

(3) 计算第 j 项测度指标的熵值 e_j：

$$e_j = -k \sum_{i=1}^{m} P_{ij} \ln(P_{ij}) \qquad (k = \frac{1}{\ln m})$$

其中，$0 \leq e_j \leq 1$。在第 j 项测度指标下，x_{ij} 的差异越小，则 e_j 越大，指标 j 对被测评对象之间的比较作用越小；x_{ij} 的差异越大，则 e_j 越大，指标 j 对被测评对象之间的比较作用越大。当且仅当 x_{ij} 全部相等时，$e_j = e_{\max} = 1$，此时指标 j 对被测评对象之间的比较没有任何影响。

(4) 计算第 j 项测度指标的差异系数 g_j：

$$g_j = 1 - e_j$$

g_j 越大，越应该重视第 j 项测度指标在测度指标体系中的作用。

(5) 计算第 j 项测度指标的权重 w_j：

$$w_j = \frac{g_j}{\sum_{j=1}^{n} g_j} \qquad (j = 1,2,\cdots,n)$$

其中，$0 \leq w_j \leq 1$，$\sum_{j=1}^{n} w_j = 1$。

(6) 计算第 i 个被测评对象的新型城镇化动力机制测度得分 Y_i：

$$Y_i = \sum_{j=1}^{n} w_i P_{ij}$$

（二）研究对象的选取、数据来源与处理

1. 研究对象的选取

2012 年中共第十八次代表大会上明确提出中国要推进"新型

城镇化",因此本书选取 2012—2015 年的相关数据对西部地区新型城镇化的动力机制进行测度。本书研究的西部地区包括内蒙古、广西、重庆、四川、贵州、云南、西藏、陕西、甘肃、青海、宁夏、新疆 12 个省(自治区、直辖市),由于西藏目前缺乏研究所需的系统数据,所以,本章动力机制测度的研究对象为除西藏之外的西部 11 个省(自治区、直辖市)。

2. 数据来源与处理

本研究所采用的数据来源于:2013—2016 年《中国统计年鉴》,各省(自治区、直辖市)2013—2016 年统计年鉴,国家统计局 2012—2015 年相关数据。

由于各基础指标的量纲、量级存在差异,故需对各基础指标的初始数据进行无量纲化处理,本书采用标准化方法。具体地:

正向指标:$x_{ij} = \dfrac{a_{ij} - \min\{a_{ij}\}}{\max\{a_{ij}\} - \min\{a_{ij}\}}$ $(i = 1, 2, \cdots, m; j = 1, 2, \cdots, n)$

逆向指标:$x_{ij} = \dfrac{\max\{a_{ij}\} - a_{ij}}{\max\{a_{ij}\} - \min\{a_{ij}\}}$ $(i = 1, 2, \cdots, m; j = 1, 2, \cdots, n)$

其中,a_{ij} 表示第 i 个样本、第 j 个基础指标的初始数据,x_{ij} 表示经标准化处理后的基础指标数值。

三 西部地区新型城镇化动力机制测度

(一)2012 年西部新型城镇化动力机制测度

1. 基础指标与方面指标权重的确定

在将 2012 年西部地区新型城镇化动力机制基础指标数据进行预处理之后,采用熵值法计算出基础指标与方面指标的权重(见表 43),进而得出新型城镇化动力机制指数(见表 44)。

◆ 第七章 西部地区新型城镇化动力机制测度分析 ◆

表43　　2012年新型城镇化动力机制各级指标赋权结果

方面指标		基础指标	
名称	权重	名称	权重
产业发展动力	0.325	工业化率	0.027
		地均工业增加值	0.079
		农业劳动生产率	0.047
		第三产业产值占地区生产总值比重	0.093
		第三产业劳动生产率	0.080
市场环境动力	0.229	人均社会消费品零售总额	0.085
		私营全社会固定资产投资占全社会固定资产投资比重	0.036
		私营企业和个体就业人员数占就业人员总数比重	0.108
外向经济动力	0.311	外商投资全社会固定资产投资占全社会固定资产投资比重	0.104
		外贸依存度	0.140
		互联网普及率	0.067
政府行政动力	0.135	地方财政一般预算支出占地区生产总值比重	0.095
		国有全社会固定资产投资占全社会固定资产投资比重	0.040

2012年西、东部各省（自治区、直辖市）新型城镇化动力机制总体测度得分，排名前三位的均为东部省（直辖市），分别为上海、北京、江苏，得分分别为0.783、0.647、0.512；排名后三位的均为西部省份，分别为贵州、云南、甘肃，得分分别为0.185、0.177、0.167。其中，上海之所以位居榜首，在于其产业发展动力指数、市场环境动力指数、外向经济动力指数均名列第一，得分分别为0.251、0.195、0.297；甘肃之所以排名垫底，在于其产业发展动力指数排名末尾，得分为0.055，市场环境动力指数和外向经济动力指数排名均为倒数第二，得分分别为0.016和0.011。此外，整体上看，2012年西、东部各省（自治区、直辖市）新型城镇化动力机制指数排名呈现"东部上游为主、个别偏下，西部居于中游和下游"的特征，东部地区新型城镇化动力机制总体测评高于西部地区（见表44）。

表44 2012年西、东部各省(自治区、直辖市)新型城镇化动力机制测度结果

地区	产业发展动力	市场环境动力	外向经济动力	政府行政动力	新型城镇化动力机制指数
上海	0.251	0.195	0.297	0.040	0.783
北京	0.196	0.170	0.251	0.031	0.647
江苏	0.196	0.148	0.159	0.009	0.512
广东	0.158	0.087	0.218	0.011	0.475
浙江	0.189	0.133	0.130	0.013	0.466
天津	0.221	0.075	0.135	0.030	0.461
福建	0.152	0.076	0.131	0.023	0.382
辽宁	0.136	0.113	0.092	0.021	0.362
重庆	0.098	0.084	0.068	0.055	0.306
青海	0.107	0.029	0.028	0.135	0.298
内蒙古	0.159	0.070	0.017	0.043	0.289
陕西	0.153	0.037	0.034	0.056	0.279
山东	0.132	0.075	0.066	0.000	0.273
海南	0.081	0.038	0.094	0.054	0.266
新疆	0.084	0.031	0.041	0.080	0.237
河北	0.135	0.049	0.041	0.011	0.235
宁夏	0.065	0.073	0.026	0.065	0.230
四川	0.088	0.035	0.038	0.044	0.205
广西	0.079	0.040	0.033	0.035	0.188
贵州	0.085	0.010	0.004	0.086	0.185
云南	0.061	0.029	0.014	0.073	0.177
甘肃	0.055	0.016	0.011	0.085	0.167

2. 2012年西部地区新型城镇化动力机制测度

2012年西部各省(自治区、直辖市)新型城镇化动力机制总体测度得分,排名前三位的分别为重庆、青海、内蒙古,得分分别

为0.306、0.298、0.289；排名后三位的分别为贵州、云南、甘肃，得分分别为0.185、0.177、0.167（见表45）。

表45　2012年西部各省（自治区、直辖市）新型城镇化动力机制测度得分及排名

排名	地区	新型城镇化动力机制指数
1	重庆	0.306
2	青海	0.298
3	内蒙古	0.289
4	陕西	0.279
5	新疆	0.237
6	宁夏	0.230
7	四川	0.205
8	广西	0.188
9	贵州	0.185
10	云南	0.177
11	甘肃	0.167

在此基础上，对西部地区新型城镇化动力机制指数进行系统聚类分析，得出2012年西部11个省（自治区、直辖市）新型城镇化动力机制指数大致分为四类（见图43和表46）。

第一类，新型城镇化动力机制指数大于0.237，共4个省（自治区、直辖市），分别为重庆（0.306）、青海（0.298）、内蒙古（0.289）、陕西（0.279）。其中，重庆的市场环境动力指数、外向经济动力指数排名第一，其他方面指数排名居中；青海的政府行政动力指数排名第一，产业发展动力指数排名第三，其他方面指数排名居中；内蒙古的产业发展动力指数排名第一，市场环境动力指数排名第三，外向经济动力指数排名居中，政府行

政动力指数排名靠后；陕西的产业发展动力指数排名第二，其他方面指数排名居中。

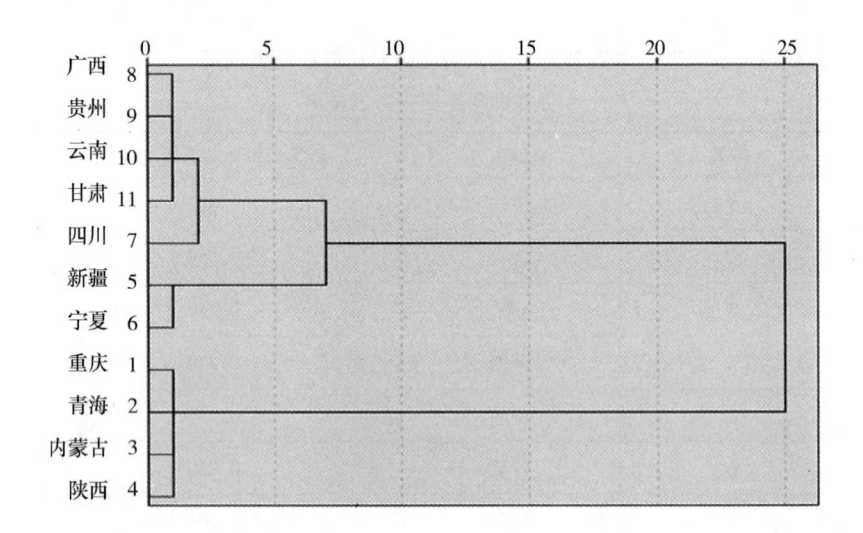

图43 2012年西部各省（自治区、直辖市）新型城镇化动力机制聚类分析结果

表46 2012年西部各省（自治区、直辖市）新型城镇化动力机制测评排名及分类

聚类类别	地区	方面指数排名				新型城镇化动力机制指数排名
		产业发展动力	市场环境动力	外向经济动力	政府行政动力	
第一类	重庆	4	1	1	8	1
	青海	3	8	6	1	2
	内蒙古	1	3	8	10	3
	陕西	2	5	4	7	4
第二类	新疆	7	7	2	4	5
	宁夏	9	2	7	6	6
第三类	四川	5	6	3	9	7

续表

聚类类别	地区	方面指数排名				新型城镇化动力机制指数排名
		产业发展动力	市场环境动力	外向经济动力	政府行政动力	
第四类	广西	8	4	5	11	8
	贵州	6	11	11	2	9
	云南	10	9	9	5	10
	甘肃	11	10	10	3	11

第二类，新型城镇化动力机制指数大于 0.205，且小于等于 0.237，共 2 个自治区，分别为新疆（0.237）、宁夏（0.230）。其中，新疆的外向经济动力指数排名第二，其他方面指数排名居中；宁夏的市场环境动力指数排名第二，产业发展动力指数排名靠后，其他方面指数排名居中。

第三类，新型城镇化动力机制指数大于 0.188，且小于等于 0.205，只有四川省（0.205）。四川的外向经济动力指数排名第三，政府行政动力指数排名靠后，其他方面指数排名居中。

第四类，新型城镇化动力机制指数小于等于 0.188，共 4 个省（自治区），分别为广西（0.188）、贵州（0.185）、云南（0.177）、甘肃（0.167）。其中，广西的政府行政动力指数排名垫底，其他方面指数排名居中；贵州的政府行政动力指数排名第二，市场环境动力指数、外向经济动力指数排名末尾，产业发展动力指数排名居中；云南的产业发展动力指数排名倒数第二，市场环境动力指数、外向经济动力指数排名倒数第三，政府行政动力指数排名居中；甘肃的政府行政动力指数排名第三，产业发展动力指数排名垫底，市场环境动力指数、外向经济动力指数排名倒数第二。

综上，由聚类分析结果可知，2012 年西部 11 个省（自治区、直辖市）的新型城镇化动力机制指数呈"哑铃形"分布。具体地，新型城镇化动力机制指数中等偏上的第二类省份、新型城镇化动力机制指数中等偏下的第三类省份的数量均较少，分别只有 2 个和 1 个，分别仅占西部地区的18%和9%；而位于第一类的新型城镇化动力机制指数较高的省份、位于第四类的新型城镇化动力机制指数较低的省份数量均较多，各为4个，均占西部地区的36%（见表47）。

表47　2012年西部各省（自治区、直辖市）新型城镇化动力机制类型判定

聚类类别	分类标准	地区	数量（个）	占西部地区比重（%）
第一类	新型城镇化动力机制指数＞0.237	重庆、青海、内蒙古、陕西	4	36
第二类	0.205＜新型城镇化动力机制指数≤0.237	新疆、宁夏	2	18
第三类	0.188＜新型城镇化动力机制指数≤0.205	四川	1	9
第四类	新型城镇化动力机制指数≤0.188	广西、贵州、云南、甘肃	4	36

（二）2013年西部新型城镇化动力机制测度

1. 基础指标与方面指标权重的确定

在将2013年西部地区新型城镇化动力机制基础指标数据进行预处理之后，采用熵值法计算出基础指标与方面指标的权重（见表48），进而得出新型城镇化动力机制指数（见表49）。

表48　2013年新型城镇化动力机制各级指标赋权结果

方面指标 名称	权重	基础指标 名称	权重
产业发展动力	0.282	工业化率	0.028
		地均工业增加值	0.067
		农业劳动生产率	0.043
		第三产业产值占地区生产总值比重	0.074
		第三产业劳动生产率	0.070

第七章 西部地区新型城镇化动力机制测度分析

续表

方面指标		基础指标	
名称	权重	名称	权重
市场环境动力	0.205	人均社会消费品零售总额	0.084
		私营全社会固定资产投资占全社会固定资产投资比重	0.032
		私营企业和个体就业人员数占就业人员总数比重	0.089
外向经济动力	0.280	外商投资全社会固定资产投资占全社会固定资产投资比重	0.094
		外贸依存度	0.123
		互联网普及率	0.062
政府行政动力	0.233	地方财政一般预算支出占地区生产总值比重	0.146
		国有全社会固定资产投资占全社会固定资产投资比重	0.088

2013年西、东部各省（自治区、直辖市）新型城镇化动力机制总体测度得分，排名前三位的均为东部省（直辖市），分别为上海、北京、江苏，得分分别为0.652、0.573、0.479；排名后三位的省（自治区）分别为云南、河北、广西，得分分别为0.226、0.222、0.198，两个省（自治区）来自西部。其中，上海之所以位居榜首，在于其外向经济动力指数名列第一，得分为0.265，市场环境动力指数名列第二，得分为0.170，产业发展动力指数名列第三，得分为0.154；广西之所以排名垫底，在于其除了政府行政动力指数排名处于中间位置之外，其他方面指数排名均靠后。此外，整体上看，2013年西、东部各省（自治区、直辖市）新型城镇化动力机制指数排名呈现"东部上游为主、个别偏下，西部居于中游和下游"的特征，东部地区新型城镇化动力机制总体测评高于西部地区（见表49）。

表49　2013年西、东部各省（自治区、直辖市）新型城镇化动力机制测度结果

地区	产业发展动力	市场环境动力	外向经济动力	政府行政动力	新型城镇化动力机制指数
上海	0.154	0.170	0.265	0.063	0.652
北京	0.113	0.171	0.224	0.065	0.573
江苏	0.171	0.159	0.133	0.016	0.479
浙江	0.153	0.141	0.120	0.028	0.442
天津	0.187	0.078	0.121	0.056	0.441
广东	0.126	0.094	0.197	0.022	0.439
福建	0.134	0.077	0.113	0.043	0.366
青海	0.078	0.028	0.022	0.233	0.360
辽宁	0.120	0.110	0.086	0.039	0.355
陕西	0.142	0.043	0.041	0.103	0.329
重庆	0.071	0.093	0.070	0.088	0.322
内蒙古	0.134	0.081	0.018	0.086	0.320
新疆	0.071	0.031	0.043	0.148	0.292
海南	0.045	0.049	0.071	0.088	0.253
宁夏	0.051	0.066	0.022	0.114	0.252
山东	0.113	0.080	0.056	0.000	0.248
贵州	0.058	0.019	0.004	0.157	0.238
四川	0.077	0.039	0.031	0.089	0.236
甘肃	0.040	0.022	0.008	0.163	0.234
云南	0.041	0.032	0.015	0.137	0.226
河北	0.117	0.044	0.041	0.019	0.222
广西	0.069	0.039	0.028	0.062	0.198

2. 2013年西部地区新型城镇化动力机制测度

2013年西部各省（自治区、直辖市）新型城镇化动力机制总体测度得分，排名前三位的分别为青海、陕西、重庆，得分分别为0.360、0.329、0.322；排名后三位的分别为甘肃、云南、广西，得分分别为0.234、0.226、0.198（见表50）。

第七章 西部地区新型城镇化动力机制测度分析

表50　2013年西部各省（自治区、直辖市）新型城镇化动力机制测度得分及排名

排名	地区	新型城镇化动力机制指数
1	青海	0.360
2	陕西	0.329
3	重庆	0.322
4	内蒙古	0.320
5	新疆	0.292
6	宁夏	0.252
7	贵州	0.238
8	四川	0.236
9	甘肃	0.234
10	云南	0.226
11	广西	0.198

在此基础上，对西部地区新型城镇化动力机制指数进行系统聚类分析，得出2013年西部11个省（自治区、直辖市）新型城镇化动力机制指数大致分为四类（见图44和表51）。

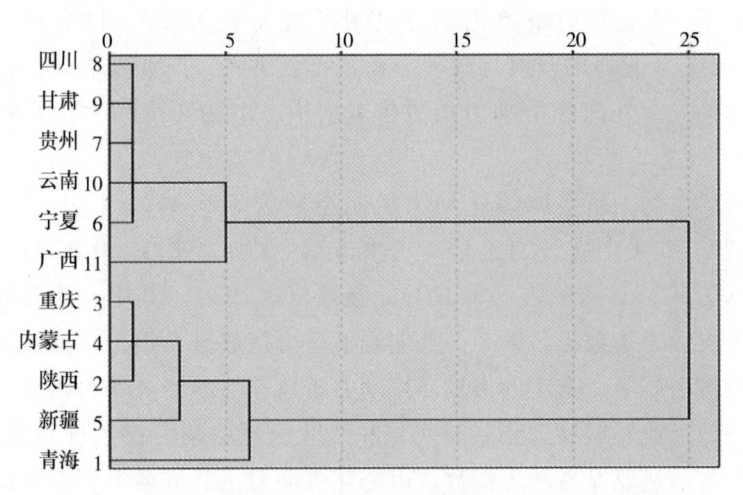

图44　2013年西部各省（自治区、直辖市）新型城镇化动力机制聚类分析结果

表51　2013年西部各省（自治区、直辖市）新型城镇化动力机制测评排名及分类

聚类类别	地区	产业发展动力	市场环境动力	外向经济动力	政府行政动力	新型城镇化动力机制指数排名
第一类	青海	3	9	6	1	1
第二类	陕西	1	4	3	7	2
	重庆	5	1	1	9	3
	内蒙古	2	2	8	10	4
	新疆	6	8	2	4	5
第三类	宁夏	9	3	7	6	6
	贵州	8	11	11	3	7
	四川	4	5	4	8	8
	甘肃	11	10	10	2	9
	云南	10	7	9	5	10
第四类	广西	7	6	5	11	11

第一类，新型城镇化动力机制指数大于0.329，只有青海省（0.360）。青海的政府行政动力指数排名第一，产业发展动力指数排名第三，外向经济动力指数排名居中，市场环境动力指数排名靠后。

第二类，新型城镇化动力机制指数大于0.252，且小于等于0.329，共4个省（自治区、直辖市），分别为陕西（0.329）、重庆（0.322）、内蒙古（0.320）、新疆（0.292）。其中，陕西的产业发展动力指数排名第一，外向经济动力指数排名第三，其他方面指数排名居中；重庆的市场环境动力指数、外向经济动力指数排名第一，产业发展动力指数排名居中，政府行政动力指数排名靠后；内蒙古的产业发展动力指数、市场环境动力指数排名第二，外向经济动力指数排名居中，政府行政动力指数排名靠后；新疆的外向经济动力指数排名第二，其他方面指数排名居中。

第三类，新型城镇化动力机制指数大于 0.198，且小于等于 0.252，共 5 个省（自治区），分别为宁夏（0.252）、贵州（0.238）、四川（0.236）、甘肃（0.234）、云南（0.226）。其中，宁夏的市场环境动力指数排名第三，产业发展动力指数排名靠后，其他方面指数排名居中；贵州的政府行政动力指数排名第三，产业发展动力指数排名居中，其他方面指数排名靠后；四川的所有方面指数均排名居中；甘肃的政府行政动力指数排名第二，产业发展动力指数排名末尾，市场环境动力指数、外向经济动力指数排名倒数第二；云南的产业发展动力指数排名倒数第二，外向经济动力指数排名倒数第三，其他方面指数排名居中。

第四类，新型城镇化动力机制指数小于等于 0.198，只有广西（0.198）1 个自治区。广西的政府行政动力指数排名垫底，其他方面指数排名居中。

综上，由聚类分析结果可知，2013 年西部 11 个省（自治区、直辖市）的新型城镇化动力机制指数呈"橄榄形"分布。具体地，新型城镇化动力机制指数较高的第一类省份、新型城镇化动力机制指数较低的第四类省份的数量均较少，均为 1 个，均占西部地区的 9%；而位于第二类的新型城镇化动力机制指数中等偏上的省份、位于第三类的新型城镇化动力机制指数中等偏下的省份数量均较多，分别为 4 个和 5 个，分别占西部地区的 36% 和 46%（见表 52）。

表 52 2013 年西部各省（自治区、直辖市）新型城镇化动力机制类型判定

聚类类别	分类标准	地区	数量（个）	占西部地区比重（%）
第一类	新型城镇化动力机制指数 > 0.329	青海	1	9
第二类	0.252 < 新型城镇化动力机制指数 ≤ 0.329	陕西、重庆、内蒙古、新疆	4	36
第三类	0.198 < 新型城镇化动力机制指数 ≤ 0.252	宁夏、贵州、四川、甘肃、云南	5	46
第四类	新型城镇化动力机制指数 ≤ 0.198	广西	1	9

(三) 2014 年西部新型城镇化动力机制测度

1. 基础指标与方面指标权重的确定

在将 2014 年西部地区新型城镇化动力机制基础指标数据进行预处理之后，采用熵值法计算出基础指标与方面指标的权重（见表53），进而得出新型城镇化动力机制指数（见表54）。

表53　2014 年新型城镇化动力机制各级指标赋权结果

方面指标		基础指标	
名称	权重	名称	权重
产业发展动力	0.307	工业化率	0.021
		地均工业增加值	0.039
		农业劳动生产率	0.082
		第三产业产值占地区生产总值比重	0.104
		第三产业劳动生产率	0.062
市场环境动力	0.184	人均社会消费品零售总额	0.074
		私营全社会固定资产投资占全社会固定资产投资比重	0.032
		私营企业和个体就业人员数占就业人员总数比重	0.079
外向经济动力	0.270	外商投资全社会固定资产投资占全社会固定资产投资比重	0.093
		外贸依存度	0.115
		互联网普及率	0.061
政府行政动力	0.239	地方财政一般预算支出占地区生产总值比重	0.145
		国有全社会固定资产投资占全社会固定资产投资比重	0.094

2014 年西、东部各省（自治区、直辖市）新型城镇化动力机制总体测度得分，排名前三位的均为东部省（直辖市），分别为上海、北京、浙江，得分分别为 0.565、0.507、0.472；排名后三位的省（自治区）分别为四川、河北、广西，得分分别为 0.209、0.187、0.179，两个省（自治区）来自西部。其中，上海之所以位居榜首，在于其外向经济动力指数名列第一，得分为 0.263，市

242

场环境动力指数名列第二，得分为 0.147；广西之所以排名垫底，在于其除了政府行政动力指数排名处于中间位置之外，其他方面指数排名均靠后。此外，整体上看，2014 年西、东部各省（自治区、直辖市）新型城镇化动力机制指数排名呈现"东部上游为主、个别偏下，西部居于中游和下游"的特征，东部地区新型城镇化动力机制总体测评高于西部地区（见表 54）。

表 54　2014 年西、东部各省（自治区、直辖市）新型城镇化动力机制测度结果

地区	产业发展动力	市场环境动力	外向经济动力	政府行政动力	新型城镇化动力机制指数
上海	0.096	0.147	0.263	0.059	0.565
北京	0.094	0.153	0.202	0.058	0.507
浙江	0.205	0.122	0.118	0.028	0.472
广东	0.100	0.087	0.187	0.023	0.396
江苏	0.102	0.131	0.129	0.020	0.382
天津	0.137	0.066	0.120	0.042	0.364
福建	0.139	0.071	0.106	0.040	0.356
青海	0.059	0.024	0.031	0.239	0.353
重庆	0.062	0.085	0.081	0.084	0.311
陕西	0.102	0.039	0.044	0.104	0.289
新疆	0.062	0.024	0.043	0.155	0.284
内蒙古	0.098	0.067	0.020	0.097	0.282
辽宁	0.041	0.098	0.076	0.034	0.249
宁夏	0.041	0.060	0.023	0.125	0.249
贵州	0.047	0.019	0.003	0.173	0.243
海南	0.044	0.033	0.075	0.088	0.240
山东	0.087	0.077	0.058	0.000	0.223
甘肃	0.031	0.025	0.006	0.156	0.218

续表

地区	方面指数				新型城镇化动力机制指数
	产业发展动力	市场环境动力	外向经济动力	政府行政动力	
云南	0.029	0.027	0.014	0.145	0.216
四川	0.057	0.033	0.026	0.093	0.209
河北	0.084	0.046	0.039	0.018	0.187
广西	0.054	0.037	0.027	0.062	0.179

2. 2014 年西部地区新型城镇化动力机制测度

2014 年西部各省（自治区、直辖市）新型城镇化动力机制总体测度得分，排名前三位的分别为青海、重庆、陕西，得分分别为 0.353、0.311、0.289；排名后三位的分别为云南、四川、广西，得分分别为 0.216、0.209、0.179（见表55）。

表55　2014 年西部各省（自治区、直辖市）新型城镇化动力机制测度得分及排名

排名	地区	新型城镇化动力机制指数
1	青海	0.353
2	重庆	0.311
3	陕西	0.289
4	新疆	0.284
5	内蒙古	0.282
6	宁夏	0.249
7	贵州	0.243
8	甘肃	0.218
9	云南	0.216
10	四川	0.209
11	广西	0.179

第七章 西部地区新型城镇化动力机制测度分析

在此基础上,对西部地区新型城镇化动力机制指数进行系统聚类分析,得出2014年西部11个省(自治区、直辖市)新型城镇化动力机制指数大致分为四类(见图45和表56)。

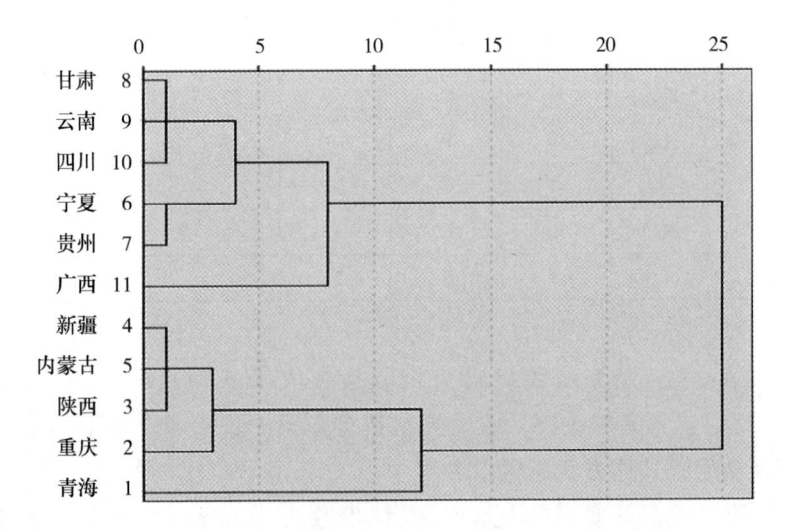

图45 2014年西部各省(自治区、直辖市)新型城镇化动力机制聚类分析结果

表56 2014年西部各省(自治区、直辖市)新型城镇化动力机制测评排名及分类

聚类类别	地区	产业发展动力	市场环境动力	外向经济动力	政府行政动力	新型城镇化动力机制指数排名
第一类	青海	5	9	4	1	1
第二类	重庆	3	1	1	10	2
	陕西	1	4	2	7	3
	新疆	4	10	3	4	4
	内蒙古	2	2	8	8	5

续表

聚类类别	地区	方面指数排名				新型城镇化动力机制指数排名
		产业发展动力	市场环境动力	外向经济动力	政府行政动力	
第三类	宁夏	9	3	7	6	6
	贵州	8	11	11	2	7
	甘肃	10	8	10	3	8
	云南	11	7	9	5	9
	四川	6	6	6	9	10
第四类	广西	7	5	5	11	11

第一类，新型城镇化动力机制指数大于 0.311，只有青海省（0.353）。青海的政府行政动力指数排名第一，市场环境动力指数排名靠后，其他方面指数排名居中。

第二类，新型城镇化动力机制指数大于 0.249，且小于等于 0.311，共 4 个省（自治区、直辖市），分别为重庆（0.311）、陕西（0.289）、新疆（0.284）、内蒙古（0.282）。其中，重庆的市场环境动力指数、外向经济动力指数排名第一，产业发展动力指数排名第三，政府行政动力指数排名靠后；陕西的产业发展动力指数排名第一，外向经济动力指数排名第二，其他方面指数排名居中；新疆的外向经济动力指数排名第三，市场环境动力指数排名靠后，其他方面指数排名居中；内蒙古的产业发展动力指数、市场环境动力指数排名第二，其他方面指数排名居中。

第三类，新型城镇化动力机制指数大于 0.179，且小于等于 0.249，共 5 个省（自治区），分别为宁夏（0.249）、贵州（0.243）、甘肃（0.218）、云南（0.216）、四川（0.209）。其中，宁夏的市场环境动力指数排名第三，产业发展动力指数排名靠后，其他方面指数排名居中；贵州的政府行政动力指数排名第二，产业发展动力指数排名居中，其他方面指数排名靠后；甘肃的政府行政动力指数排名第三，市场环境动力指数排名居中，其他方面指数排名靠后；云南的市场环境动力指数、政府行政动力指数排名居中，其他方面指数排名靠后；四川的政府行政动力指数排名靠后，其他方面指数排名居中。

第四类，新型城镇化动力机制指数小于等于0.179，只有广西（0.179）1个自治区。广西的政府行政动力指数排名垫底，其他方面指数排名居中。

综上，由聚类分析结果可知，2014年西部11个省（自治区、直辖市）的新型城镇化动力机制指数呈"橄榄形"分布。具体地，新型城镇化动力机制指数较高的第一类省份、新型城镇化动力机制指数较低的第四类省份的数量均较少，均为1个，均占西部地区的9%；而位于第二类的新型城镇化动力机制指数中等偏上的省份、位于第三类的新型城镇化动力机制指数中等偏下的省份数量均较多，分别为4个和5个，分别占西部地区的36%和46%（见表57）。

表57　　　2014年西部各省（自治区、直辖市）新型城镇化动力机制类型判定

聚类类别	分类标准	地区	数量（个）	占西部地区比重（%）
第一类	新型城镇化动力机制指数＞0.311	青海	1	9
第二类	0.249＜新型城镇化动力机制指数≤0.311	重庆、陕西、新疆、内蒙古	4	36
第三类	0.179＜新型城镇化动力机制指数≤0.249	宁夏、贵州、甘肃、云南、四川	5	46
第四类	新型城镇化动力机制指数≤0.179	广西	1	9

（四）2015年西部新型城镇化动力机制测度

1. 基础指标与方面指标权重的确定

在将2015年西部地区新型城镇化动力机制基础指标数据进行预处理之后，采用熵值法计算出基础指标与方面指标的权重（见表58），进而得出新型城镇化动力机制指数（见表59）。

表 58　　2015 年新型城镇化动力机制各级指标赋权结果

方面指标		基础指标	
名称	权重	名称	权重
产业发展动力	0.308	工业化率	0.024
		地均工业增加值	0.042
		农业劳动生产率	0.049
		第三产业产值占地区生产总值比重	0.091
		第三产业劳动生产率	0.101
市场环境动力	0.251	人均社会消费品零售总额	0.093
		私营全社会固定资产投资占全社会固定资产投资比重	0.044
		私营企业和个体就业人员数占就业人员总数比重	0.114
外向经济动力	0.303	外商投资全社会固定资产投资占全社会固定资产投资比重	0.106
		外贸依存度	0.131
		互联网普及率	0.066
政府行政动力	0.138	地方财政一般预算支出占地区生产总值比重	0.083
		国有全社会固定资产投资占全社会固定资产投资比重	0.054

2015年西、东部各省（自治区、直辖市）新型城镇化动力机制总体测度得分，排名前三位的均为东部省（直辖市），分别为上海、北京、江苏，得分分别为0.705、0.593、0.525；排名后三位的均为西部省份，分别为贵州、甘肃、云南，得分分别为0.187、0.156、0.142。其中，上海之所以位居榜首，在于其外向经济动力指数名列第一，得分为0.298，市场环境动力指数名列第二，得分为0.203，产业发展动力指数名列第三，得分为0.169；云南之所以排名垫底，在于其产业发展动力指数和市场环境动力指数排名均为倒数第二，得分分别为0.029和0.024，外向经济动力指数排名倒数第三，得分为0.012。此外，整体上看，2015年西、东部各省（自治区、直辖市）新型城镇化动力机制指数排名呈现"东部上游为主、个别偏下，西部居于中游和下游"的特征，东部地区新型城镇化动力机制总体测评高于西部地区（见表59）。

表59　2015年西、东部各省（自治区、直辖市）新型城镇化动力机制测度结果

地区	产业发展动力	市场环境动力	外向经济动力	政府行政动力	新型城镇化动力机制指数
上海	0.169	0.203	0.298	0.035	0.705
北京	0.133	0.207	0.220	0.032	0.593
江苏	0.196	0.177	0.145	0.008	0.525
广东	0.140	0.121	0.218	0.014	0.494
浙江	0.157	0.175	0.140	0.018	0.489
天津	0.173	0.087	0.131	0.025	0.415
福建	0.121	0.094	0.124	0.021	0.361
辽宁	0.119	0.126	0.095	0.010	0.350
重庆	0.083	0.121	0.077	0.043	0.324
山东	0.114	0.107	0.064	0.000	0.285
内蒙古	0.118	0.078	0.025	0.051	0.271
陕西	0.113	0.042	0.058	0.054	0.265
青海	0.060	0.021	0.030	0.138	0.248
宁夏	0.051	0.080	0.027	0.071	0.229
新疆	0.062	0.029	0.046	0.088	0.225
海南	0.048	0.039	0.088	0.048	0.223
河北	0.094	0.059	0.040	0.015	0.208
四川	0.065	0.052	0.028	0.048	0.192
广西	0.061	0.048	0.044	0.034	0.188
贵州	0.065	0.027	0.007	0.088	0.187
甘肃	0.029	0.032	0.008	0.088	0.156
云南	0.029	0.024	0.012	0.077	0.142

2. 2015年西部地区新型城镇化动力机制测度

2015年西部各省（自治区、直辖市）新型城镇化动力机制总体测度得分，排名前三位的分别为重庆、内蒙古、陕西，得分分别为0.324、0.271、0.265；排名后三位的分别为贵州、甘肃、云南，得分分别为0.187、0.156、0.142（见表60）。

表60　2015年西部各省（自治区、直辖市）新型城镇化动力机制测度得分及排名

排名	地区	新型城镇化动力机制指数
1	重庆	0.324
2	内蒙古	0.271
3	陕西	0.265
4	青海	0.248
5	宁夏	0.229
6	新疆	0.225
7	四川	0.192
8	广西	0.188
9	贵州	0.187
10	甘肃	0.156
11	云南	0.142

在此基础上，对西部地区新型城镇化动力机制指数进行系统聚类分析，得出2015年西部11个省（自治区、直辖市）新型城镇化动力机制指数大致分为四类（见图46和表61）。

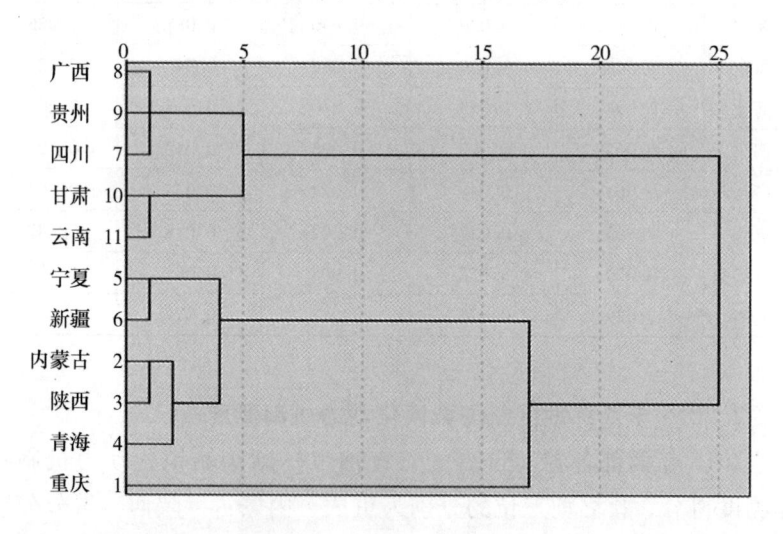

图46　2015年西部各省（自治区、直辖市）新型城镇化动力机制聚类分析结果

表61　　2015年西部各省（自治区、直辖市）新型城镇化动力机制测评排名及分类

聚类类别	地区	产业发展动力	市场环境动力	外向经济动力	政府行政动力	新型城镇化动力机制指数排名
第一类	重庆	3	1	1	10	1
第二类	内蒙古	1	3	8	8	2
	陕西	2	6	2	7	3
	青海	8	11	5	1	4
	宁夏	9	2	7	6	5
	新疆	6	8	3	4	6
第三类	四川	5	4	6	9	7
	广西	7	5	4	11	8
	贵州	4	9	11	2	9
第四类	甘肃	11	7	10	3	10
	云南	10	6	9	5	11

第一类，新型城镇化动力机制指数大于0.271，只有重庆（0.324）1个直辖市。重庆的市场环境动力指数、外向经济动力指数排名第一，产业发展动力指数排名第三，政府行政动力指数排名靠后。

第二类，新型城镇化动力机制指数大于0.192，且小于等于0.271，共5个省（自治区），分别为内蒙古（0.271）、陕西（0.265）、青海（0.248）、宁夏（0.229）、新疆（0.225）。其中，内蒙古的产业发展动力指数排名第一，市场环境动力指数排名第三，其他方面指数排名居中；陕西的产业发展动力指数、外向经济动力指数排名第二，其他方面指数排名居中；青海的政府行政动力指数排名第一，市场环境动力指数排名靠后，其他方面指数排名居中；宁夏的市场环境动力指数排名第二，产业发展动力指数排名靠后，其他方面指数排名居中；新疆的外向经济动力指数排名第三，其他方面指数排名居中。

第三类，新型城镇化动力机制指数大于 0.156，且小于等于 0.192，共 3 个省（自治区），分别为四川（0.192）、广西（0.188）、贵州（0.187）。其中，四川的政府行政动力指数排名靠后，其他方面指数排名居中；广西的政府行政动力指数排名靠后，其他方面指数排名居中；贵州的政府行政动力指数排名第二，产业发展动力指数排名居中，其他方面指数排名靠后。

第四类，新型城镇化动力机制指数小于等于 0.156，共 2 个省份，分别为甘肃（0.156）、云南（0.142）。其中，甘肃的政府行政动力指数排名第三，市场环境动力指数排名居中，产业发展动力指数排名垫底，外向经济动力指数排名倒数第二；云南的政府行政动力指数排名居中，产业发展动力指数、市场环境动力指数排名倒数第二，外向经济动力指数排名倒数第三。

综上，由聚类分析结果可知，2015 年西部 11 个省（自治区、直辖市）的新型城镇化动力机制指数呈"橄榄形"分布。具体地，新型城镇化动力机制指数较高的第一类省份、新型城镇化动力机制指数中等偏下的第三类省份、新型城镇化动力机制指数较低的第四类省份的数量均较少，分别只有 1 个、3 个和 2 个，分别仅占西部地区的 9%、27% 和 18%；而位于第二类的新型城镇化动力机制指数中等偏上的省份数量为 5 个，占西部地区的 46%（见表 62）。

表 62　　2015 年西部各省（自治区、直辖市）新型城镇化动力机制类型判定

聚类类别	分类标准	地区	数量（个）	占西部地区比重（%）
第一类	新型城镇化动力机制指数 >0.271	重庆	1	9
第二类	0.192＜新型城镇化动力机制指数≤0.271	内蒙古、陕西、青海、宁夏、新疆	5	46
第三类	0.156＜新型城镇化动力机制指数≤0.192	四川、广西、贵州	3	27
第四类	新型城镇化动力机制指数≤0.156	甘肃、云南	2	18

四 2012—2015年西部地区新型城镇化动力机制测评排名变动情况分析

本节将对2012—2015年西部各省(自治区、直辖市)新型城镇化动力机制测评排名的变动情况进行分析,把西部11个省(自治区、直辖市)四年的新型城镇化动力机制指数排名的变动情况分为三组,即排名基本稳定地区、排名累计上升地区、排名累计下降地区(见表63)。

表63 2012—2015年西部各省(自治区、直辖市)新型城镇化动力机制测评排名变动情况

排名变动分组	地区	2012年	2013年	2014年	2015年
排名基本稳定地区	重庆	1	3	2	1
	四川	7	8	10	7
	广西	8	11	11	8
	贵州	9	7	7	9
排名累计上升地区	宁夏	6	6	6	5
	内蒙古	3	4	5	2
	陕西	4	2	3	3
	甘肃	11	9	8	10
排名累计下降地区	云南	10	10	9	11
	青海	2	1	1	4
	新疆	5	5	4	6

注:"排名基本稳定地区"指4年间新型城镇化动力机制指数排名累计没有变化的地区;"排名累计上升地区"指4年间新型城镇化动力机制指数排名累计有所上升的地区;"排名累计下降地区"指4年间新型城镇化动力机制指数排名累计有所下降的地区。

第一组,2012—2015年新型城镇化动力机制指数排名基本稳定的地区。这一组共4个省(自治区、直辖市),分别为重庆、四

川、广西、贵州。重庆的新型城镇化动力机制指数排名，4年间累计无变化，由2012年的第一位下降到2013年的第三位，2014年又升至第二位，2015年回归榜首（见表63）。从方面指数看，重庆的产业发展动力指数，由2012年的第四位下降至2013年的第五位，随后2014年、2015年又上升到第三位；市场环境动力指数，2012—2015年一直稳居榜首；外向经济动力指数，4年间连续位列第一；政府行政动力指数从2012年的第八位，下降到2013年的第九位，2014年、2015年继续降至倒数第二（见图47）。四川的新型城镇化动力机制指数排名，4年间累计无变化，由2012年的第七位下降到2013年的第八位，以及2014年的倒数第二，随后2015年又回升至第七位（见表63）。从方面指数看，四川的产业发展动力指数，由2012年的第五位上升到2013年的第四位，2014年下滑至第六位，2015年稍有所回升；市场环境动力指数，从2012年的第六位上升至2013年的第五位，2014年降至第六位，2015年又上升到第四位；外向经济动力指数从2012年的第三位，下降到2013年的第四位，以及2014年、2015年的第六位；政府行政动力指数由2012年的第九位，略微升至2013年的第八位，但2014年、2015年又降至第九位（见图48）。广西的新型城镇化动力机制指数排名，4年间累计无变化，由2012年的第八位，滑落至2013年、2014年的末尾，2015年又回升至第八位（见表63）。从方面指数看，广西的产业发展动力指数，由2012年的第八位，上升到2013—2015年的第七位；市场环境动力指数由2012年的第四位，下降到2013年的第六位，随后又升至2014年、2015年的第五位；外向经济动力指数从2012—2014年的第五位，上升到2015年的第四位；政府行政动力指数，2012—2015年连续垫底（见图49）。贵州的新型城镇化动力机制指数排名，4年间累计无变化，由2012年的第九位，提升到2013年、2014年的第七位，2015年又降至第九位（见表63）。从方面指数看，贵州的产业发展动力指数，由2012年的第六位，下降到2013年、2014年的第八位，随后2015年又提升至第四位；市场环境动力指数由2012—2014年的末尾，升至 2015 年的倒数第三；外向经济动力指数，2012—2015 年连续垫底；政府行政动力指数较为平稳，除了 2013 年稍有下滑，其他年份都位列第二（见图 50）。

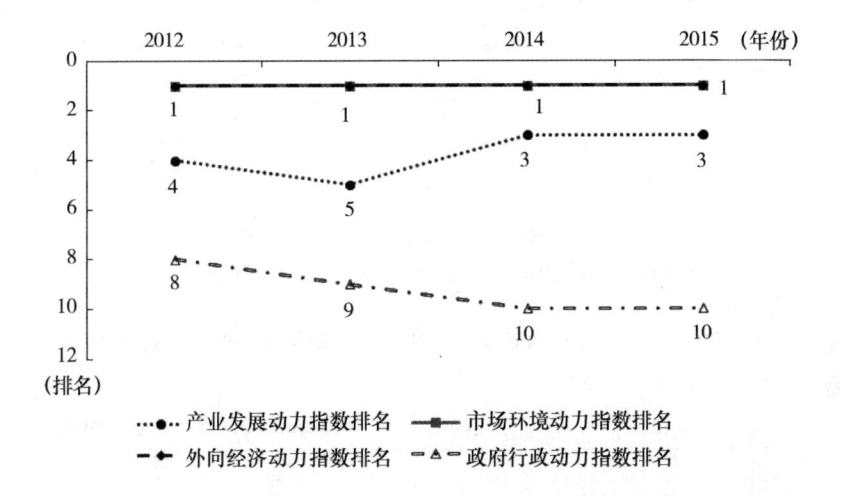

图 47　2012—2015 年重庆新型城镇化动力机制各方面指数排名变动情况

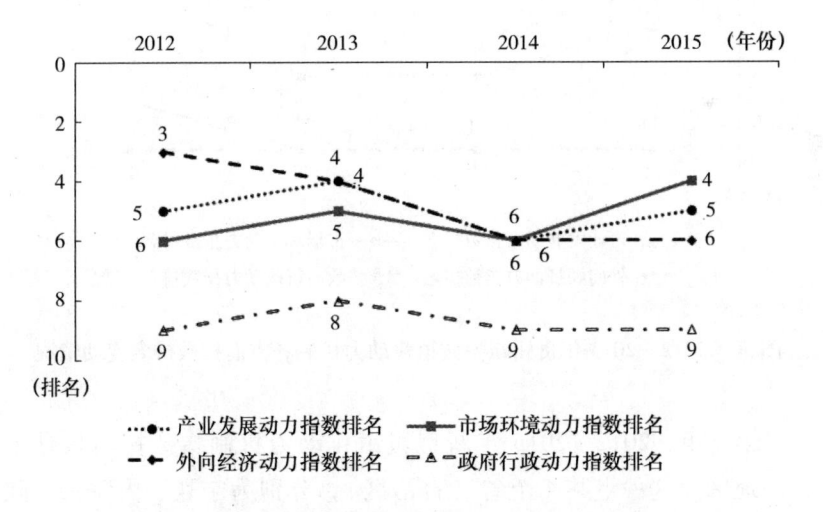

图 48　2012—2015 年四川新型城镇化动力机制各方面指数排名变动情况

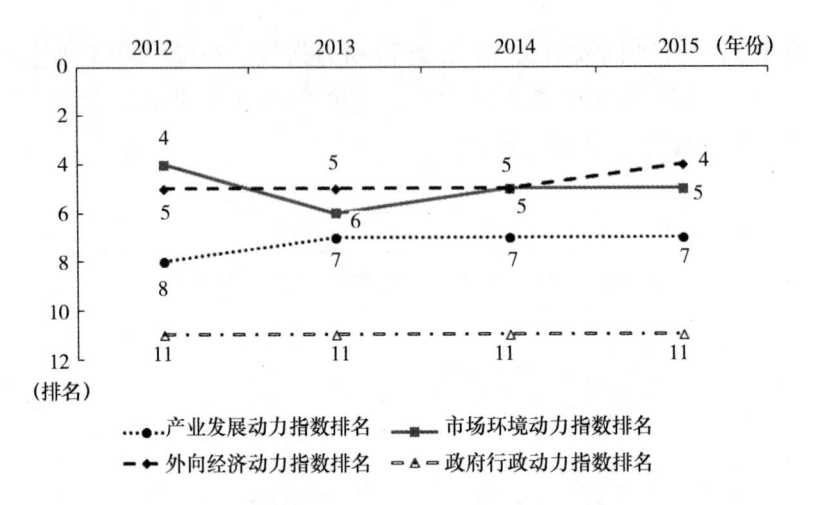

图 49　2012—2015 年广西新型城镇化动力机制各方面指数排名变动情况

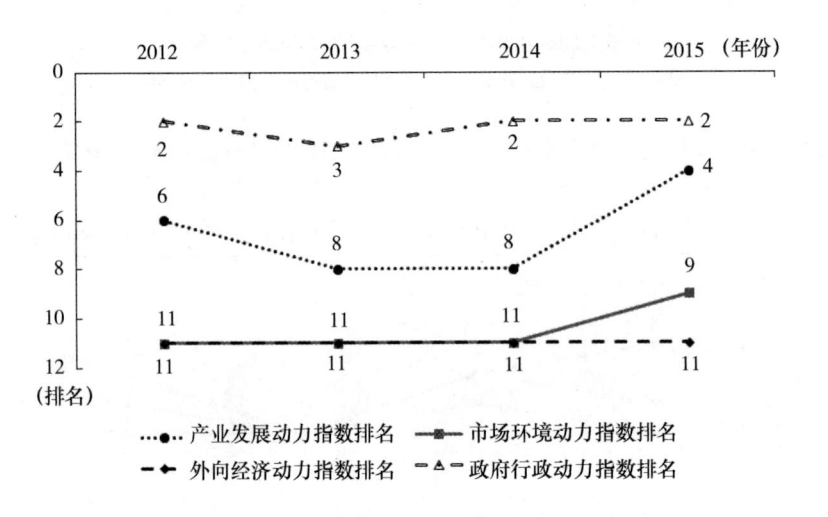

图 50　2012—2015 年贵州新型城镇化动力机制各方面指数排名变动情况

第二组，2012—2015 年新型城镇化动力机制指数排名累计上升的地区。这一组共 4 个省（自治区），分别为宁夏、内蒙古、陕西、甘肃。宁夏的新型城镇化动力机制指数排名，4 年间累计提高一位，由 2012—2014 年的第六位，上升至 2015 年的第五位（见表63）。从方面指数看，宁夏的产业发展动力指数，2012—2015 年连续4年倒数第三；市场环境动力指数由2012年的第二位，下降至2013年、2014年的第三位，2015年又有所回升；外向经济动力指数，2012—2015年一直位列第七；政府行政动力指数，2012—2015年一直居于第六位（见图51）。内蒙古的新型城镇化动力机制指数排名，4年间累计提高一位，由2012年的第三位，下降到2013年的第四位，以及2014年的第五位，2015年又上升至第二位（见表63）。从方面指数看，内蒙古的产业发展动力指数，由2012年的首位，降至2013年、2014年的第二位，随后2015年又回归榜首；市场环境动力指数从2012年的第三位，提升到2013年、2014年的第二位，2015年又降至第三位；外向经济动力指数4年间持续居于第八位；政府行政动力指数，2012年、2013年排名倒数第二，2014年、2015年上升到第八位（见图52）。陕西的新型城镇化动力机制指数排名，4年间累计提高一位，由2012年的第四位上升到2013年的第二位，2014年、2015年又降至第三位（见表63）。从方面指数看，陕西的产业发展动力指数，2012年排名第二位，2013年、2014年升至榜首，2015年又有所下降；市场环境动力指数由2012年的第五位，上升到2013年、2014年的第四位，2015年下滑至第六位；外向经济动力指数从2012年的第四位，提升到2013年的第三位，2014年、2015年继续进步到第二位；政府行政动力指数，2012—2015年一直位列第七（见图53）。甘肃的新型城镇化动力机制指数排名，4年间累计提高一位，由2012年的倒数第一上升到2013年的倒数第三，2014年继续升至第八位，但2015年又下滑到倒数第二（见表63）。从方面指数看，甘肃的产业发展动力指数，除了2014年排名倒数第二，其他年份均为垫底；市场环境动力指数，由2012年、2013年的倒数第二，上升到2014年的第八位，以及2015年的第七位；外向经济动力指数，2012—2015年连续4年倒数第二；政府行政动力指数，从2012年的第三位上升至2013年的第二位，2014年、2015年又回落到第三位（见图54）。

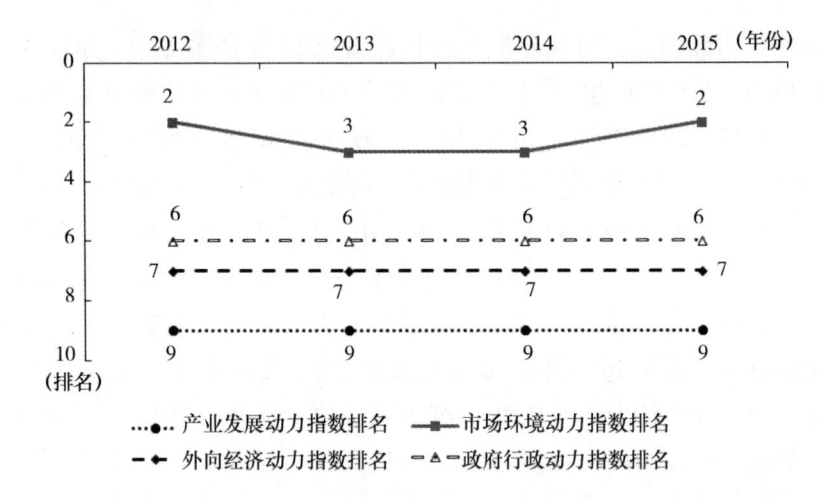

图 51　2012—2015 年宁夏新型城镇化动力机制各方面指数排名变动情况

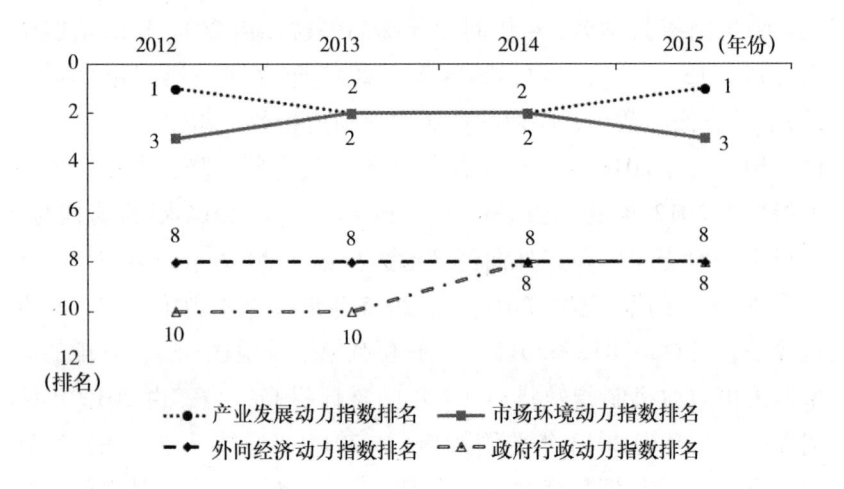

图 52　2012—2015 年内蒙古新型城镇化动力机制各方面指数排名变动情况

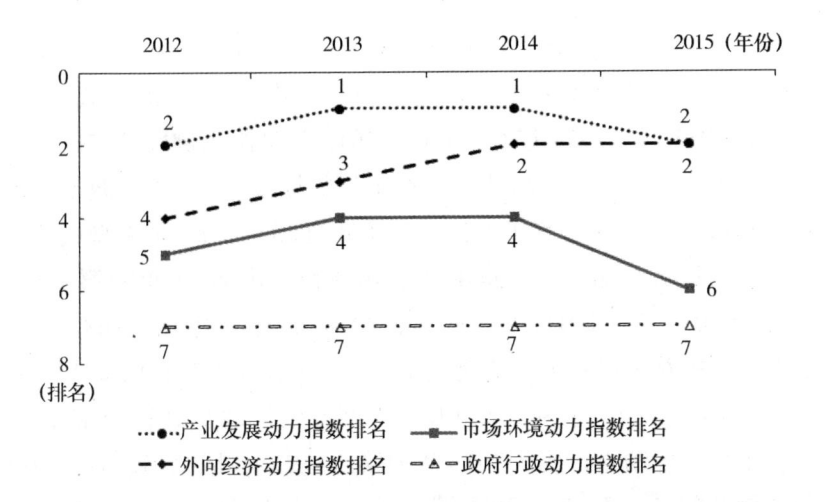

图53　2012—2015年陕西新型城镇化动力机制各方面指数排名变动情况

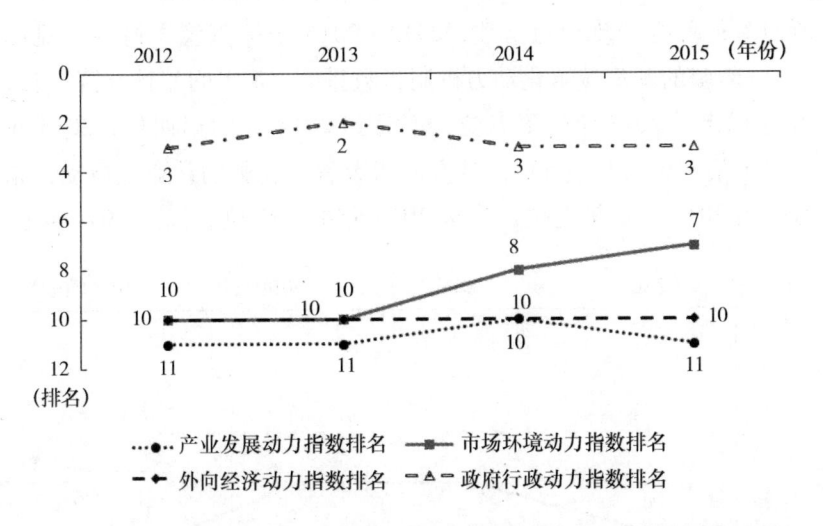

图54　2012—2015年甘肃新型城镇化动力机制各方面指数排名变动情况

第三组，2012—2015年新型城镇化动力机制指数排名累计下降的地区。这一组共3个省（自治区），分别为云南、青海、新疆。云南的新型城镇化动力机制指数排名，4年间累计下降一位，由2012年、2013年的倒数第二，略微升至2014年的倒数第三，2015年又下滑至末尾（见表63）。从方面指数看，云南的产业发展动力指数，由 2012 年、2013 年的倒数第二，下降到 2014 年的倒数第一，2015 年稍有回升；市场环境动力指数由 2012 年的倒数第三，提升到 2013 年、2014 年的第七位，2015 年又降至倒数第二；外向经济动力指数，2012—2015 年连续 4 年倒数第三；政府行政动力指数，2012—2015 年一直居于第五位（见图 55）。青海的新型城镇化动力机制指数排名，4 年间累计下降两位，由 2012 年的第二位，提升到 2013 年、2014 年的榜首，2015 年又滑落至第四位（见表 63）。从方面指数看，青海的产业发展动力指数，由 2012 年、2013 年的第三位，下降到 2014 年的第五位，以及 2015 年的第八位；市场环境动力指数从 2012 年的第八位，下滑到 2013 年、2014 年的倒数第三，2015 年继续降至末尾；外向经济动力指数，从 2012 年、2013 年的第六位，上升到 2014 年的第四位，2015 年有所回落；政府行政动力指数，2012—2015 年一直稳居榜首（见图 56）。新疆的新型城镇化动力机制指数排名，4 年间累计下降一位，由 2012 年、2013 年的第五位，上升到 2014 年的第四位，2015 年又降至第六位（见表 63）。从方面指数看，新疆的产业发展动力指数，由 2012 年的第七位，升至 2013 年的第六位，以及 2014 年的

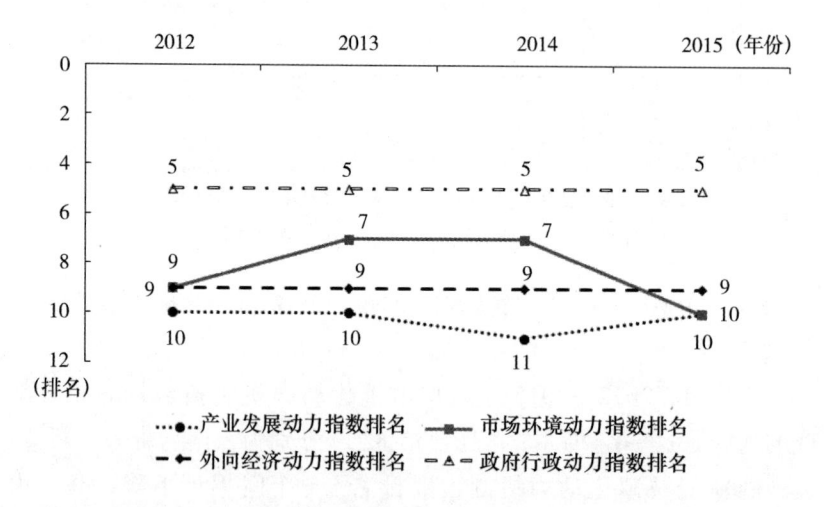

图 55　2012—2015 年云南新型城镇化动力机制各方面指数排名变动情况

第四位，2015 年有所回落；市场环境动力指数由 2012 年的第七位，下降到 2013 年的第八位，2014 年继续滑至倒数第二，2015 年稍有回升；外向经济动力指数，从 2012 年、2013 年的第二位，下降至 2014 年、2015 年的第三位；政府行政动力指数，2012—2015 年一直位列第四（见图 57）。

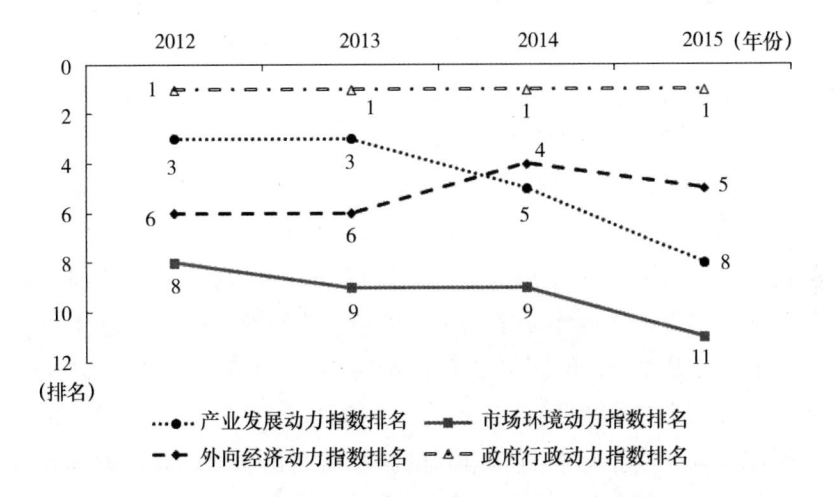

图 56　2012—2015 年青海新型城镇化动力机制各方面指数排名变动情况

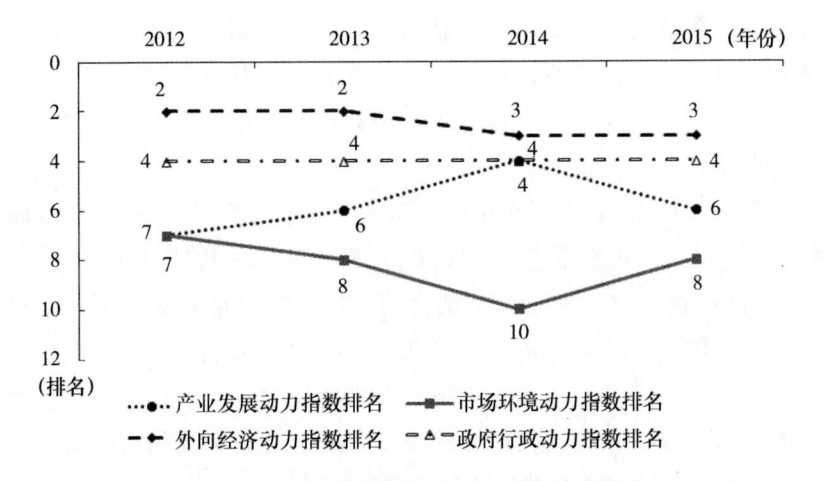

图 57　2012—2015 年新疆新型城镇化动力机制各方面指数排名变动情况

五 小结

本章从实证层面设计了包括产业发展动力、市场环境动力、外向经济动力、政府行政动力四个方面的西部地区新型城镇化动力机制测度指标体系，并利用2012—2015年的相关数据，采用熵值法和聚类分析法，对西部11个省（自治区、直辖市）的新型城镇化动力机制进行了总体和分方面测度，进一步地，对东、西部地区新型城镇化动力机制的测度结果作了比较分析。

第一，从西、东部各省（自治区、直辖市）新型城镇化动力机制测度结果分析。整体来看，2012—2015年新型城镇化动力机制指数排名呈现"东部上游为主、个别偏下，西部居于中游和下游"的特征，东部地区新型城镇化动力机制总体测评高于西部地区。

第二，从2012年、2013年、2014年、2015年西部各省（自治区、直辖市）新型城镇化动力机制测度结果分析。2012—2015年西部各省（自治区、直辖市）的新型城镇化动力机制指数排名逐渐固化，并表现出了极大的不均衡性。具体来看，重庆、陕西、内蒙古、青海4个省（自治区、直辖市）的新型城镇化动力机制指数一直处于西部地区领先位置，新疆、宁夏、四川3个省（自治区）的新型城镇化动力机制指数一直处于西部地区中间位置，贵州、云南、甘肃、广西4个省（自治区）的新型城镇化动力机制指数一直处于西部地区末端位置。

第三，从2012—2015年西部各省（自治区、直辖市）新型城镇化动力机制测评排名变动情况分析。2012—2015年西部各省（自治区、直辖市）的新型城镇化动力机制测评排名变化不大，只存在小幅波动。宁夏、内蒙古、陕西、甘肃的排名，4年间在波动中累计有小幅上升；云南、青海、新疆的排名，4年间在波动中累计有小幅下降；重庆、四川、广西、贵州的新型城镇化动力机制指数排名，4年间在波动中累计则无变化。

第八章 西部地区新型城镇化发展绩效与动力机制相关性的实证分析

第三章从理论层面剖析了西部地区新型城镇化发展目标和动力机制之间的内在关系，本章在此基础上，由理论层面剖析落实到实证层面研究，依托第六章、第七章对西部地区新型城镇化发展绩效和动力机制的评价与测度结果，运用典型相关分析和偏最小二乘回归分析的方法，对西部地区新型城镇化发展绩效和动力机制的相关性进行了实证研究，进一步地，对比分析了东、西部地区新型城镇化的回归结果，从整体上较为全面地探究了西部地区新型城镇化的发展现状，为西部地区新型城镇化进一步健康、协调、可持续发展提供了现实依据。

一 新型城镇化发展绩效与动力机制相关性的研究方法及数据处理

(一) 研究方法说明

1. **典型相关分析**

1936年，哈罗德·霍特林（Hotelling H.）首次提出典型相关分析，该方法是一种用于研究两组随机变量之间相关关系的多元统计分析方法。典型相关分析利用主成分分析的降维思想，以一个或少数几个综合变量对原始变量进行替代，从而将两组变量的关系集中于少数几对综合变量的关系上，达到减少研究变量个数的目的。

设 $X = (X_1, X_2, \cdots, X_p)'$，$Y = (Y_1, Y_2, \cdots, Y_q)'$ 为两个关联的随机向量（假定 $p > 1$，$q > 1$，且 $p \leq q$），$p + q$ 维随机向量 $\begin{bmatrix} X \\ Y \end{bmatrix}$ 的协方差阵 $\sum > 0$，均值向量为 0。若存在 $a_1 = (a_{11}, a_{21}, \cdots, a_{P1})'$，$b_1 = (b_{11}, b_{21}, \cdots, b_{q1})'$，使得：

$$\rho(a_1'X, b_1'Y) = \max_{Var(\alpha'X) = Var(\beta'Y) = 1} \rho(\alpha'X, \beta'Y)$$

其中，$\alpha'X = \alpha_1 X_1 + \alpha_2 X_2 + \cdots + \alpha_p X_p$；$\beta'Y = \beta_1 Y_1 + \beta_2 Y_2 + \cdots + \beta_q Y_q$。

则称 $a_1'X, b_1'Y$ 是 X, Y 的第一对典型相关变量，第一对典型相关变量之间的系数称为第一典型相关系数。类似地，若存在 $a_k = (a_{1k}, a_{2k}, \cdots, a_{Pk})'$，$b_k = (b_{1k}, b_{2k}, \cdots, b_{qk})'$，使得：

① $a_k'X, b_k'Y$ 与前面 $k - 1$ 对典型相关变量均不相关；

② $\rho(a_k'X, b_k'Y) = \max_{Var(\alpha'X) = Var(\beta'Y) = 1} \rho(\alpha'X, \beta'Y)$

则称 $a_k'X, b_k'Y$ 是 X, Y 的第 k 对典型相关变量，第 k 对典型相关变量之间的系数称为第 k 典型相关系数（$k = 2, 3, \cdots, p$）。

可见，典型相关分析是将两组原始变量之间的相关问题，转化为从两组变量中提取的一个或少数几个典型相关变量之间的相关问题，从而利用典型相关变量之间的相关关系来反映两组原始变量之间的整体相关性。

2. 偏最小二乘回归分析

偏最小二乘回归分析（PLS）是伍德（Wold S.）和阿巴诺（Albano C.）等于1983年首次提出，用于研究多因变量对多自变量的回归建模的方法，是一种偏爱与因变量有关的部分的新型多元统计分析方法。偏最小二乘回归分析是在普通多元回归的基础上，融合了主成分分析、典型相关分析、线性回归分析的思想，将提取主成分和回归建模同时进行考虑，很好地解决了许多以往用普通多元回归无法解决的问题，特别当因变量和自变量的个数均较多，且都存在多重相关性，而样本量又较少时，用偏最小二乘回归分析建立的模型具有传统的经典回归分析所没有的优点。

偏最小二乘回归分析的具体步骤：

（1）提取第一对成分，并使之相关性最大

设有 n 个因变量 $Y_1, Y_2, \cdots, Y_n$，m 个自变量 $X_1, X_2, \cdots, X_m$，且所有变量均已进行标准化处理。U_1 和 V_1 分别为在自变量集和因变量集中提取的第一成分，其中，U_1 是 $X_1, X_2, \cdots, X_m$ 的线性组合，V_1 是 $Y_1, Y_2, \cdots, Y_n$ 的线性组合，即：

$$U_1 = \alpha_{11}X_1 + \alpha_{12}X_2 + \cdots + \alpha_{1m}X_m = \alpha_1'X$$

$$V_1 = \beta_{11}Y_1 + \beta_{12}Y_2 + \cdots + \beta_{1n}Y_n = \beta_1'Y$$

其中，$\alpha_1 = (\alpha_{11}, \alpha_{12}, \cdots, \alpha_{1m})'$ 称为模型效应权重，$\beta_1 = (\beta_{11}, \beta_{12}, \cdots, \beta_{1n})'$ 称为因变量权重。第一对成分 U_1 和 V_1 的协方差可由相应成分的得分向量的内积来计算，因此，使 U_1 和 V_1 尽可能多地提取各自所在变量集中的变异信息，且二者的相关性最大的要求，可转化为条件极值的分析问题，即：

$$\begin{cases} \langle u_1, v_1 \rangle = \langle X_0\alpha_1, Y_0\beta_1 \rangle = \alpha_1'X_0'Y_0'\beta_1' \to \text{最大} \\ \alpha_1'\alpha_1 = \|\alpha_1^2\| = 1, \beta_1'\beta_1 = \|\beta_1^2\| = 1 \end{cases}$$

其中，u_1 和 v_1 为第一成分的得分向量，X_0 和 Y_0 为初始变量。上述问题可化为求单位向量 α_1 和 β_1，使 $\theta_1 = \alpha_1'X_0'Y_0'\beta_1' \to$ 最大，即求矩阵 $X_0'Y_0Y_0'X_0$ 的特征值和特征向量，且其最大特征值为 θ^2，对应单位特征向量就是所求的 α_1，同时 $\beta_1 = \frac{1}{\theta}Y_0'X_0\alpha_1$。

（2）建立回归方程

①建立 $Y_1, Y_2, \cdots, Y_n$ 对 U_1 的回归方程，以及 $X_1, X_2, \cdots, X_m$ 对 U_1 的回归方程，即：

$$\begin{cases} X_0 = u_1\gamma_1' + E_1 \\ Y_0 = u_1\delta_1' + F_1 \end{cases}$$

其中，u_1 为 p 维得分向量，$\gamma_1' = (\gamma_{11}, \gamma_{12}, \cdots, \gamma_{1m})$，$\delta_1' = (\delta_{11}, \delta_{12}, \cdots, \delta_{1n})$ 是多因变量而仅有一个自变量 u_1 的回归模型中的参数向量，E_1 和 F_1 分别为 $p \times m$ 和 $p \times n$ 的残差阵。

若提取的第一成分不能达到满意的精度，则运用残差阵 E_1, F_1 替代 X_0, Y_0，继续提取第二成分、第三成分，如此下去，直到满意精度为止。如果最终提取了 r 个成分，则 X_0, Y_0 对 r 个成分的回归方程为：

$$\begin{cases} X_0 = u_1\gamma_1' + u_2\gamma_2' + \cdots + u_r\gamma_r' + E_1 \\ Y_0 = u_1\delta_1' + u_2\delta_2' + \cdots + u_r\delta_r' + F_1 \end{cases}$$

回归系数向量 γ_1 和 δ_1 可按照 OLS 的方法求得，其中，$\gamma_1 = (\gamma_{11}, \gamma_{12}, \cdots, \gamma_{1m})'$ 为模型效应载荷量。

②建立 $Y_1, Y_2, \cdots, Y_n$ 对 $X_1, X_2, \cdots, X_m$ 的回归方程。

将 $u_r = \alpha_{k1}X_1 + \alpha_{k2}X_2 + \cdots + \alpha_{km}X_m$ 带入 $Y_j = u_1\delta_{1j} + u_2\delta_{2j} + \cdots + u_r\delta_{rj}$，其中，$k = 1, 2, \cdots, r; j = 1, 2, \cdots, n$，得出标准化变量的回归方程：

$$Y_j = \gamma_{j1}X_1 + \gamma_{j2}X_2 + \cdots + \gamma_{jm}X_m \quad (j = 1, 2, \cdots, n)$$

最后将其还原为原始变量的回归方程即可。

（3）交叉有效性检验

一般情况下，偏最小二乘回归分析选用前 l 个成分（$l \leq r$），用以得到预测能力较好的回归模型。具体地，本书采用"舍一交叉验证方法"确定抽取成分的个数 l。

每次舍去第 i 个观测（$i = 1, 2, \cdots, p$），用余下的 $p - 1$ 个观测按偏最小二乘回归分析方法建模，并考虑抽取 k 个成分后拟合的回归方程，将第 i 个观测带入所拟合的回归方程，得到 $Y_j(j = 1, 2, \cdots, n)$ 在第 i 个观测上的预测值 $\hat{y}_{j(i)}$。对 $i = 1, 2, \cdots, p$ 重复以上验证，可得抽取 k 个成分时第 j 个因变量 $Y_j(j = 1, 2, \cdots, n)$ 的预测残差平方和 $PRESS_j(k)$：

$$PRESS_j(k) = \sum_{i=1}^{p} [y_{ij} - \hat{y}_{j(i)}(k)]^2 \quad (j = 1, 2, \cdots, n)$$

$Y = (Y_1, \cdots, Y_p)'$ 的预测残差平方和 $PRESS(k)$：

$$PRESS(k) = \sum_{j=1}^{n} PRESS_j(k)$$

先对抽取成分的个数 k 从 1 至 r 逐个计算 Y 的预测残差平方和 $PRESS(k)$，进而选取满足 Y 的预测残差平方和达到最小值的 k，使得 $l = k$。

(二) 研究变量的选取及数据来源

1. 研究变量的选取

本章以第六章、第七章所构建的新型城镇化发展绩效评价指标体系、新型城镇化动力机制测度指标体系为研究框架。以第六章所分析的新型城镇化发展绩效指数，以及各维度指数为因变量指标，具体地，Y为新型城镇化发展绩效指数，Y_1为生活宜居化指数，Y_2为要素市场化指数，Y_3为产业集聚化指数，Y_4为城市生态化指数，Y_5为城乡一体化指数。以第七章所分析的新型城镇化动力机制各方面指数为自变量指标，具体地，X_1表示产业发展动力指数，X_2表示市场环境动力指数，X_3表示外向经济动力指数，X_4表示政府行政动力指数。

2. 数据来源

本章所采用的数据来源于：第六章运用主成分分析法所得出的2012—2015年西、东部各省（自治区、直辖市）新型城镇化发展绩效评价结果，第七章采用熵值法所得出的2012—2015年西、东部各省（自治区、直辖市）新型城镇化动力机制测度结果。

二 西部地区新型城镇化发展绩效与动力机制的相关性

(一) 2012年西部新型城镇化发展绩效与动力机制的相关性

1. 2012年西部新型城镇化发展绩效与动力机制的典型相关分析

（1）典型相关系数及显著性检验

2012年西部地区新型城镇化发展绩效指标组与动力机制指标组的典型相关系数估计值，第一典型相关系数为0.948，第二典型相关系数为0.927，第三典型相关系数为0.857，第四典型相关系数为0.434。由检验结果可知，第一典型相关系数的检验P值为0.048，在0.05的显著性水平下，拒绝典型相关系数为0的原假设，表明第一对典型相关变量通过显著性检验，而第二典型相关系数、第三典型相关系数、第四典型相关系数均无统计学意义（见表

64)。因此，2012年西部地区新型城镇化发展绩效指标组与动力机制指标组相关性的研究，可以简化为研究第一对典型相关变量之间的关系。

表64　　　2012年西部地区典型相关系数估计值和检验结果

	典型相关系数估计值	威尔克斯检验统计值	卡方检验统计值	自由度	P值
第一典型相关系数	0.948	0.003	28.974	20	0.048
第二典型相关系数	0.927	0.030	17.497	12	0.132
第三典型相关系数	0.857	0.215	7.686	6	0.262
第四典型相关系数	0.434	0.812	1.042	2	0.594

（2）典型相关变量的系数

由于新型城镇化发展绩效各维度指数和动力机制各方面指数没有相同的量纲，因此，本章使用标准化系数对西部地区新型城镇化发展绩效指标组与动力机制指标组的相关关系进行研究。

2012年西部地区新型城镇化动力机制指标组和发展绩效指标组之间的第一对典型相关变量的线性组合为（公式中均为标准化变量）：

$$U_1 = -0.060X_1 - 0.704X_2 - 0.484X_3 - 0.701X_4$$

$$V_1 = -0.091Y_1 + 1.111Y_2 - 0.605Y_3 - 0.576Y_4 - 0.791Y_5$$

典型相关变量的系数的绝对值大小，能够反映各个指数在这个典型相关变量的线性组合中的相对地位。在2012年西部地区新型城镇化动力机制指标组和发展绩效指标组之间的第一对典型相关变量中：X_1系数的绝对值相对较小，仅为0.060，X_2、X_3、X_4系数的绝对值相对较为均匀；Y_1系数的绝对值相对较小，仅为0.091，Y_2系数的绝对值相对较大，高达1.111，Y_3、Y_4、Y_5系数的绝对值相对较为均匀。

（3）典型结构分析

典型结构分析，即分析原始变量与典型相关变量之间的相关程度。典型载荷的绝对值越大，表示原始变量和典型相关变量之间的相关性越强，且原始变量相互间不存在多重共线性问题。在2012年西部地区新型城镇化动力机制指标组的原始变量与典型相关变量U_1之间的典型结构分析中：X_2、X_3与U_1之间的相关性较强，典型载荷的绝对值分别为0.683和0.710；X_1、X_4与U_1之间的相关性较弱，典型载荷的绝对值分别为0.207和0.233。在2012年西部地区新型城镇化发展绩效指标组的原始变量与典型相关变量V_1之间的典型结构分析中：Y_1、Y_5与V_1之间的相关性较强，典型载荷的绝对值分别为0.401和0.623；Y_2、Y_3、Y_4与V_1之间的相关性较弱，典型载荷的绝对值分别为0.213、0.340、0.050。此外，典型相关变量U_1与典型相关变量V_1之间的相关程度高达0.948。因此，整体上看，2012年西部地区新型城镇化动力机制指标组与发展绩效指标组之间存在较为密切的相关关系（见图58）。

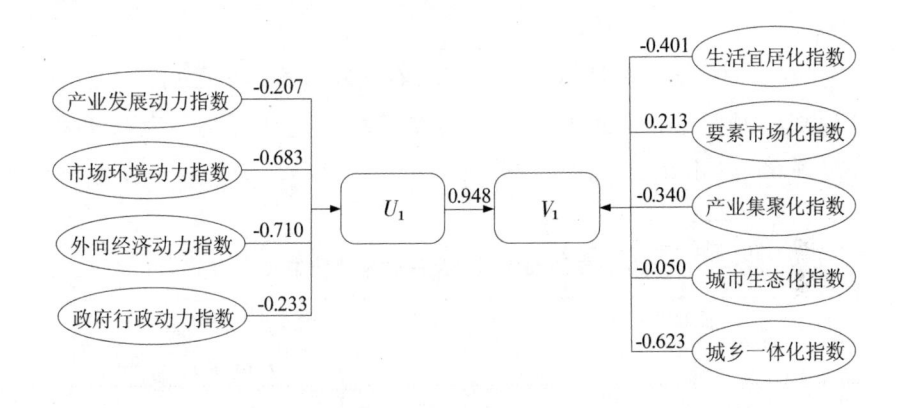

图58　2012年西部地区第一对典型相关变量的典型结构

2. 2012年西部新型城镇化发展绩效与动力机制的偏最小二乘回归分析

（1）确定抽取成分的个数

由自变量组抽取的第l个成分T_l（$l = 1,2,3,4$）可解释$X = (X_1, X_2, X_3, X_4)'$变差的百分比分别为76.1%、14.9%、4.7%、

4.4%,而 $T_l(l=1,2,3,4)$ 可解释因变量组 $Y=(Y_1,Y_2,Y_3,Y_4,Y_5)'$ 变差的百分比分别为 47.3%、6.0%、5.1%、0.6%（见表65）。可见，T_2、T_3、T_4 对 Y 的解释能力已经非常微弱，因此，只需抽取一个成分 T_1 就已足够。

表65　　2012年西部地区被偏最小二乘因子解释的变差的百分比

抽取成分的个数	统计量			
	X 的变差	X 的累计变差	Y 的变差	Y 的累计变差（R^2）	调整后的 R^2
1	0.761	0.761	0.473	0.473	0.446
2	0.149	0.909	0.060	0.532	0.483
3	0.047	0.956	0.051	0.583	0.514
4	0.044	1.000	0.006	0.589	0.492

由"舍一交叉验证方法"的交叉有效性检验结果可知，当抽取1个成分时，得到的预测残差平方和的均方达到最小，为0.8623（见表66）。由此确定抽取成分（即偏最小二乘因子）的个数为1。

表66　　　　2012年西部地区交叉有效性检验结果

抽取成分的个数	预测残差平方和的均方
0	1.100000
1	0.862348
2	0.917323
3	1.023998
4	1.025638
预测残差平方和的均方的最小值	0.8623
预测残差平方和的均方达到最小值时抽取成分的个数	1

(2) 建立偏最小二乘回归方程

当抽取 1 个成分时,得出还原为原始变量的偏最小二乘回归方程为:

$Y_1 = 0.297 + 0.010X_1 + 0.018X_2 + 0.033X_3 - 0.019X_4$

$Y_2 = 0.042 + 0.234X_1 + 0.438X_2 + 0.796X_3 - 0.453X_4$

$Y_3 = 0.092 + 0.273X_1 + 0.510X_2 + 0.927X_3 - 0.527X_4$

$Y_4 = 0.381 + 0.221X_1 + 0.413X_2 + 0.751X_3 - 0.427X_4$

$Y_5 = 0.103 + 0.210X_1 + 0.392X_2 + 0.712X_3 - 0.405X_4$

由以上偏最小二乘回归方程可知,在 2012 年西部地区新型城镇化动力机制指标组中:X_4 的系数为负,说明对西部地区新型城镇化发展绩效指数产生了负向影响;X_1、X_2、X_3 系数为正,说明对西部地区新型城镇化发展绩效指数产生了正向影响。在发挥正向作用的发展动力中,X_1 系数最小,分别为 0.010、0.234、0.273、0.221、0.210,说明对西部地区新型城镇化发展绩效指数的正向影响最为薄弱;X_3 系数最大,分别为 0.033、0.796、0.927、0.751、0.712,说明对西部地区新型城镇化发展绩效指数的正向影响最为显著。

在 2012 年西部地区新型城镇化发展绩效指标组中:Y_1 表达式各自变量系数的绝对值最小,分别为 0.010、0.018、0.033、0.019,说明西部地区动力机制对于生活宜居化指数的作用最为弱小;Y_3 表达式各自变量系数的绝对值最大,分别为 0.273、0.510、0.927、0.527,说明西部地区动力机制对于产业集聚化指数的作用最为显著。

(3) 变量投影重要性分析

在偏最小二乘回归分析中,常用变量投影重要性(VIP_m)来衡量自变量 X_m 对因变量 Y 的解释力。一般认为,$VIP > 1$ 的自变量重要,$0.5 < VIP \leq 1$ 的自变量比较重要,$VIP \leq 0.5$ 的自变量不重要。X_3、X_4 的 VIP_m 大于 1,说明对西部地区新型城镇化发展绩效指数有显著影响;X_1、X_2 的 VIP_m 处于 0.5—1,说明对西部地区新型城

镇化发展绩效指数影响比较重要（见表67），这一变量投影重要性指标结果与模型分析结果基本相符合。

表67　　　　　2012年西部地区变量投影重要性指标

自变量	X_1	X_2	X_3	X_4
VIP_m	0.694	0.912	1.221	1.094

（4）2012年西、东部偏最小二乘回归方程的对比分析

在对西部地区新型城镇化发展绩效各维度指数与动力机制各方面指数的相关关系研究的基础上，对比分析西、东部地区新型城镇化发展绩效指数与动力机制各方面指数的偏最小二乘回归方程，以期深入了解西部地区新型城镇化发展的优势和短板。

由SPSS17.0输出结果可得：

2012年西部地区新型城镇化发展绩效指数与动力机制各方面指数的偏最小二乘回归方程为：

$$Y_{西} = 0.144 + 0.257X_{西1} + 0.280X_{西2} + 0.907X_{西3} - 0.114X_{西4}$$

2012年东部地区新型城镇化发展绩效指数与动力机制各方面指数的偏最小二乘回归方程为：

$$Y_{东} = 0.154 + 0.509X_{东1} + 0.453X_{东2} + 0.297X_{东3} - 0.125X_{东4}$$

对比西、东部地区偏最小二乘回归分析结果可知：X_1、X_2对Y的正向作用，西部地区弱于东部地区；X_3对Y的正向作用，西部地区强于东部地区；X_4对Y的负向作用，西部地区小于东部地区。

（二）2013年西部新型城镇化发展绩效与动力机制的相关性

1. 2013年西部新型城镇化发展绩效与动力机制的典型相关分析

（1）典型相关系数及显著性检验

2013年西部地区新型城镇化发展绩效指标组与动力机制指标组的典型相关系数估计值，第一典型相关系数为0.930，第二典型相关

系数为0.809，第三典型相关系数为0.630，第四典型相关系数为0.251。由检验结果可知，第一典型相关系数的检验P值为0.017，在0.05的显著性水平下，拒绝典型相关系数为0的原假设，表明第一对典型相关变量通过显著性检验，而第二典型相关系数、第三典型相关系数、第四典型相关系数均无统计学意义（见表68）。因此，2013年西部地区新型城镇化发展绩效指标组与动力机制指标组相关性的研究，可以简化为研究第一对典型相关变量之间的关系。

表68　　2013年西部地区典型相关系数估计值和检验结果

	典型相关系数估计值	检验结果			
		威尔克斯检验统计值	卡方检验统计值	自由度	P值
第一典型相关系数	0.930	0.026	18.165	20	0.017
第二典型相关系数	0.809	0.195	8.167	12	0.472
第三典型相关系数	0.630	0.565	2.854	6	0.827
第四典型相关系数	0.251	0.937	0.327	2	0.849

（2）典型相关变量的系数

2013年西部地区新型城镇化动力机制指标组和发展绩效指标组之间的第一对典型相关变量的线性组合为（公式中均为标准化变量）：

$U_1 = -0.070X_1 - 0.956X_2 + 0.304X_3 - 0.426X_4$

$V_1 = 0.168Y_1 + 0.888Y_2 - 0.602Y_3 - 0.323Y_4 - 0.742Y_5$

在2013年西部地区新型城镇化动力机制指标组和发展绩效指标组之间的第一对典型相关变量中：X_1系数的绝对值相对较小，仅为0.070，X_2系数的绝对值相对较大，高达0.956，X_3、X_4系数的绝对值相对较为均匀；Y_1、Y_4系数的绝对值相对较小，分别为0.168和0.323，Y_2、Y_3、Y_5系数的绝对值相对较为均匀。

（3）典型结构分析

在2013年西部地区新型城镇化动力机制指标组的原始变量与典

型相关变量 U_1 之间的典型结构分析中：X_2、X_3 与 U_1 之间的相关性较强，典型载荷的绝对值分别为 0.911 和 0.709；X_1、X_4 与 U_1 之间的相关性较弱，典型载荷的绝对值分别为 0.376 和 0.265。在 2013 年西部地区新型城镇化发展绩效指标组的原始变量与典型相关变量 V_1 之间的典型结构分析中：Y_1、Y_3、Y_5 与 V_1 之间的相关性较强，典型载荷的绝对值分别为 0.406、0.589、0.730；Y_2、Y_4 与 V_1 之间的相关性较弱，典型载荷的绝对值分别为 0.186 和 0.019。此外，典型相关变量 U_1 与典型相关变量 V_1 之间的相关程度高达 0.930。因此，整体上看，2013 年西部地区新型城镇化动力机制指标组与发展绩效指标组之间存在较为密切的相关关系（见图59）。

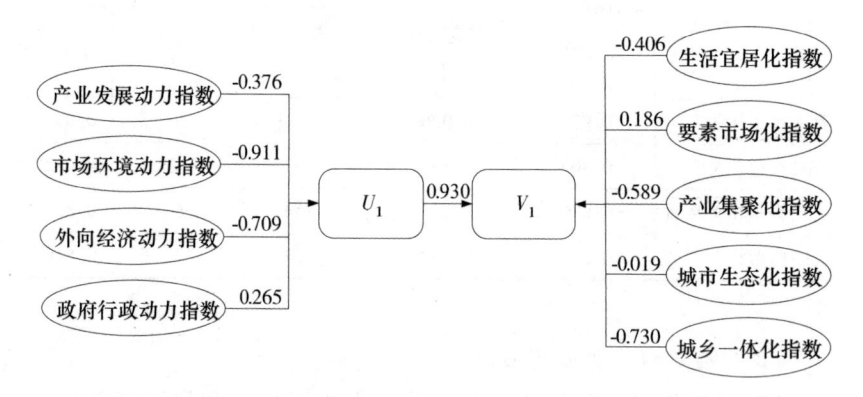

图59　2013 年西部地区第一对典型相关变量的典型结构

2. 2013 年西部新型城镇化发展绩效与动力机制的偏最小二乘回归分析

（1）确定抽取成分的个数

由自变量组抽取的第 l 个成分 $T_l(l=1,2,3,4)$ 可解释 $X=(X_1, X_2, X_3, X_4)$ 变差的百分比分别为 73.1%、14.0%、9.0%、3.9%，而 $T_l(l=1,2,3,4)$ 可解释因变量组 $Y=(Y_1, Y_2, Y_3, Y_4)$ 变差的百分比分别为 45.1%、6.2%、3.0%、1.0%（见表69）。可见，T_2、T_3、T_4 对 Y 的解释能力已经非常微弱，因此，只需抽取一个成分 T_1 就已足够。

第八章 西部地区新型城镇化发展绩效与动力机制相关性的实证分析

表69 2013年西部地区被偏最小二乘因子解释的变差的百分比

抽取成分的个数	X的变差	X的累计变差	Y的变差	Y的累计变差 (R^2)	调整后的R^2
1	0.731	0.731	0.451	0.451	0.423
2	0.140	0.871	0.062	0.512	0.461
3	0.090	0.961	0.030	0.542	0.466
4	0.039	1.000	0.010	0.552	0.447

由"舍一交叉验证方法"的交叉有效性检验结果可知，当抽取1个成分时，得到的预测残差平方和的均方达到最小，为1.0887（见表70）。由此确定抽取成分（即偏最小二乘因子）的个数为1。

表70 2013年西部地区交叉有效性检验结果

抽取成分的个数	预测残差平方和的均方
0	1.100000
1	1.088650
2	1.267363
3	1.338322
4	1.579637
预测残差平方和的均方的最小值	1.0887
预测残差平方和的均方达到最小值时抽取成分的个数	1

（2）建立偏最小二乘回归方程

当抽取1个成分时，得出还原为原始变量的偏最小二乘回归方程为：

$$Y_1 = 0.255 + 0.179X_1 + 0.291X_2 + 0.442X_3 - 0.141X_4$$

$$Y_2 = 0.139 + 0.349X_1 + 0.567X_2 + 0.860X_3 - 0.274X_4$$

$$Y_3 = 0.088 + 0.352X_1 + 0.571X_2 + 0.866X_3 - 0.276X_4$$
$$Y_4 = 0.373 + 0.301X_1 + 0.489X_2 + 0.742X_3 - 0.237X_4$$
$$Y_5 = 0.071 + 0.297X_1 + 0.483X_2 + 0.732X_3 - 0.234X_4$$

由以上偏最小二乘回归方程可知，在2013年西部地区新型城镇化动力机制指标组中：X_4系数为负，说明对西部地区新型城镇化发展绩效指数产生了负向影响；X_1、X_2、X_3系数为正，说明对西部地区新型城镇化发展绩效指数产生了正向影响。在发挥正向作用的发展动力中，X_1系数最小，分别为0.179、0.349、0.352、0.301、0.297，说明对西部地区新型城镇化发展绩效指数的正向影响最为薄弱；X_3系数最大，分别为0.442、0.860、0.866、0.742、0.732，说明对西部地区新型城镇化发展绩效指数的正向影响最为显著。

在2013年西部地区新型城镇化发展绩效指标组中：Y_1表达式各自变量系数的绝对值最小，分别为0.179、0.291、0.442、0.141，说明西部地区动力机制对于生活宜居化指数的作用最为弱小；Y_3表达式各自变量系数的绝对值最大，分别为0.352、0.571、0.866、0.276，说明西部地区动力机制对于产业集聚化指数的作用最为显著。

（3）变量投影重要性分析

X_2、X_3的VIP_m大于1，说明对西部地区新型城镇化发展绩效指数有显著影响；X_1、X_4的VIP_m处于0.5—1，说明对西部地区新型城镇化发展绩效指数影响比较重要（见表71），这一变量投影重要性指标结果与模型分析结果基本相符合。

表71　　　　　　2013年西部地区变量投影重要性指标

自变量	X_1	X_2	X_3	X_4
VIP_m	0.850	1.006	1.154	0.966

（4）2013年西、东部偏最小二乘回归方程的对比分析

2013年西部地区新型城镇化发展绩效指数与动力机制各方面

指数的偏最小二乘回归方程为：

$Y_{西} = 0.100 + 0.274X_{西1} + 0.261X_{西2} + 0.534X_{西3} - 0.189X_{西4}$

2013年东部地区新型城镇化发展绩效指数与动力机制各方面指数的偏最小二乘回归方程为：

$Y_{东} = 0.087 + 0.854X_{东1} + 0.660X_{东2} + 0.292X_{东3} - 1.301X_{东4}$

对比西、东部地区偏最小二乘回归分析结果可知：X_1、X_2 对 Y 的正向作用，西部地区弱于东部地区；X_3 对 Y 的正向作用，西部地区强于东部地区；X_4 对 Y 的负向作用，西部地区小于东部地区。

（三）2014年西部新型城镇化发展绩效与动力机制的相关性

1. 2014年西部新型城镇化发展绩效与动力机制的典型相关分析

（1）典型相关系数及显著性检验

2014年西部地区新型城镇化发展绩效指标组与动力机制指标组的典型相关系数估计值，第一典型相关系数为0.910，第二典型相关系数为0.847，第三典型相关系数为0.833，第四典型相关系数为0.263。由检验结果可知，第一典型相关系数的检验 P 值为0.035，在0.05的显著性水平下，拒绝典型相关系数为0的原假设，表明第一对典型相关变量通过显著性检验，而第二典型相关系数、第三典型相关系数、第四典型相关系数均无统计学意义（见表72）。因此，2014年西部地区新型城镇化发展绩效指标组与动力机制指标组相关性的研究，可以简化为研究第一对典型相关变量之间的关系。

表72　2014年西部地区典型相关系数估计值和检验结果

	典型相关系数估计值	威尔克斯检验统计值	卡方检验统计值	自由度	P 值
第一典型相关系数	0.910	0.014	21.378	20	0.035
第二典型相关系数	0.847	0.081	12.590	12	0.400

续表

	典型相关系数估计值	检验结果			
		威尔克斯检验统计值	卡方检验统计值	自由度	P 值
第三典型相关系数	0.833	0.284	6.285	6	0.392
第四典型相关系数	0.263	0.931	0.357	2	0.836

（2）典型相关变量的系数

2014 年西部地区新型城镇化动力机制指标组和发展绩效指标组之间的第一对典型相关变量的线性组合为（公式中均为标准化变量）：

$$U_1 = 0.329X_1 + 0.258X_2 + 0.555X_3 - 0.140X_4$$

$$V_1 = 0.304Y_1 - 0.153Y_2 + 0.580Y_3 - 0.151Y_4 + 0.519Y_5$$

在 2014 年西部地区新型城镇化动力机制指标组和发展绩效指标组之间的第一对典型相关变量中：X_4 系数的绝对值相对较小，仅为 0.140，X_1、X_2、X_3 系数的绝对值相对较为均匀；Y_2、Y_4 系数的绝对值相对较小，分别为 0.153 和 0.151，Y_1、Y_3、Y_5 系数的绝对值相对较为均匀。

（3）典型结构分析

在 2014 年西部地区新型城镇化动力机制指标组的原始变量与典型相关变量 U_1 之间的典型结构分析中：X_1、X_2、X_3、X_4 与 U_1 之间的相关性较强，典型载荷的绝对值分别为 0.681、0.797、0.885、0.570。在 2014 年西部地区新型城镇化发展绩效指标组的原始变量与典型相关变量 V_1 之间的典型结构分析中：Y_3、Y_5 与 V_1 之间的相关性较强，典型载荷的绝对值分别为 0.773 和 0.898；Y_1、Y_2、Y_4 与 V_1 之间的相关性较弱，典型载荷的绝对值分别为 0.304、0.353、0.313。此外，典型相关变量 U_1 与典型相关变量 V_1 之间的相关程度高达 0.910。因此，整体上看，2014 年西部地区新型城镇化动力机制指标组与发展绩效指标组之间存在较为密切的相关关系（见图 60）。

第八章 西部地区新型城镇化发展绩效与动力机制相关性的实证分析

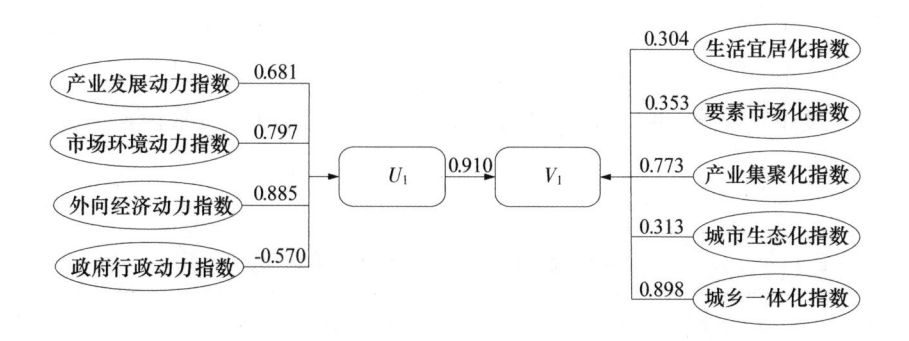

```
产业发展动力指数 ──0.681──┐                    ┌──0.304── 生活宜居化指数
市场环境动力指数 ──0.797──┤                    ├──0.353── 要素市场化指数
                         │ U₁ ──0.910── V₁ │
外向经济动力指数 ──0.885──┤                    ├──0.773── 产业集聚化指数
政府行政动力指数 ──-0.570─┘                    ├──0.313── 城市生态化指数
                                              └──0.898── 城乡一体化指数
```

图 60　2014 年西部地区第一对典型相关变量的典型结构

2. 2014 年西部新型城镇化发展绩效与动力机制的偏最小二乘回归分析

（1）确定抽取成分的个数

由自变量组抽取的第 l 个成分 T_l（$l=1，2，3，4$）可解释 $X=(X_1，X_2，X_3，X_4)$ 变差的百分比分别为 69.9%、14.2%、11.8%、4.1%，而 T_l（$l=1，2，3，4$）可解释因变量组 $Y=(Y_1，Y_2，Y_3，Y_4，Y_5)$ 变差的百分比分别为 44.5%、4.3%、1.6%、1.9%（见表 73）。可见，T_2、T_3、T_4 对 Y 的解释能力已经非常微弱，因此，只需抽取一个成分 T_1 就已足够。

表 73　2014 年西部地区被偏最小二乘因子解释的变差的百分比

抽取成分的个数	统计量				
	X 的变差	X 的累计变差	Y 的变差	Y 的累计变差（R^2）	调整后的 R^2
1	0.699	0.699	0.445	0.445	0.418
2	0.142	0.841	0.043	0.488	0.434
3	0.118	0.959	0.016	0.504	0.421
4	0.041	1.000	0.019	0.523	0.411

由"舍一交叉验证方法"的交叉有效性检验结果可知，当抽取 1 个成分时，得到的预测残差平方和的均方达到最小，为 1.0280（见表 74）。由此确定抽取成分（即偏最小二乘因子）的个数为 1。

表 74　　2014 年西部地区交叉有效性检验结果

抽取成分的个数	预测残差平方和的均方
0	1.100000
1	1.028009
2	1.102672
3	1.197459
4	1.395185
预测残差平方和的均方的最小值	1.0280
预测残差平方和的均方达到最小值时抽取成分的个数	1

（2）建立偏最小二乘回归方程

当抽取 1 个成分时，得出还原为原始变量的偏最小二乘回归方程为：

$Y_1 = 0.327 + 0.101X_1 + 0.138X_2 + 0.147X_3 - 0.071X_4$

$Y_2 = 0.083 + 0.316X_1 + 0.433X_2 + 0.461X_3 - 0.223X_4$

$Y_3 = 0.107 + 0.529X_1 + 0.724X_2 + 0.771X_3 - 0.374X_4$

$Y_4 = 0.371 + 0.362X_1 + 0.497X_2 + 0.528X_3 - 0.256X_4$

$Y_5 = 0.057 + 0.469X_1 + 0.643X_2 + 0.684X_3 - 0.332X_4$

由以上偏最小二乘回归方程可知，在 2014 年西部地区新型城镇化动力机制指标组中：X_4 系数为负，说明对西部地区新型城镇化发展绩效指数产生了负向影响；X_1、X_2、X_3 系数为正，说明对西部地区新型城镇化发展绩效指数产生了正向影响。在发挥正向作用的发展动力中，X_1 系数最小，分别为 0.101、0.316、0.529、0.362、0.469，说明对西部地区新型城镇化发展绩效指数的正向影响最为薄弱；X_3 系数最大，分别为 0.147、0.461、0.771、0.528、0.684，说明对西部地区新型城镇化发展绩效指数的正向影响最为显著。

在 2014 年西部地区新型城镇化发展绩效指标组中：Y_1 表达式各自变量系数的绝对值最小，分别为 0.101、0.138、0.147、0.071，说明西部地区动力机制对于生活宜居化指数的作用最为弱小；Y_3 表达式各自变量系数的绝对值最大，分别为 0.529、0.724、0.771、0.374，说明西部地区动力机制对于产业集聚化指数的作用最为显著。

（3）变量投影重要性分析

X_3、X_4 的 VIP_m 大于 1，说明对西部地区新型城镇化发展绩效指数有显著影响；X_1、X_2 的 VIP_m 处于 0.5—1，说明对西部地区新型城镇化发展绩效指数影响比较重要（见表 75），这一变量投影重要性指标结果与模型分析结果基本相符合。

表 75　　　　　2014 年西部地区变量投影重要性指标

自变量	X_1	X_2	X_3	X_4
VIP_m	0.778	0.965	1.039	1.177

（4）2014 年西、东部偏最小二乘回归方程的对比分析

2014 年西部地区新型城镇化发展绩效指数与动力机制各方面指数的偏最小二乘回归方程为：

$$Y_西 = 0.117 + 0.396X_{西1} + 0.356X_{西2} + 0.462X_{西3} - 0.170X_{西4}$$

2014 年东部地区新型城镇化发展绩效指数与动力机制各方面指数的偏最小二乘回归方程为：

$$Y_东 = 0.122 + 0.588X_{东1} + 0.894X_{东2} + 0.458X_{东3} - 0.940X_{东4}$$

对比西、东部地区偏最小二乘回归分析结果可知：X_1、X_2 对 Y

的正向作用，西部地区弱于东部地区；X_3 对 Y 的正向作用，西部地区强于东部地区；X_4 对 Y 的负向作用，西部地区小于东部地区。

（四）2015年西部新型城镇化发展绩效与动力机制的相关性

1. 2015年西部新型城镇化发展绩效与动力机制的典型相关分析

（1）典型相关系数及显著性检验

2015年西部地区新型城镇化发展绩效指标组与动力机制指标组的典型相关系数估计值，第一典型相关系数为0.976，第二典型相关系数为0.937，第三典型相关系数为0.792，第四典型相关系数为0.509。由检验结果可知，第一典型相关系数的检验 P 值为0.041，在0.05的显著性水平下，拒绝典型相关系数为0的原假设，表明第一对典型相关变量通过显著性检验，而第二典型相关系数、第三典型相关系数、第四典型相关系数均无统计学意义（见表85）。因此，2015年西部地区新型城镇化发展绩效指标组与动力机制指标组相关性的研究，可以简化为研究第一对典型相关变量之间的关系。

表76　2015年西部地区典型相关系数估计值和检验结果

	典型相关系数估计值	检验结果			
		威尔克斯检验统计值	卡方检验统计值	自由度	P 值
第一典型相关系数	0.976	0.002	32.201	20	0.041
第二典型相关系数	0.937	0.034	16.955	12	0.151
第三典型相关系数	0.792	0.276	6.429	6	0.377
第四典型相关系数	0.509	0.741	1.498	2	0.473

（2）典型相关变量的系数

2015年西部地区新型城镇化动力机制指标组和发展绩效指标组之间的第一对典型相关变量的线性组合为（公式中均为标准化变量）：

第八章 西部地区新型城镇化发展绩效与动力机制相关性的实证分析

$$U_1 = -0.592X_1 + 0.516X_2 - 0.110X_3 - 0.773X_4$$
$$V_1 = -0.940Y_1 - 0.244Y_2 - 0.542Y_3 + 0.160Y_4 + 0.979Y_5$$

在 2015 年西部地区新型城镇化动力机制指标组和发展绩效指标组之间的第一对典型相关变量中：X_3 系数的绝对值相对较小，仅为 0.110，X_1、X_2、X_4 系数的绝对值相对较为均匀；Y_2、Y_4 系数的绝对值相对较小，分别为 0.244 和 0.160，Y_1、Y_5 系数的绝对值相对较大，分别为 0.940 和 0.979。

（3）典型结构分析

在 2015 年西部地区新型城镇化动力机制指标组的原始变量与典型相关变量 U_1 之间的典型结构分析中：X_2、X_4 与 U_1 之间的相关性较强，典型载荷的绝对值分别为 0.667 和 0.792；X_1、X_3 与 U_1 之间的相关性较弱，典型载荷的绝对值分别为 0.115 和 0.219。在 2015 年西部地区新型城镇化发展绩效指标组的原始变量与典型相关变量 V_1 之间的典型结构分析中：Y_1、Y_2、Y_3、Y_5 与 V_1 之间的相关性较强，典型载荷的绝对值分别为 0.770、0.434、0.517、0.615；Y_4 与 V_1 之间的相关性较弱，典型载荷的绝对值为 0.384。此外，典型相关变量 U_1 与典型相关变量 V_1 之间的相关程度高达 0.976。因此，整体上看，2015 年西部地区新型城镇化动力机制指标组与发展绩效指标组之间存在较为密切的相关关系（见图 61）。

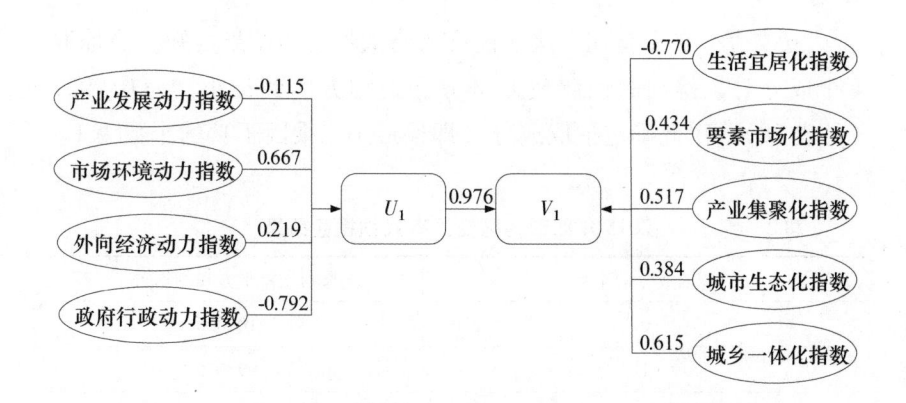

图 61 2015 年西部地区第一对典型相关变量的典型结构

2. 2015年西部新型城镇化发展绩效与动力机制的偏最小二乘回归分析

（1）确定抽取成分的个数

由自变量组抽取的第 l 个成分 T_l（$l=1,2,3,4$）可解释 $X=(X_1,X_2,X_3,X_4)$ 变差的百分比分别为 77.9%、12.7%、5.2%、4.2%，而 T_l（$l=1,2,3,4$）可解释因变量组 $Y=(Y_1,Y_2,Y_3,Y_4,Y_5)$ 变差的百分比分别为 44.1%、6.7%、5.2%、0.9%（见表77）。可见，T_2、T_3、T_4 对 Y 的解释能力已经非常微弱，因此，只需抽取一个成分 T_1 就已足够。

表77　2015年西部地区被偏最小二乘因子解释的变差的百分比

抽取成分的个数	统计量				
	X的变差	X的累计变差	Y的变差	Y的累计变差（R^2）	调整后的 R^2
1	0.779	0.779	0.441	0.441	0.413
2	0.127	0.906	0.067	0.508	0.456
3	0.052	0.958	0.052	0.560	0.487
4	0.042	1.000	0.009	0.569	0.468

由"舍一交叉验证方法"的交叉有效性检验结果可知，当抽取1个成分时，得到的预测残差平方和的均方达到最小，为0.9927（见表78）。由此确定抽取成分（即偏最小二乘因子）的个数为1。

表78　2015年西部地区交叉有效性检验结果

抽取成分的个数	预测残差平方和的均方
0	1.100000
1	0.992655
2	1.012921

续表

抽取成分的个数	预测残差平方和的均方
3	1.151880
4	1.338844
预测残差平方和的均方的最小值	0.9927
预测残差平方和的均方达到最小值时抽取成分的个数	1

（2）建立偏最小二乘回归方程

当抽取1个成分时，得出还原为原始变量的偏最小二乘回归方程为：

$Y_1 = 0.362 + 0.149X_1 + 0.222X_2 + 0.273X_3 - 0.301X_4$

$Y_2 = 0.093 + 0.228X_1 + 0.340X_2 + 0.419X_3 - 0.461X_4$

$Y_3 = 0.031 + 0.320X_1 + 0.478X_2 + 0.588X_3 - 0.646X_4$

$Y_4 = 0.294 + 0.171X_1 + 0.255X_2 + 0.314X_3 - 0.345X_4$

$Y_5 = 0.097 + 0.313X_1 + 0.467X_2 + 0.576X_3 - 0.633X_4$

由以上偏最小二乘回归方程可知，在2015年西部地区新型城镇化动力机制指标组中：X_4系数为负，说明对西部地区新型城镇化发展绩效指数产生了负向影响；X_1、X_2、X_3系数为正，说明对西部地区新型城镇化发展绩效指数产生了正向影响。在发挥正向作用的发展动力中，X_1系数最小，分别为0.149、0.228、0.320、0.171、0.313，说明对西部地区新型城镇化发展绩效指数的正向影响最为薄弱；X_3系数最大，分别为0.273、0.419、0.588、0.314、0.576，说明对西部地区新型城镇化发展绩效指数的正向影响最为显著。

在2015年西部地区新型城镇化发展绩效指标组中：Y_1表达式各自变量系数的绝对值最小，分别为0.149、0.222、0.273、0.301，说明西部地区动力机制对于生活宜居化指数的作用最为弱小；Y_3表达式各自变量系数的绝对值最大，分别为0.320、0.478、0.588、0.646，说明西部地区动力机制对于产业集聚化指数的作用最为显著。

（3）变量投影重要性分析

X_2、X_4 的 VIP_m 大于 1，说明对西部地区新型城镇化发展绩效指数有显著影响；X_1、X_3 的 VIP_m 处于 0.5—1，说明对西部地区新型城镇化发展绩效指数影响比较重要（见表79），这一变量投影重要性指标结果与模型分析结果基本相符合。

表79　　　　　2015年西部地区变量投影重要性指标

自变量	X_1	X_2	X_3	X_4
VIP_m	0.634	1.028	0.887	1.325

（4）2015年西、东部偏最小二乘回归方程的对比分析

2015年西部地区新型城镇化发展绩效指数与动力机制各方面指数的偏最小二乘回归方程为：

$$Y_{西} = 0.110 + 0.220 X_{西1} + 0.149 X_{西2} + 0.356 X_{西3} - 0.209 X_{西4}$$

2015年东部地区新型城镇化发展绩效指数与动力机制各方面指数的偏最小二乘回归方程为：

$$Y_{东} = 0.065 + 0.666 X_{东1} + 0.503 X_{东2} + 0.354 X_{东3} - 0.395 X_{东4}$$

对比西、东部地区偏最小二乘回归分析结果可知：X_1、X_2 对 Y 的正向作用，西部地区弱于东部地区；X_3 对 Y 的正向作用，西部地区强于东部地区；X_4 对 Y 的负向作用，西部地区小于东部地区。

（五）2012—2015年西部新型城镇化发展绩效与动力机制的相关性

1. 2012—2015年西部新型城镇化发展绩效与动力机制的典型相关分析

（1）典型相关系数及显著性检验

2012—2015年西部地区新型城镇化发展绩效指标组与动力机制指标组的典型相关系数估计值，第一典型相关系数为 0.807，第二典型相关系数为 0.597，第三典型相关系数为 0.370，第四典型

相关系数为 0.175。由检验结果可知，第一典型相关系数的检验 P 值为 0.000，在 0.05 的显著性水平下，拒绝典型相关系数为 0 的原假设，表明第一对典型相关变量通过显著性检验，而第二典型相关系数、第三典型相关系数、第四典型相关系数均无统计学意义（见表80）。因此，2012—2015 年西部地区新型城镇化发展绩效指标组与动力机制指标组相关性的研究，可以简化为研究第一对典型相关变量之间的关系。

表80　2012—2015 年西部地区典型相关系数估计值和检验结果

	典型相关系数估计值	检验结果			
		威尔克斯检验统计值	卡方检验统计值	自由度	P 值
第一典型相关系数	0.807	0.188	63.607	20	0.000
第二典型相关系数	0.597	0.539	23.519	12	0.124
第三典型相关系数	0.370	0.837	6.775	6	0.342
第四典型相关系数	0.175	0.970	1.177	2	0.555

（2）典型相关变量的系数

2012—2015 年西部地区新型城镇化动力机制指标组和发展绩效指标组之间的第一对典型相关变量的线性组合为（公式中均为标准化变量）：

$$U_1 = -0.527X_1 - 0.167X_2 - 0.687X_3 - 0.231X_4$$
$$V_1 = -0.547Y_1 + 0.083Y_2 - 0.709Y_3 - 0.110Y_4 - 0.311Y_5$$

在 2012—2015 年西部地区新型城镇化动力机制指标组和发展绩效指标组之间的第一对典型相关变量中：X_2、X_4 系数的绝对值相对较小，分别为 0.167 和 0.231，X_1、X_3 系数的绝对值相对较为均匀；Y_2、Y_4 系数的绝对值相对较小，分别为 0.083 和 0.100，Y_1、Y_3、Y_5 系数的绝对值相对较为均匀。

（3）典型结构分析

在 2012—2015 年西部地区新型城镇化动力机制指标组的原始

变量与典型相关变量 U_1 之间的典型结构分析中：X_1、X_2、X_3 与 U_1 之间的相关性较强，典型载荷的绝对值分别为 0.688、0.627、0.857；X_4 与 U_1 之间的相关性较弱，典型载荷的绝对值为 0.243。在 2012—2015 年西部地区新型城镇化发展绩效指标组的原始变量与典型相关变量 V_1 之间的典型结构分析中：Y_1、Y_3、Y_5 与 V_1 之间的相关性较强，典型载荷的绝对值分别为 0.443、0.725、0.774；Y_2、Y_4 与 V_1 之间的相关性较弱，典型载荷的绝对值为 0.185 和 0.187。此外，典型相关变量 U_1 与典型相关变量 V_1 之间的相关程度高达 0.807。因此，整体上看，2012—2015 年西部地区新型城镇化动力机制指标组与发展绩效指标组之间存在较为密切的相关关系（见图62）。

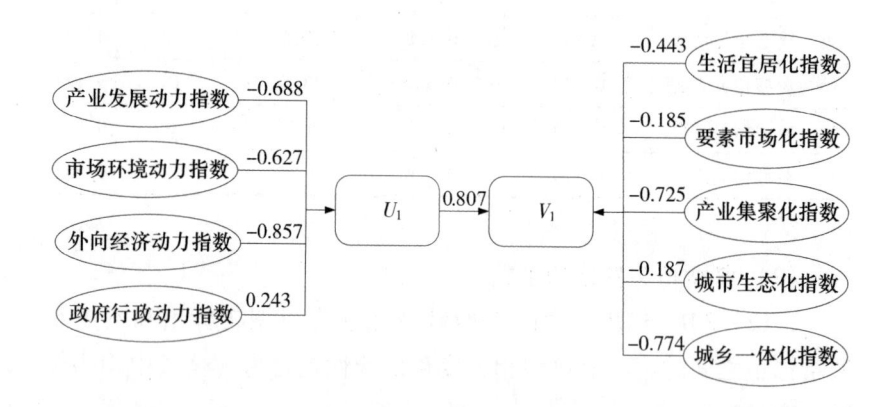

图62 2012—2015年西部地区第一对典型相关变量的典型结构

2. 2012—2015 年西部新型城镇化发展绩效与动力机制的偏最小二乘回归分析

（1）确定抽取成分的个数

由自变量组抽取的第 l 个成分 T_l (l = 1, 2, 3, 4) 可解释 X = (X_1, X_2, X_3, X_4) 变差的百分比分别为 53.8%、16.3%、9.9%、20.0%，而 T_l (l = 1, 2, 3, 4) 可解释因变量组 Y = (Y_1, Y_2, Y_3, Y_4, Y_5) 变差的百分比分别为 18.3%、8.5%、2.4%、0.3%

(见表81)。可见，T_2、T_3、T_4对Y的解释能力已经非常微弱，因此，只需抽取一个成分T_1就已足够。

表81　2012—2015年西部地区被偏最小二乘因子解释的变差的百分比

抽取成分的个数	统计量				
	X的变差	X的累计变差	Y的变差	Y的累计变差（R^2）	调整后的R^2
1	0.538	0.538	0.183	0.183	0.164
2	0.163	0.701	0.085	0.268	0.232
3	0.099	0.800	0.024	0.292	0.239
4	0.200	1.000	0.003	0.296	0.223

由"舍一交叉验证方法"的交叉有效性检验结果可知，当抽取1个成分时，得到的预测残差平方和的均方达到最小，为0.9189（见表82）。由此确定抽取成分（即偏最小二乘因子）的个数为1。

表82　2012—2015年西部地区交叉有效性检验结果

抽取成分的个数	预测残差平方和的均方
0	1.023256
1	0.918919
2	0.945542
3	0.927395
4	0.924309
预测残差平方和的均方的最小值	0.9189
预测残差平方和的均方达到最小值时抽取成分的个数	1

（2）建立偏最小二乘回归方程

当抽取1个成分时，得出还原为原始变量的偏最小二乘回归方程为：

$$Y_1 = 0.289 + 0.055X_1 + 0.083X_2 + 0.120X_3 - 0.033X_4$$

$$Y_2 = 0.087 + 0.197X_1 + 0.298X_2 + 0.430X_3 - 0.117X_4$$
$$Y_3 = 0.077 + 0.353X_1 + 0.533X_2 + 0.769X_3 - 0.209X_4$$
$$Y_4 = 0.364 + 0.218X_1 + 0.329X_2 + 0.475X_3 - 0.129X_4$$
$$Y_5 = 0.043 + 0.343X_1 + 0.518X_2 + 0.748X_3 - 0.204X_4$$

由以上偏最小二乘回归方程可知，在2012—2015年西部地区新型城镇化动力机制指标组中：X_4系数为负，说明对西部地区新型城镇化发展绩效指数产生了负向影响；X_1、X_2、X_3系数为正，说明对西部地区新型城镇化发展绩效指数产生了正向影响。在发挥正向作用的发展动力中，X_1系数最小，分别为0.055、0.197、0.353、0.218、0.343，说明对西部地区新型城镇化发展绩效指数的正向影响最为薄弱；X_3系数最大，分别为0.120、0.430、0.769、0.475、0.748，说明对西部地区新型城镇化发展绩效指数的正向影响最为显著。

在2012—2015年西部地区新型城镇化发展绩效指标组中：Y_1表达式各自变量系数的绝对值最小，分别为0.055、0.083、0.120、0.033，说明西部地区动力机制对于生活宜居化指数的作用最为弱小；Y_3表达式各自变量系数的绝对值最大，分别为0.353、0.533、0.769、0.209，说明西部地区动力机制对于产业集聚化指数的作用最为显著。

（3）变量投影重要性分析

X_2、X_3的VIP_m大于1，说明对西部地区新型城镇化发展绩效指数有显著影响；X_1、X_4的VIP_m处于0.5—1，说明对西部地区新型城镇化发展绩效指数影响比较重要（见表83），这一变量投影重要性指标结果与模型分析结果基本相符合。

表83　　　2012—2015年西部地区变量投影重要性指标

自变量	X_1	X_2	X_3	X_4
VIP_m	0.903	1.055	1.186	0.814

第八章 西部地区新型城镇化发展绩效与动力机制相关性的实证分析

（4）2012—2015 年西、东部偏最小二乘回归方程的对比分析

2012—2015 年西部地区新型城镇化发展绩效指数与动力机制各方面指数的偏最小二乘回归方程为：

$$Y_{西} = 0.118 + 0.463X_{西1} + 0.500X_{西2} + 0.407X_{西3} - 0.311X_{西4}$$

2012—2015 年东部地区新型城镇化发展绩效指数与动力机制各方面指数的偏最小二乘回归方程为：

$$Y_{东} = 0.126 + 0.567X_{东1} + 0.515X_{东2} + 0.353X_{东3} - 0.711X_{东4}$$

对比西、东部地区偏最小二乘回归分析结果可知：X_1、X_2 对 Y 的正向作用，西部地区弱于东部地区；X_3 对 Y 的正向作用，西部地区强于东部地区；X_4 对 Y 的负向作用，西部地区小于东部地区。

三　小结

本章依托第六章、第七章已得出的西部地区新型城镇化发展绩效和动力机制的评价与测度结果，运用典型相关分析和偏最小二乘回归分析的方法，对西部地区新型城镇化发展绩效和动力机制的相关性进行了实证研究，进一步地，对东、西部地区偏最小二乘回归结果作了比较分析。

第一，从 2012—2015 年西部地区新型城镇化发展绩效与动力机制的典型相关结果分析。整体上看，西部地区新型城镇化发展绩效指标组与动力机制指标组之间存在较为密切的相关关系。

第二，从 2012—2015 年西部地区新型城镇化发展绩效与动力机制的偏最小二乘回归结果分析。在西部地区新型城镇化动力机制指标组中：X_4（政府行政动力指数）的系数为负，说明对西部地区新型城镇化发展绩效指数产生了负向影响；X_1（产业发展动力指数）、X_2（市场环境动力指数）、X_3（外向经济动力指数）的系数为正，说明对西部地区新型城镇化发展绩效指数产生了正向影响。在发挥正向作用的发展动力中，X_1（产业发展动力指数）的系数最小，说明对西部地区新型城镇化发展绩效指数的正向影响最为薄弱；X_3（外向经济动力指数）的系数最大，说明对西部地区新型城

镇化发展绩效指数的正向影响最为显著。在西部地区新型城镇化发展绩效指标组中：Y_1（生活宜居化指数）表达式各自变量系数的绝对值最小，说明西部地区动力机制对于生活宜居化指数的作用最为弱小；Y_3（产业集聚化指数）表达式各自变量系数的绝对值最大，说明西部地区动力机制对于产业集聚化指数的作用最为显著。

第三，从2012—2015年西、东部地区偏最小二乘回归方程的对比结果分析。X_1（产业发展动力指数）、X_2（市场环境动力指数）对Y（新型城镇化发展绩效指数）的正向作用，西部地区弱于东部地区；X_3（外向经济动力指数）对Y（新型城镇化发展绩效指数）的正向作用，西部地区强于东部地区；X_4（政府行政动力指数）对Y（新型城镇化发展绩效指数）的负向作用，西部地区小于东部地区。

第九章　推进西部地区新型城镇化高质量发展的政策建议

在前文理论阐释、历史与现状分析、实证研究的基础上，本章立足西部特殊区情，针对其城镇化在发展目标和动力机制方面存在的问题与不足，提出了推进西部地区新型城镇化高质量发展应坚持的原则和主要对策建议。

作为城镇化整体发展水平最低、推进难度最大的区域，西部地区应克服传统城镇化发展目标单一、动力机制失衡的缺陷，坚持新型城镇化以人为本的根本命题，在创新、协调、绿色、开放、共享的新发展理念指导下，依托大数据、云计算、互联网、物联网、人工智能等信息技术平台，将数字经济全面融入渗透到西部地区新型城镇化发展进程当中，树立涵盖产业集聚化、城乡一体化、城市生态化、要素市场化、生活宜居化五个维度的新型城镇化多元目标体系，以及包括产业发展动力、市场环境动力、外向经济动力、政府行政动力四个方面的新型城镇化均衡动力机制，从而确保西部地区新型城镇化在内部因素和外部因素的共同驱动下健康、持续发展，进一步地，实现经济发展和人的全面发展的终极目标。

一　推进西部地区新型城镇化高质量发展应坚持的原则

在新的历史阶段，我国步入了全面建成小康社会、加快社会主义现代化建设、推进经济社会转型的关键时期。新型城镇化作为现代化的必由之路与经济社会进步的强大引擎,越来越受到党和国家的高度重视。2013年12月,中华人民共和国成立以来的第一次城镇化工作会议隆重召开,会议提出"推进以人为核心的城镇化""根据资源环境承载能力构建科学合理的城镇化宏观布局""坚持生态文明,着力推进绿色发展、循环发展、低碳发展"[①] 等要求。2014年3月,《国家新型城镇化规划(2014—2020年)》编制完成并颁布实施,该规划明确了新型城镇化的科学原则、发展路径、主要目标和战略任务,是指导新型城镇化健康发展的宏观性、战略性、基础性规划。2015年10月,党的十八届五中全会提出了创新、协调、绿色、开放、共享的新发展理念,彰显了"十三五"乃至更长时期我国经济社会的发展思路、发展方向、发展着力点,是新型城镇化的指导理念。2017年10月,习近平同志在中共第十九次全国代表大会上再次明确指出,"推动新型工业化、信息化、城镇化、农业现代化同步发展"[②],以战略和全局的站位对新型城镇化作出部署,为城镇化朝着更趋稳定、更加健康的方向前进提供了思想指南。这一系列基本要求、规划、指导理念和思想,成为中国新型城镇化发展的基本遵循。西部地区新型城镇化要以中央城镇化工作会议及党的十九大会议精神、国家新型城镇化规划、新发展理念为指导,结合自身城镇化发展目标与动力机制的不足,制定切实可行的政策措施,推动产业和人口向优势区域集中[③],促进新型城镇化健康、有序、顺利发展。

西部地区应摒弃传统城镇化"经济增长至上"的单一发展目标,构建涵盖生活宜居化、要素市场化、产业集聚化、城市生态化、城乡一体化五个维度的新型城镇化多元目标体系,兼顾"经济

---

① 中共中央、国务院:《国家新型城镇化规划(2014—2020年)》,http://www.gov.cn,2014年3月16日。

② 习近平:《决胜全面建成小康社会 夺取新时代中国特色社会主义伟大胜利——在中国共产党第十九次全国代表大会上的报告》,http://www.china.com.cn,2017年10月18日。

③ 习近平:《推动形成优势互补高质量发展的区域经济布局》,《求是》2019年第24期。

第九章 推进西部地区新型城镇化高质量发展的政策建议

发展"和"人的全面发展",从而推动新型城镇化的可持续前行。具体地,西部地区新型城镇化应坚持以下原则。

第一,以人为本,共建共享。新型城镇化的出发点和落脚点是为人民谋福利,目标是实现人的全面发展。因此,西部地区在新型城镇化发展过程中,一方面,要按照"地点转换""职业转换""身份转换"的顺序,逐步推进农业转移人口市民化进程;同时,解决收入、就业、住房、社保、教育、医疗、卫生、文化等群众最关心、最直接、最现实的利益问题,将城镇的基础设施、公共服务、社会保障全面覆盖于城镇常住人口,使农业转移人口享受与城镇居民平等的权利。另一方面,要努力实现城乡基础设施和公共服务的全覆盖与均等化,在幼有所育、学有所教、劳有所得、病有所医、老有所养、住有所居、弱有所扶上不断取得新进展,保证城乡全体居民共建共享新型城镇化的发展成果,并在此过程中收获更多的获得感和幸福感。

第二,开放合作,互利共赢。坚持引进来和走出去并重,加强创新能力开放合作,构建开放型经济新体制,形成全面开放竞争新优势。一方面,加大西部地区自贸试验区的政策创新力度,以投资贸易自由化便利化改革创新为重点,全面实行准入前国民待遇加负面清单管理制度,放宽外商投资市场准入,探索建立与国际高标准投资和贸易规则体系相适应的政策制度。另一方面,加快融入"一带一路"合作建设,努力实现政策沟通、设施联通、贸易畅通、资金融通、民心相通[①],打造西部地区国际合作新平台;做大做强西部地区枢纽经济、门户经济、流动经济,完善与"一带一路"沿线国家的产能合作机制,推进国际文化旅游交流,加快丝绸之路经济带能源交易和结算平台建设,提升西部地区的国际金融服务与经贸合作能力。

第三,创新引领,产城融合。西部地区新型城镇化要促进产业

---

① 习近平:《决胜全面建成小康社会 夺取新时代中国特色社会主义伟大胜利——在中国共产党第十九次全国代表大会上的报告》,http://www.china.com.cn,2017年10月18日。

创新，夯实城镇化发展的产业基础，实现产城融合。一方面，推动各类产业向城镇、园区、经济带集聚，形成规模较大、层次较高、具有一定优势的特色产业集群，实现产业聚集。另一方面，促进科技与产业的融合，改造提升传统产业，推动产业发展质量变革、效率变革、动力变革，提高全要素生产率；通过科技创新因地制宜地发展新兴产业，加快推进新型工业化、信息化和网络化，着力建设实体经济、科技创新、现代金融、人力资源协同发展的产业体系，增强产业创新力，促进西部地区产业向全球价值链中高端迈进，实现以产聚人、以产兴城、以城聚产、产城融合的目标。

第四，生态优先，绿色发展。保护生态环境、实现绿色发展，是现代社会文明的标志和发展方向。西部地区不能走"以资源换增长"的老路，必须彻底摒弃只顾经济利益、不顾生态效益的唯经济增长方式，将"绿水青山就是金山银山"的绿色发展理念贯穿新型城镇化全过程。西部地区应从自身生态实际出发，严格控制开发强度、速度与规模，循环节约集约地利用能源资源，强化环境保护和生态修复意识，像对待生命一样对待生态环境[1]，逐步形成经济社会环境协调发展的空间开发和生态保护格局。一方面，对生态脆弱不适宜人居的区域，应实施生态移民工程，推动人口向条件较好的地区适度迁徙，同时从控制人口增长速度、提高人口素质、转变经济发展方式、加快产业结构转型、优化生存空间入手，减轻人类活动对生态的破坏，降低人口对生态环境和自然资源的压力。另一方面，积极实施治山、治水、治气、治土等生态环境综合治理工程，利用现代先进技术，推进城镇化持续发展和资源综合开发利用，构筑尊崇自然、绿色发展的生态体系。具体地，加快退耕还林、退耕还草，加快荒山荒漠绿化、防沙治沙、天然林保护、天然草原的恢复与建设；推广使用节水技术，提高水源涵养能力，加强污水治理；致力于空气质量的提高，严格控制废气排放；合理利用土地资

---

[1] 习近平：《决胜全面建成小康社会 夺取新时代中国特色社会主义伟大胜利——在中国共产党第十九次全国代表大会上的报告》，http：//www.china.com.cn，2017年10月18日。

◆ 第九章 推进西部地区新型城镇化高质量发展的政策建议 ◆

源,完善城镇功能区规划,杜绝耕地非法占用现象;调整城镇建设能源结构,大力发展清洁能源,以新技术提升能源利用效率;强化生态监管,加强生态环境监管队伍建设,提高生态治理能力,构建政府为主导、企业为主体、社会组织和公众共同参与的环境治理体系①,形成绿色低碳的生产生活方式和城市运行模式,走生产发展、生活富裕、生态良好的可持续发展之路。

第五,城乡统筹,协调发展。城乡二元结构这一阻碍我国城镇化发展的因素,在西部地区尤为突出。西部地区在整体落后的情况下,农村发展更加缓慢,经济水平低,基础设施和公共服务滞后,许多区域还深陷贫困,严重迟滞了城镇化进程。西部地区新型城镇化必须注重城乡协调,一方面,在城乡统筹的思路和框架内通盘规划城镇与农村、非农产业与农业的发展,按照产业兴旺、生态宜居、乡风文明、治理有效、生活富裕的总要求②,积极推进城镇产业向农村拓展、基础设施向农村延伸、公共服务向农村覆盖、现代文明向农村传播,建立健全城乡融合发展的体制机制和政策体系,确保制度的无缝衔接,塑造工农互惠、城乡一体的新型城乡关系,逐步缩小城乡差距,消除城乡二元结构,达到城乡全体居民共享现代文明成果的目标,最终实现城乡一体化发展。另一方面,坚持工业反哺农业、城镇带动农村的原则,不断加大强农惠农富农政策力度,实施乡村振兴战略,积极改善农村生产生活条件,加快推进农业农村现代化,使新型农村示范社区和美丽乡村成为微缩版的城镇,成为居住集中化、管理社区化、设施城镇化、服务均等化、环境生态化的农村幸福家园③。

---

① 习近平:《决胜全面建成小康社会 夺取新时代中国特色社会主义伟大胜利——在中国共产党第十九次全国代表大会上的报告》,http://www.china.com.cn,2017年10月18日。
② 同上。
③ 杨佩卿:《新型城镇化视阈下推进新农村建设的路径选择》,《当代经济科学》2017年第1期。

二 推进西部地区新型城镇化高质量发展的主要对策

推进西部地区新型城镇化,应摒弃传统城镇化由政府外生力量为主导的、过于行政化的、失衡的动力机制,依托数字经济,将物联网、大数据、云计算、互联网、车联网、虚拟现实、增强现实、人工智能等信息技术不断扩充到西部地区新型城镇化的发展框架之中,积极构建涉及产业发展动力、市场环境动力、外向经济动力、政府行政动力四个方面的新型城镇化均衡动力机制,使得西部地区新型城镇化在内外力量的共同协调驱动下稳步、健康推进,从而确保西部地区在达到经济发展目标的同时,实现人的全面发展。

(一)优化政府行政动力

新型城镇化这一涵盖经济、政治、文化、社会、生态等多领域的综合系统工程,离不开政府的正确引导和保驾护航。西部地区应加快转变政府职能,规范政府行为,正确发挥政府在市场失灵领域内调配资源的功能;深化简政放权,创新监管方式,增强政府公信力和执行力,建设人民满意的服务型政府。

第一,优化政绩考核机制。推进西部地区新型城镇化,必须改变以往地方政府和行政人员唯 GDP 的政绩观,要不断健全、完善、优化官员政绩考核机制,从而确保能够全面准确地衡量各级政府、相关部门推进新型城镇化的速度、质量和效益。一方面,完善政绩考核体系。经济建设考核方面,在考核 GDP、人均 GDP、财政收入等主要经济指标的绝对量和增速值的基础上,将科、教、文、卫等民生发展投入,以及水、电、路、气、信等基础设施改善投入列入考核内容。政治建设考核方面,调研群众对党风廉政建设、政府履行职能、工作人员工作等的满意程度。社会建设考核方面,评估居民在城镇生产生活的便捷程度。生态文明建设考核方面,权衡城镇化过程中的要素投入成本,单位 GDP 资源利用率、单位 GDP 能耗、污染物排放率；评价城镇的生态环境状况，森林覆盖率、建成区绿化率等。只有使各类指标有机融为一体形成科学的政绩考核体系，才能确保新型城镇化的全面、健康、有序推进。另一方面，加大公众参与度。可从社会不同群体中抽出一定比例的居民参与政绩考核评价，形成科学、有效、民生的利益表达机制，使每个社会阶层的不同群体都能从自身实际出发，直接有效表达诉求，理性评价政府工作，为考核提供可行可信的依据。在这一点上，西部地区可参照国外由政府、媒体、社会公众、非政府组织和研究部门共同参与的政绩考核系统，也可借助第三方力量开展社会评估。

第二，加强科学规划。西部地区新型城镇化要加强科学规划，重点把握好制定、衔接、实施三个环节，切实提高规划的指导性。在规划的制定方面，要尊重和顺应城镇化的发展规律，注重长期与短期的结合、全盘与局部的统筹，着力构建层次分明、定位清晰的新型城镇化发展规划；积极建立和完善政府组织、部门合作、专家咨询、公众参与、委员会决策的城镇规划决策机制，确保规划制定过程的科学合理。在规划的衔接方面，要全面推进"多规合一"，将新型城镇化规划纳入区域经济社会发展的总体规划，并与各类专项规划有机衔接，建立统一的基础数据平台，实现新型城镇化规划对区域城乡的全覆盖。在规划的实施方面，要健全规划的管理体制和运行机制，确保规划的科学、规范、高效运行；强化规划的刚性约束，加强对规划的监督力度，落实问责机制，从根本上杜绝不按法定程序随意干预或变更规划的做法，确保规划的法定性、权威性和稳定性。

第三，推进精细化管理。针对城镇化过程中出现的管理方式粗放、运行效能低下等问题，西部地区应不断加强城镇的精细化管理，积极推进城镇管理的标准化、科学化、网络化、规范化进程，实现城镇管理活动的全方位覆盖、高效能运作。其一，推动城镇的标准化管理。管理内容方面，形成包括行政审批、业务管理、业务作业等环节的标准体系；管理执法方面，形成以行政处罚、行政强制、执法督察、队伍建设、行政规范等为主要内容的标准体系；管理综合考评方面，形成以内部业务考核和外部社会评价为主要内容的标准体系。其二，促进城镇的科学化管理。加强城镇的科学规划、建设和运作，推进各环节、各要素有序发展与协调配合，确保城镇运转、管控和服务在科学轨道上高效运行，达到管理合理化、精细化、高效化，从而实现城镇治理预期目标和持续健康发展。其三，完善城镇的网络化管理。科学划分城镇管理空间，细分管理区域，将城镇管理空间、内容、对象等归入网格单元，推进城镇管理网格化。在网格化的基础上，加快城镇数字化、信息化平台建设，高效利用互联网、大数据等信息技术，构建先进的网络信息系统，实现城镇管理的数字化与网络化，建设数字城镇、智慧城镇。进一步地，整合城镇管理信息资源，建立统一的城镇管理数据库，形成纵向联系各级、横向覆盖各行政部门的集数据管理、动态监控、行动指挥、信息发布、投诉受理、便民服务等功能于一体的网络信息平台，从而提升有关部门发现、反应、处置和解决问题的效率。其四，加强城镇的规范化管理。抓好城镇管理队伍建设，加强执法业务和法律法规的培训学习，不断提升依法规范履行城镇管理职能的水平；要坚持依法管理，建立健全城镇管理的法规和制度，规范执法行为，杜绝粗暴执法、不按程序执法等不良执法行为；完善城镇管理监督考评机制，建立奖惩制度，对绩效情况和问题处置情况进行科学考核和客观评价，鼓励、督促、引导城镇管理沿着规范化轨道运行。

第四，构建数字政府。数字政府作为能够适应高密度、高频度社会信息流转的一种具有更高服务品质的新型政府运营模式，是以现代信息技术为支撑对城市和社会进行有效管理的运行手段，通过数字化、智慧化、扁平化、协同化的推进方式与实施路径，促推实体经济虚拟化，进而形成集组织架构分布式、政务运行一张网、公共服务无址化、社会治理精准化和智能化等特征于一身的，有回应、有效率、负责任的新型政府形态。数字政府的本质，即利用信息技术进行政府职能重组，改革政府职能结构和权力运行方式，以公众为中心创新服务模式，建立政府和国家的信息资源交换库，从而达到削减政府行政开支，降低政府服务成本，提升政府治理现代化能力、调控能力、服务效率及廉洁程度，改进政府组织机构、业务流程和工作方式的效果，实现以公平、公正、公开的方式促进国民经济和社会可持续发展，更好地为民众服务，增强民众安全感和幸福感，增加民众的"数字福利"，最终以全新的政府管理模式推动西部地区新型城镇化发展。在新一代网络信息技术革命席卷全球的大背景下，我国特别是西部地区数字政府建设运行的复杂度倍增，亟须进一步厘清政府、企业、公众的角色定位，加快政府由工业时代的传统政府向信息时代的现代政府转型，积极引导具有创新性的社会力量参与建设运营。具体地，加快出台政府信息安全的管理办法和政府信息公开的法律制度，设立安全可管可控的保障体系；加强政府网站管理，建立健全"政府上云"良性发展运行机制；构建公共电子资料库，推动政府业务电子化；构建信息互联互通的平台支撑体系、数据融合汇聚的信息共享体系，充分挖掘和释放政府大数据"红利"；构建政企合作共赢的协同推进体系，进一步完善政企合作机制；构建流程持续优化的服务供给体系，提升"互联网+政务服务"能力；构建制度健全的评估考核体系，形成效能评估和监督考核机制。总之，在政府所辖领域，普遍有效地利用现代数字化信息和通信技术，变"群众跑腿"为"信息跑路"，变"群众来回跑"为"部门协同办"，变被动服务为主动服务，借助大数据优势构建一个呈现整体性、服务型、数字化特征的效率高、应变力强、开放度广的现代新型政府，打造一支"用数据说话、用数据决策、用数据管理、用数据创新"的干部队伍，从而对精准扶贫、城乡管理、环境治理、网络舆情等社会显著问题做出良好解决，全面提升城镇综合发展能力，加快新型城镇化进程，这是西部地区数字政府的发展愿景。

（二）增强产业发展动力

产业是"立城之基""兴城之本"，西部地区应根据自身产业发展状况，调整优化产业结构，要坚持以供给侧结构性改革为主线，运用新技术、新业态、新模式大力改造提升传统产业，促进产业组织、商业模式、供应链管理创新，大幅提高生产运营的组织效率,加速传统产业向数字化、智能化、绿色化转型;推动实体产业和数字经济融合发展,推动互联网、大数据、人工智能同实体经济深度融合①,以信息流带动技术流、资金流、人才流、物资流,充分发挥数字经济在生产要素配置中的集成与优化作用,将数字经济发展中的创新成果深度融入实体产业各个领域,增强产业综合竞争力,提升实体经济内涵式发展的创新力和新动力,拓展经济发展新空间,为新型城镇化的顺利推进奠定坚实的产业基础。

第一,加快实现农业农村现代化。加强工业对农业的反哺力度,破解农业发展面临的市场、资源、环境等现实约束,构建现代农业产业体系、生产体系、经营体系,完善农业支持保护制度,培育农业农村新产业、新业态、新模式、新动能,加快农业产业数字化、智能化,扶持农业农村数字经济,促进西部地区由传统农业向现代农业转型。其一,要因地制宜推进农业现代化发展,整合、扩展、再造农业生产链,利用信息技术形成生态化、设施化、精准化的智能农业。例如,利用草原资源发展畜牧农业,以高效利用和改善修复为主发展绿色生态农业,以优、名、精、新为特征发展特色农业;促进基于数字、智能技术的农产品种植、冷链物流、精深加工、乡村旅游、农业观光等一体化发展,培育大数据、智能化、数字化的农业项目。其二,要深化农村土地制度改革,推进土地流转,发展多种形式适度规模经营;健全农业社会化服务体系,实现小农户和现代农业发展的有机衔接;培育新型农业经营主体,培养有文化、懂技术、会经营、讲文明、守法制的新型农民,引进农业高素质人才,造就一支懂农业、爱农村、爱农民的"三农"工作队伍②;积极引进并推广应用自动化、智能化、数字化的技术及装备,提高农业技术创新水平,加快生产机械设备的智能化改造,不断提升农业生产经营水平。其三,要培育壮大农业农村数字经济,变革

---

① 习近平:《决胜全面建成小康社会 夺取新时代中国特色社会主义伟大胜利——在中国共产党第十九次全国代表大会上的报告》,http://www.china.com.cn,2017年10月18日。

② 同上。

◈ 第九章 推进西部地区新型城镇化高质量发展的政策建议 ◈

乡村产业质量、农村经济效率、乡村发展动力、农业发展方式，推动乡村振兴战略全方位、宽领域、多层次的高质量实施。利用数字经济推进乡村产业质量变革，构建和完善"天空地"一体化的数据采集系统与农产品质量安全追溯体系，加速农村三产融合，助推农业领域数字化转型，驱动农业由增产导向向提质导向转变；利用数字经济推进农村经济效率变革，建立以消费需求为导向的农业生产经营体系，鼓励支持各类市场主体创新发展基于电子商务的农业产业模式，驱动农业由生产导向向需求导向转变；利用数字经济推进乡村发展动力变革，打造"一门式办理"和"一站式服务"的综合平台，提升农村社会公共服务水平、增强农村社会治理能力，驱动城乡结构由二元分治向一体化融合转变；利用数字经济推进农业发展方式变革，运用遥感等现代信息技术，使确权登记"上图入库"，促进农村产权交易体系市场化、规范化，壮大农业生产性服务业，驱动农业经营方式由小规模分散向适度规模转变。

第二，积极推进新型工业化。面对相对薄弱的工业基础，西部地区应积极调整改造提升传统产业，引进发展新兴产业，加强数字技术在工业领域的广泛普及应用，大力推动传统工业数字化转型。其一，发挥资源优势，打造支柱产业，促进煤油气、冶金、有色、水电、盐化等能化资源型产业高端化，提升产业效益；加快传统产业转型升级，提高技术含量，提高劳动生产率；重点培育和发展战略性新兴产业，促进产业结构升级，加快西部地区工业追赶超越和转型发展；要促进创新驱动，以科技创新为引领，加速产、学、研、用的结合，深入推进军地、央地、部省深度融合，提升高新技术产业发展水平，重塑自身的比较优势与竞争优势。其二，要加强对民营企业的引导和扶持，放宽和消除民营经济的进入壁垒，促进民营经济做大做强，成为活跃经济、扩大就业的重要力量。其三，通过应用"互联网+"加快数字技术与传统工业的深度融合，构建以传感器、芯片等为代表的基础核心零部件产业体系，以机器人、数控机床等为代表的智能装备产业体系，以工业软件、智能控制系统等为代表的智能应用产业体系，以可穿戴设备、无人机等为代表的智能硬件产业体系，驱动传统工业向数字化、网络化、智能化、个性化、服务化、绿色化全面升级，培育一批全国领先的工业集群，推动西部地区产业向全国价值链中高端迈进。其四，推动工业互联网建设应用，以工业互联网为重点，加快工业互联网网络建设、平台建设与应用推广，加快数字经济与传统工业的创新融合，提升实体经济的融合应用能力，不断催生出网络化协同制造、大规模个性化定制和远程智能服务等符合市场需求的新业态、新模式，成为引领传统工业数字化转型的动力源泉。面向企业低时延、高可靠、广覆盖的网络要求，全面部署 IPv6，加快 5G 商用进程，推进工业互联网标识解析体系建设；从供给侧和需求侧同时发力，加快工业互联网平台建设推广，形成多层次、系统化的平台架构体系，为传统产业平台化、生态化发展提供新型应用基础设施，促进工业全要素生产率连接和资源优化配置；开展面对不同行业和场景的应用创新，推进大型工业企业深化信息技术的综合集成应用，提升大型企业工业互联网创新和应用水平，建设完善中小企业公共信息服务平台，加快中小企业互联网应用普及，实现"建平台"与"用平台"的双向迭代、互促共进。

第三，大力发展现代服务业。西部地区应突出发展具有本区域特色、拥有网络平台支撑的现代服务业，加快以信息化改造优化传统服务业，推进发展智能交通、远程教育、智慧养老、智能医疗等新兴服务业，实现"互联网＋"、物联网、大数据等信息技术与服务业的有机衔接与跨界创新，增加服务新供给，运用数字经济提升基本公共服务水平[1]，驱动社会服务朝着更智能、更便捷、更高效的方向迈进。其一，大力发展智慧旅游服务。西部地区自然风光秀丽，历史人文独特深厚，可依托优美的自然景观和丰富的人文资源，积极创新旅游业态，大力发展以生态和文化旅游为主的优势服务业，提高重点旅游景区的智能化、数字化水平，探索推动虚拟现

---

[1] 李克强：《李克强考察基础电信企业并主持召开座谈会时强调：推动提速降费 促进融通发展 壮大数字经济 加快新旧动能转换和经济结构转型升级》，http：//www.gov.cn，2017 年 7 月 31 日。

实技术与自然景观和文化资源的融合，创新智慧旅游模式，打造智慧旅游互动平台。其二，加快发展数字文化产业。推进文化产业的信息化、网络化发展，培育文化创意、数字出版、移动多媒体、动漫游戏等新兴文化产业，构建现代文化产业体系。其三，积极推进数字化教育服务。大力推进教育资源开发共享，支持网络教学、电子书包等新兴教育形式的发展，鼓励教育教学、教育科研、教育管理的数字化及智能化的开发应用，提供个性化、网络化的教育服务。例如，西安、成都、重庆、南宁、昆明等省会城市的科教资源相对富集，可将其与网络文化产业相结合，发展具有数字化、网络化、智能化特点的教育服务。其四，鼓励支持数字化金融服务。大力发展电商金融、第三方支付、网络信贷、众筹融资，推广手机银行、网络银行，普及电子支付，完善金融服务。其五，培育壮大现代物流服务。随着陆运、水运、空运交通基础设施的不断完善与扩能，西部地区可利用自身面向西亚、东南亚的区位优势，借助大数据物流技术与商业模式，大力发展现代物流业，以物流带动资金流、信息流、技术流的蔓延。此外，随着"一带一路"的深入推进，西部地区由对外开放的后台走向前沿，可积极承接国际服务业转移，扩展离岸软件外包、信息技术外包、数据外包等服务外包业务，大力开放服务市场，推进服务业的"走出去"和"引进来"。

（三）培育市场环境动力

西部地区深陷市场发育滞后、城镇自生发展能力较弱的困境，因此，在新型城镇化推进过程中，西部地区应更加尊重市场规律，更好地发挥市场在资源配置中的决定性作用。西部地区应冲破城乡、区域、户籍的藩篱，按照市场机制统一配置资源，建设统一的要素市场，通过大规模利用信息技术，在全社会范围内降低生产成本和交易成本，加速培育市场关系，推动劳动力、土地、资本等资源要素在城乡、区域、部门之间的平等交换和合理流动，逐渐形成强大的物流、资金流、人才流、信息流和技术流，使资源要素配置得以优化、全要素生产率得以提升，驱动西部地区市场经济环境繁荣发展，促进城镇化逐步从政府主导向政府与市场双轮驱动转化，从而为最终实现市场主导的新型城镇化奠定基础。

第一，构建公平的劳动力市场。西部地区应致力于创造平等、公平的就业环境，借助网络信息技术，通过信息流带动人才流、技术流，促进劳动力自由流动，促进供需精准匹配，从根本上消除各种形式的就业歧视，加快人口聚集。第二，优化土地市场供应。在政府的引导下，利用以互联网、云计算、大数据、物联网、人工智能为代表的数字技术，通过信息流带动技术流、物资流，盘活农村土地资源，在农村土地产权明晰的基础上，推进制度创新，实现土地经营权、宅基地使用权和集体收益分配权在城乡之间的自由流动；保障土地要素的合理配置，以市场方式收储、开发、供应土地，依托城镇国有土地交易平台，将农村集体建设用地、宅基地、林地的使用权，森林和林木的所有权，建设用地指标、耕地占补平衡指标的转让、出租、入股、抵押等权利，纳入城乡统一的土地市场。第三，建立开放的资本要素市场。城镇化建设所需的巨额资金，单靠政府投资很难全部筹集，要充分利用开放的资本市场，创新投融资模式，拓展多元投融资渠道。目前，西部地区城镇化建设存在着政府投资多、民间投资少，中央政府投资多、地方政府投资少，内商投资多、外商投资少的"三多三少"现象，因此，西部地区应在城镇化建设投资方面加大"三个比重"，即加大民间投资的比重、加大地方政府投资的比重、加大外商投资的比重，通过信息流带动多样化资金流，吸引金融、社会和个人等各类资本投资城镇化，按照"谁投资、谁所有、谁受益"的原则，对具有商业性质的项目进行市场化经营，不断调动投资者参与城镇化发展的积极性。

（四）提升外向经济动力

随着经济全球化的深入推进以及数字贸易的日趋成熟，传统国际贸易的时空限制被不断突破，资本利用效率被日益提高，国际贸易格局被逐渐重塑，在促进市场竞争的同时催生开放创新。西部地区在此过程中，积极开展国际国内合作，实现互联互通，由相对封

第九章 推进西部地区新型城镇化高质量发展的政策建议

闭保守的内陆腹地转变为对外开放的前沿，为数字化的合作共赢扩展了经济新空间，这给新型城镇化的发展带来了前所未有的机遇。

第一，面向全球配置要素资源。全球化的今天，西部地区各个城镇必须破除相对封闭的区划界限，树立全球视野，强化全要素引进，把引资、引技与引人、引智相结合，将由传统的项目资金的单一引进转变为资金、技术、管理和人才的全方位一体化的综合引进，进一步提升外资引进的质量和效益；加快城镇主导产业优化升级步伐，加速国内市场和国际市场相互贯通，积极参与国际分工合作，深度融入全球技术链、价值链、创新链、供应链、人才链，抢占全球价值链高端，进一步提升对全球产业链的影响整合力；加强西部地区与沿海、沿边口岸一体化大通关合作，推动物流提质增效，为国际商贸流通创造更加便利的条件，着力构建"买全球、卖全球"的局面。第二，积极融入"一带一路"建设。面向"一带一路"沿线国家和地区，健全合作交流机制，不断完善合作平台，结合区域特色优势，瞄准产业演进的方向和趋势精准招商，整合沿线国家的优势资源，并进行产业配套，努力促使产业集群化、链条化发展，实现优势互补与利益共享。在积极"引进来"的同时，围绕西部地区的能源化工、特色农产品、装备制造、文化旅游等特色优势产业大规模"走出去"，支持西部地区具有优势的企业积极在海外开展设计、采购、施工、承包和联合体项目。第三，深度融入"数字丝绸之路"建设。作为数字经济发展和"一带一路"的结合，以深化数字经济领域广泛合作为核心宗旨的"数字丝绸之路"建设，既是"一带一路"走向高级阶段的结果，也是数字经济全球化的必然产物，其对于"一带一路"沿线国家抓住数字化发展机遇、释放创新增长动力、增强务实交流具有重要助力作用。西部地区应积极搭乘"数字丝绸之路"建设的快车，深化互联网的纽带作用、大数据的支撑作用、数字经济的引领作用，鼓励本土优秀企业大规模"走出去"，积极与相关国家进行数字经济领域的政策沟通和战略对接，构建数字命运共同体，形成合作共赢的数字经济形态及相关机制，在宽带信息基础设施、人工智能、纳米技术、大数据、云计算、跨境电商、智慧城镇等新兴产业方面，提高自身信息产品质量和技术服务水平，为新型城镇化的提质增效贡献智慧力量。第四，支持跨境电商发展。强化海关、商检等机构信息化设施建设，鼓励支持跨境电子商务平台发展；整合西部地区现有电商资源，引进发展跨境电商龙头企业、培育壮大本土跨境电商独角兽企业，打造跨境电商知名品牌，发挥西部地区对于"一带一路"沿线国家的辐射带动作用。第五，加快自贸区建设。利用大数据、物联网等数字技术建立新型服务贸易网络平台，借助现代信息技术提升自贸区建设水平。目前，陕西、重庆、四川已设立自贸试验区，这促使西部地区加快转变政府职能，针对目前存在的简政放权落实不充分、企业监管服务不到位、吸引外资存在体制机制障碍等问题，加快制度创新步伐，通过建立市场负面清单来优化市场环境，为各类要素在西部地区的聚集营造国际化、法制化、公平高效的市场环境；同时，自贸试验区的建立，必将促使更多的外国人才在西部地区聚集，促使地方政府逐步与国际接轨，创建一流的人居条件，提升市民的宜居化程度。

（五）打造现代智慧城镇

智慧城镇是城镇化发展的高级阶段，是"四化融合"的有效载体。作为一种面向未来构建的全新城镇形态，其实质是利用先进的信息技术，实现城镇智慧式管理和运行，进而为城镇居民创造更加美好的生活，促进新型城镇化的和谐、可持续发展。智慧城镇是以为民服务全程全时、城镇治理高效有序、数据开放共融共享、经济发展绿色开源、网络空间安全晴朗为主要目标，通过体系规划、信息主导、改革创新，通过充分借助物联网、传感器，依托泛在网络，运用智能信息管理、智慧支撑技术、高速多网传输、智能环境感知等前沿信息和网络技术手段，感测、分析、整合城镇运行系统的各项关键信息，推进新一代信息技术与城镇现代化深度融合、迭代演进，将城镇中分散存在的、各自为政的信息进行系统整合，提升为具有较好协同能力和调控能力的有机整体，在人与人、人与

第九章 推进西部地区新型城镇化高质量发展的政策建议

物、物与物之间实现对信息的按需获取、传递、存储、认知、决策、使用等服务，营造支撑城镇发展的数字化、智慧化、网络化环境，从而形成基于海量信息和智能过滤处理的生产生活方式、产业发展形式、社会管理模式，对公共服务、产业运作、社会管理等活动的相关需求做出智能响应。

打造现代智慧城镇，促进城镇健康、安全、可持续发展，已经成为全球城镇发展的共同诉求和大势所趋，是我国特别是西部地区新型城镇化提质增效的必由之路，在此过程中，民生服务得以强化，社会治理水平得以提高，数据共荣共享程度得以加深，绿色可持续发展得以实现。智慧城镇发展质量的高低，直接关系城市文明延续与复兴的效率、水平和范围。数字经济新时代为智慧城镇的建设带来了新机遇、新视角、新模式，数字经济是智慧城镇发展的主要特征，同时，智慧城镇也是数字经济推进的重要载体，二者相辅相成、相互依托。西部地区应加快发展数字经济，通过数字技术的应用，打造现代化的智慧城镇，形成无所不在的惠民服务、透明高效的在线政府、融合创新的信息经济、精准精细的城镇治理、安全可靠的运行体系。具体地，在基础设施、民生普惠、产业生态、社会治理四个方面助推数字化转型，最终实现城镇各领域的数据一体化融合发展。第一，推动城镇基础设施数字化。加大信息通信基础设施投入力度，统筹传感器、摄像头、电子标签等物联网感知设备布局，大力推广低成本、高质量、广覆盖的云服务模式，对水务、电网、交通等基础设施进行网络化、数字化、智能化改造，促进采集资源、计算资源、存储资源、服务支撑、安全保障等共性基础资源的集约共享，实现城镇万物互联互通与高效运行。第二，深化城镇民生普惠数字化。打造完善便捷普惠的民生服务体系，不断创新优化公共服务，利用"互联网+"的模式实现对公共安全、交通运输、食品药品安全、节能减排、绿色环保的扁平化管理，优先发展"互联网+教育""互联网+医疗""互联网+就业""互联网+社会保障""互联网+养老""互联网+文化"等数字民生服务工程，实现全程全时为民服务，增强民众的获得感，丰富智慧城镇内涵。

第三，促进城镇产业生态数字化。构筑融合创新的智慧产业体系，促进城镇传统产业优化升级与新兴产业实施落地，运用互联网思维、大数据分析、信息消费等检视传统产业，引进智能化手段和方法，改进传统产业运行效率，助力创新型企业的数字化转型，推动数字技术各行各业的集成应用与深度融合，打造以信息产业为核心的新经济。第四，加快城镇社会治理数字化。运用数字技术推动社会治理模式创新，构建信息化、集约化、精细化、智能化、全面感知的城镇治理体系，促进城镇各部门之间业务的广泛互联与协同治理。推广人工智能、大数据、物联网等信息技术在社会治理领域的创新应用，设立泛在的电子政务网络、政务云数据中心及平台，重点加强数字城管、智能安监、生态环境监测、舆情分析、智慧交通等的普及，加快实现交管、医疗、公积金、出入境等政务服务的全流程在线查询与办理。第五，实现城镇数据融合一体化。统筹城镇基础设施、民生服务、产业发展、社会治理四大领域，统一规划、统一标准、统一管理、统一服务，实现相互之间数据的关联、交换、管理、优化、共享；注重数据安全，制定数据资源确权、开放、流通、交易的相关制度，增强数据风险预警及溯源能力。

第十章 结论及有待进一步研究的问题

一 主要结论

随着2012年11月中国共产党第十八次代表大会对于推进"新型城镇化"发展战略的正式提出，以及2014年3月中共中央、国务院关于《国家新型城镇化规划（2014—2020年）》的出台，全国上下掀起了新型城镇化建设的热潮。而要在全国范围内实现新型城镇化的全面发展，关键在于加快城镇化整体水平最低、质量最差的西部地区的新型城镇化进程，使其跟上中、东部地区，以及全国新型城镇化发展的步伐，从而与全国人民一同步入小康社会，最终实现人的全面发展。西部地区城镇化独特的演进历程及复杂的发展现状，决定了其不可能照搬照抄中、东部地区的既有模式，而必须立足自身区情，从实际出发，积极探索出一条适宜自身发展的新型城镇化道路。鉴于此，本书结合国内外学术界关于城镇化的相关研究成果，按照历史与逻辑相统一的顺序，沿着"文献梳理与评述—理论层面阐释—历史与现状分析—实证评价研究—政策建议"的思路对西部地区新型城镇化这一课题展开研究，在理论分析和实证研究层面对西部地区新型城镇化的发展目标和动力机制进行了较为深入的阐释与评价，并对比解读了东、西部地区的实证结果，在此基础上将数字经济全面融入西部地区新型城镇化发展进程，探讨了推进西部地区新型城镇化发展的政策建议。具体地，本书主要形成了如下结论。

第一，本书在对城镇化发展目标、动力机制的一般理论进行阐释的基础上，分析了西部地区传统城镇化发展目标和动力机制，并指出西部地区传统城镇化之所以陷入重物轻人，以及市场发育滞后、难以实现资源优化组合与配置、自我发展能力始终不强的困境，根源在于："唯GDP增长"的单一的城镇化发展目标，由政府外生动力主导的、过于行政化的、失衡的城镇化动力机制。可见，西部地区要实现新型城镇化，首要任务是构建多元的新型城镇化发展目标，以及均衡的新型城镇化动力机制。鉴于此，笔者立足西部特殊区情，秉承新型城镇化以人为本的核心思想，以创新、协调、绿色、开放、共享的新发展理念为统领，从理论层面设计了涵盖产业集聚化、城乡一体化、城市生态化、要素市场化、生活宜居化五个维度的西部地区新型城镇化的多元目标体系；从产业发展动力、市场环境动力、外向经济动力、政府行政动力四个方面入手，建立了西部地区新型城镇化的均衡动力机制。进一步地，对西部地区新型城镇化发展目标和动力机制之间的相关关系进行了理论剖析，并指出均衡的新型城镇化动力机制，是实现多元的新型城镇化发展目标的关键与方式。从而为西部地区新型城镇化的健康、顺利、有序发展提供了理论借鉴，促使西部地区新型城镇化在外生力量和内生力量的协调驱动下，利用数字经济新时代的先进信息技术，同时实现"经济发展"和"人的全面发展"。

第二，本书以时序演进为线索，在对西部地区古代、近代、现代三大阶段的城镇化发展历程进行系统梳理的基础上，归纳得出西部地区城镇化具有依靠行政力量、国家战略、资源开发推动的特点。西部地区这种在政府外生力量强制作用下的"自上而下"城镇化发展模式，行政色彩浓郁、市场发育滞后，违背了市场经济的一般规律和城镇化的发展规律，导致其城镇的自我发展的能力始终不强，市场配置资源的能力始终较弱，这是西部地区城镇化发展陷入困境的历史根源。由此，本书从历史的角度为西部地区新型城镇化均衡动力机制的构建提供了事实支撑。

第三，在政府外生力量的强力推动下，西部地区城镇化取得了优异的成绩。在城镇化发展的数量方面：西部地区城镇化率日趋提高，城镇数量不断扩充、城镇空间显著拓展；在城镇化发展的质量方面：西部地区产业结构优化升级、特色产业发展良好，城镇基础设施建设渐趋完善、城乡公共服务水平不断提升，城乡居民生活条件日益好转、城乡差距有缩小趋势。但同时，由于西部地区城镇化存在发展目标单一和动力机制失衡的缺陷，导致出现了市场发育相对滞后的问题，以及居民的幸福感和满意度没有随经济增长而相应提高的怪象。此外，西部地区城镇化与东、中部地区及国家新型城镇化发展的要求相比，仍有很大的优化改进空间，还有许多亟待解决的问题与不足。例如，西部地区城镇化率仍旧相对较低，经济结构性矛盾突出，城镇化发展不均衡，城镇体系不健全、功能建设不完善，城乡居民生活水平仍需提高、城乡二元结构依然显著，资源环境问题严重，等等。由此，本书从现实的角度为西部地区新型城镇化多元目标体系和均衡动力机制的构建提供了事实支撑，并为进一步提出推动西部地区新型城镇化平稳、健康、可持续发展的政策建议提供了现实依据。

  第四，在对西部地区新型城镇化发展目标进行理论阐释的基础上，本书从实证层面构建了涉及生活宜居化、要素市场化、产业集聚化、城市生态化、城乡一体化五个维度的西部地区新型城镇化发展绩效评价指标体系，并基于2012—2015年的相关数据，运用主成分分析法和聚类分析法，对西部11个省（自治区、直辖市）的新型城镇化发展绩效进行了总体和分维度评价，进一步地，对东、西部地区新型城镇化发展绩效的评价结果作了比较分析。结果表明：（1）从东、西部各省（自治区、直辖市）新型城镇化发展绩效评价结果分析：整体来看，2012—2015年新型城镇化发展绩效指数呈现由东部到西部逐渐递减的趋势，除海南外，东部地区新型城镇化发展绩效总体评价高于西部地区。（2）从2012—2015年西部各省（自治区、直辖市）新型城镇化发展绩效评价结果分析：①横向看，各省（自治区、直辖市）新型城镇化发展绩效排名逐渐固化，并表现出极大的不均衡性，其分布状况与区域内部经济发展的不平衡状态一致。具体地，四川、陕西、重庆3个省（直辖市）的新型城镇化发展绩效一直处于西部地区领先位置，内蒙古、广西、新疆、云南、青海、宁夏6个省（自治区）的新型城镇化发展绩效一直处于西部地区中间位置，贵州、甘肃2个省份的新型城镇化发展绩效一直处于西部地区末端位置。②纵向看，各省（自治区、直辖市）新型城镇化发展绩效排名变化不大，只存在小幅波动。重庆、广西的排名有小幅上升，新疆的排名有小幅下降，四川、陕西、青海、内蒙古、云南、宁夏的排名存在波动，贵州、甘肃的新型城镇化发展绩效指数排名则无变化。

第五，在对西部地区新型城镇化动力机制进行理论分析的基础上，本书从实证层面设计了包括产业发展动力、市场环境动力、外向经济动力、政府行政动力四个方面的西部地区新型城镇化动力机制测度指标体系，并利用2012—2015年的相关数据，采用熵值法和聚类分析法，对西部11个省（自治区、直辖市）的新型城镇化动力机制进行了总体和分方面测度，进一步地，对东、西部地区新型城镇化动力机制的测度结果作了比较分析。结果表明：（1）从东、西部各省（自治区、直辖市）新型城镇化动力机制测度结果分析：整体看，2012—2015年新型城镇化动力机制指数排名呈现"东部上游为主、个别偏下，西部居于中游和下游"的特征，东部地区新型城镇化动力机制总体测评高于西部地区。（2）从2012—2015年西部各省（自治区、直辖市）新型城镇化动力机制测度结果分析：①横向看，各省（自治区、直辖市）新型城镇化动力机制指数排名逐渐固化，并表现出极大的不均衡性。具体地，重庆、陕西、内蒙古、青海4个省（自治区、直辖市）的新型城镇化动力机制指数一直处于西部地区领先位置，新疆、宁夏、四川3个省（自治区）的新型城镇化动力机制指数一直处于西部地区中间位置，贵州、云南、甘肃、广西4个省（自治区）的新型城镇化动力机制指数一直处于西部地区末端位置。②纵向看，各省（自治区、直辖市）新型城镇化动力机制测评排名变化不大，只存在小幅波动。宁夏、内蒙古、陕西、甘肃的排名，4年间在波动中累计有小幅上升；云南、青海、新疆的排名，4年间在波动中累计有小幅下降；重庆、四川、广西、贵州的新型城镇化动力机制指数排名，4年间在波动中累计则无变化。

第六，在对西部地区新型城镇化发展目标与动力机制之间的关系进行理论剖析的基础上，本书依托已得出的西部地区新型城镇化发展绩效和动力机制的评价与测度结果，运用典型相关分析和偏最小二乘回归分析的方法，对西部地区新型城镇化发展绩效和动力机制的相关性进行了实证研究，进一步地，对东、西部地区偏最小二乘回归结果作了比较分析。结果表明：（1）从2012—2015年西部地区新型城镇化发展绩效与动力机制的典型相关结果分析：整体看，西部地区新型城镇化发展绩效指标组与动力机制指标组之间存在较为密切的相关关系。（2）从2012—2015年西部地区新型城镇化发展绩效与动力机制的偏最小二乘回归结果分析：①在西部地区新型城镇化动力机制指标组中：政府行政动力对西部地区新型城镇化发展绩效产生了负向影响，产业发展动力、市场环境动力、外向经济动力对西部地区新型城镇化发展绩效产生了正向影响。在发挥正向作用的发展动力中，产业发展动力的正向影响最为薄弱，外向经济动力的正向影响最为显著。②在西部地区新型城镇化发展绩效指标组中：西部地区动力机制对于生活宜居化指数的作用最为弱小，而对于产业集聚化指数的作用最为显著。（3）从2012—2015年西、东部地区偏最小二乘回归方程的对比结果分析：产业发展动力、市场环境动力对新型城镇化发展绩效的正向作用，西部地区弱于东部地区；外向经济动力对新型城镇化发展绩效的正向作用，西部地区强于东部地区；政府行政动力对新型城镇化发展绩效的负向作用，西部地区小于东部地区。

二 有待进一步研究的问题

新型城镇化是一场伟大而深刻的变革，其内容所涉及的深度与广度不言而喻，而要在严峻人口问题、环境问题、贫困问题交织在一起的经济社会发展落后的西部地区实现新型城镇化，无论在理论研究层面还是实践行动层面都是异常艰巨的挑战。因此，由于本人知识能力有限，此书只是从发展目标和动力机制切入，对西部地区新型城镇化这一重大现实课题作了初步的分析，在阐述中难免存在不足与疏漏，研究还需进一步深化完善。具体而言，包括如下几个有待进一步研究的问题。

第一，西部地区新型城镇化的评价指标体系。新型城镇化所涉及的内容十分丰富深远，目前对其尚无统一的评价标准。本书以西部地区新型城镇化发展目标和动力机制的理论阐释为基础，虽于实证评价层面构建了西部地区新型城镇化的发展绩效评价指标体系和动力机制测度指标体系，但在表征指标和基础指标的选取过程中，受资料和数据可得性的限制，致使指标的设置可能存在不全面和不准确等问题，加之本人的知识水平、实证分析能力有限，在实证方法的具体运用和实际操作过程中也可能存在失误与不足，这是需要进一步完善和改进的内容。

第二，西部地区新型城镇化的评价对象。本书以西部地区为研究对象，利用2012—2015年的相关数据，从省级层面分别对西部地区新型城镇化的发展绩效、动力机制进行了客观评价与测度，并探析了西部地区新型城镇化发展绩效与动力机制的相关性，进一步地，对比分析了东、西部地区的实证结果。未来可采用更长期的时间数据，从县级层面、特色小镇层面进行评价分析，还可对东、中、西三大区域新型城镇化的发展绩效和动力机制进行比较研究，这是今后需要进一步研究的内容。

参考文献

一 英文

Awan M. S., Malik N., Sarwar H., et al., "Impact of Education on Poverty Reduction", *International Journal of Academic Research*, 2011 (3).

Bai X., Chen J., Shi P., "Landscape Urbanization and Economic Growth in China: Positive Feedbacks and Sustainability Dilemmas", *Environmental Science and Technology*, 2012, V46 (1).

Baldwin J. R., Brown W. M., Rigby D. L., "Agglomeration Economies: Microdata Panel Estimates from Canadian Manufacturing", *Journal of Regional Science*, 2010, V50 (5).

Baldwin R. E., Martin P., "Agglomeration and Regional Growth", *Handbook of Regional and Urban Economics*, 2004 (4).

Bertinelli L., Black D., "Urbanization and Growth", *Journal of Urban Economics*, 2004, V56 (1).

Bertinelli L., Zou B., "Does Urbanization Foster Human Capital Accumulation?", *The Journal of Developing Areas*, 2008, V41 (2).

Bihari S. C., "Financial Inclusion for Indian Scense", *SCMS Journal of Indian Management*, 2011, V8 (3).

Brülhart M., Sbergami F., "Agglomeration and Growth: Cross-Country Evidence", *Journal of Urban Economics*, 2009, V65 (1).

Chen Y. Y. K., Jaw Y. L., Wu B. L., "Effect of Digital Transformation on Organisational Performance of SMEs: Evidence from the Taiwanese Textile Industry's Web Portal", *Internet Research*, 2016, V26 (1).

Davis J. C., Henderson J. V., "Evidence on the Political Economy of the Urbanization Process", *Journal of Urban Economics*, 2003, V53 (1).

Douglass M., "Mega-Urban Regions and World City Formation: Globalisation, The Economic Crisis and Urban Policy Issues in Pacific Asia", *Urban Studies*, 2000, V37 (12).

Duranton G., Puga D., "From Sectoral to Functional Urban Specialisation", *Journal of Urban Economics*, 2005, V57 (2).

Duranton G., Puga D., "Micro-Foundations of Urban Agglomeration Economies", *Handbook of Regional and Urban Economics*, 2004 (4).

Elsby M. W. L., Shapiro M. D., "Why Does Trend Growth Affect Equilibrium Employment? A New Explanation of An Old Puzzle", *American Economic Review*, 2012, V102 (4).

Fay M., Opal C., *Urbanization Without Growth: A Not So Uncommon Phenomenon*, Washington, D. C.: World Bank Press, 2000.

Grossman G., Krueger A., "Economic Growth and the Environment", *Quarterly Journal of Economics*, 1995, V110 (2).

Henderson J. V., Wang H. G., "Urbanization and City Growth: The Role of Institutions", *Regional Science and Urban Economics*, 2007, V37 (3).

Henderson J. V., *How Urban Concentration Affects Economic Growth*, Washington, D. C.: World Bank Policy Research, 2000.

Henderson J. V., "The Urbanization Process and Economic Growth: The So-What Question", *Journal of Economic Growth*, 2003, V8 (1).

Hess T., Matt C., Benlian A., et al., "Options for Formulating a Digital Transformation Strategy", *MIS Quarterly Executive*, 2016,

V15 (2).

Katz R. L., Vaterlaus S., Zenhäusern P., et al., "The Impact of Broadband on Jobs and the German Economy", *Intereconomics*, 2010, V45 (1).

Kucher N., Koo S., Quiroz R., et al., "Electronic Alerts to Prevent Venous Thromboembolism Among Hospitalized Patients", *New England Journal of Medicine*, 2005, V352 (10).

Lee J., McCullough J. S., Town R. J., "The Impact of Health Information Technology on Hospital Productivity", *The RAND Journal of Economics*, 2013, V44 (3).

Luna-Reyes L. F., Gil-Garcia J. R., "DigitalGovernment Transformation and Internet Portals: The Co-Evolution of Technology, Organizations, and Institutions", *Government Information Quarterly*, 2014, V31 (4).

Ma L. J. C., "Urban Transformation in China, 1949 - 2000: A Review and Research Agenda", *Environment and Planning A*, 2002, V34 (9).

Messina J., "Institutions and Service Employment: A Panel Study for OECD Countries", *Labour*, 2005, V19 (2).

Northam R. M., *Urban Geography*, New York: John Wiley & Sons, 1979.

Rausas M. P., Manyika J., Hazan E., et al., "Internet Matters: The Net's Sweeping Impact on Growth, Jobs and Prosperity", https://www.mckinsey.com/industries/high-tech/our-insights/internet-matters, 2011 - 07 - 14.

Ravallion M., Chen S., Sangraula P., "New Evidence on the Urbanization of Global Poverty", *Population and Development Review*, 2007, V33 (4).

Seeborg M. C., Jin Z., Zhu Y., "The New Rural-Urban Labor Mobility in China: Causes and Impliations", *Journal of Socio-Economics*,

2000, V29 (1).

Serbu R. S., "An Interdisciplinary Approach to the Significance of Digital Economy for Competitiveness in Romanian Rural Area Through E-Agriculture", *Procedia Economics and Finance*, 2014, V16 (16).

Shahbaz M., Amir N., "Urbanization and Poverty Reductio: A Case Study of Pakistan", *Journal of Infrastructure*, 2010, V8 (4).

Subirana B., "Zero Entry Barriers in a Computationally Complex World: Transaction Streams and the Complexity of the Digital Trade of Intangible Goods", *Journal of End User Computing*, 2000, V12 (2).

Westerman G., Bonnet D., "Revamping Your Business Through Digital Transformation", *MIT Sloan Management Review*, 2015, V56 (3).

Zhang K. H., Song S., "Rural-Urban Migration and Urbanization in China: Evidence from Time-Series and Cross-Section Analysess", *China Economic Review*, 2003, V14 (4).

Zhang K. H., "What Explains China's Rising Urbanisation in the Reform Era?", *Urban Studies*, 2002, V39 (12).

二 中文

安晓亮、安瓦尔·买买提明：《新疆新型城镇化水平综合评价研究》，《城市规划》2013年第7期。

蔡宁、丛雅静、吴婧文：《中国绿色发展与新型城镇化——基于SBM – DDF模型的双维度研究》，《北京师范大学学报》（社会科学版）2014年第5期。

曹广忠、刘涛：《中国省区城镇化的核心驱动力演变与过程模型》，《中国软科学》2010年第9期。

曹裕、陈晓红、马跃如：《城市化、城乡收入差距与经济增长——基于我国省级面板数据的实证研究》，《统计研究》2010年第3期。

陈映雪、甄峰、翟青等：《环首都中小城市新型城镇化路径研究——以张家口怀来县为例》,《城市发展研究》2013年第7期。

陈甬军:《中国城市化发展实践的若干理论和政策问题》,《经济学动态》2010年第1期。

陈钊、陆铭:《首位城市该多大?——国家规模、全球化和城市化的影响》,《学术月刊》2014年第5期。

成德宁:《城市化与经济发展——理论、模式与政策》,科学出版社2004年版。

程开明:《城市化促进技术创新的机制及证据》,《科研管理》2010年第2期。

重庆市人民政府:《重庆市城乡总体规划（2007—2020）》（2014年深化文本）,http://www.cqupb.gov.cn,2014年10月14日。

［德］弗里德里希·李斯特:《政治经济学的国民体系》,邱伟立译,华夏出版社2013年版。

［德］卡尔·马克思:《资本论》（第1卷）,中共中央马克思恩格斯列宁斯大林著作编译局编译,人民出版社1987年版。

《当代中国》丛书编辑部:《当代中国的劳动力管理》,中国社会科学出版社1990年版。

邓韬、张明斗:《新型城镇化的可持续发展及调控策略研究》,《宏观经济研究》2016年第2期。

邓祥征、钟海玥、白雪梅等:《中国西部城镇化可持续发展路径的探讨》,《中国人口·资源与环境》2013年第10期。

丁学东:《关于扩大内需的几点思考》,《管理世界》2009年第12期。

董志凯、武力:《中华人民共和国经济史（1953—1957）》（下）,社会科学文献出版社2011年版。

窦祥胜:《企业振兴区和工业化、城市化与区域经济发展》,《中国科技论坛》2009年第12期。

杜忠潮、杨云:《区域新型城镇化水平及其空间差异综合测度分析——以陕西省咸阳市为例》,《西北大学学报》（自然科学版）2014年第1期。

段瑞君、安虎森：《中国城市化和经济增长关系的计量分析》，《经济问题探索》2009年第3期。

冯华、陈亚琦：《平台商业模式创新研究——基于互联网环境下的时空契合分析》，《中国工业经济》2016年第3期。

傅崇兰：《小城镇论》，山西经济出版社2003年版。

高虹：《城市人口规模与劳动力收入》，《世界经济》2014年第10期。

高云虹、曾菊新：《西部地区城市化进程及其动力机制》，《经济地理》2006年第6期。

高志刚、华淑名：《新型工业化与新型城镇化耦合协调发展的机理与测度分析——以新疆为例》，《中国科技论坛》2015年第9期。

龚沁宜、成学真：《数字普惠金融、农村贫困与经济增长》，《甘肃社会科学》2018年第6期。

辜胜阻、李华、易善策：《均衡城镇化：大都市与中小城市协调共进》，《人口研究》2010年第5期。

辜胜阻、郑凌云：《农村城镇化的发展素质与制度创新》，《武汉大学学报》（哲学社会科学版）2003年第5期。

顾朝林、柴彦威、蔡建明：《中国城市地理》，商务印书馆1999年版。

顾朝林、邱友良、叶舜赞：《建国以来中国新城市设置》，《地理科学》1998年第4期。

官锡强：《南北钦防城市群城市化动力机制的培育与重构》，《城市发展研究》2008年第1期。

广德福：《中国新型城镇化之路》，人民日报出版社2014年版。

广西壮族自治区人民政府：《广西壮族自治区"十一五"发展规划》，http：//www.gxzf.gov.cn，2013年5月8日。

贵州省人民政府：《贵州省"十一五"城镇化发展专项规划》，http：//www.gzgov.gov.cn，2008年8月5日。

国务院：《全国资源型城市可持续发展规划（2013—2020年）》，http：//www.gov.cn，2013年11月12日。

国务院发展研究中心和世界银行联合课题组：《中国：推进高效、包容、可持续的城镇化》，《管理世界》2014年第4期。

韩燕、聂华林：《我国城市化水平与区域经济增长差异的实证研究》，《城市问题》2012年第4期。

何菊香、赖世茜、廖小伟：《互联网产业发展影响因素的实证分析》，《管理评论》2015年第1期。

何蓉：《城市化：发展道路、特征与当前问题》，《国外社会科学》2013年第2期。

何枭吟：《数字经济发展趋势及我国的战略抉择》，《现代经济探讨》2013年第3期。

何雄浪、毕佳丽：《我国西部地区资源型城市发展与新型城镇化路径研究》，《当代经济管理》2014年第8期。

何一民：《变革与发展：中国内陆城市成都现代化研究》，四川大学出版社2001年版。

胡尊国、王耀中、尹国君：《落后地区的城镇化与工业化——基于劳动力匹配视角》，《经济评论》2016年第2期。

黄明、耿中元：《我国城镇化与城镇就业的实证研究》，《中国管理科学》2012年第S2期。

黄学贤：《中国农村城镇化进程中的依法规划问题研究》，中国政法大学出版社2012年版。

纪晓岚、赵维良：《中国城市化动力机制评价指标体系的构建》，《统计与决策》2007年第3期。

简新华、黄锟：《中国城镇化水平和速度的实证分析与前景预测》，《经济研究》2010年第3期。

姜爱林：《论对中国城镇化水平的基本判断》，《江苏社会科学》2002年第6期。

姜凌、高文玲：《城镇化与农村居民消费——基于我国31个省（区）动态面板数据模型的实证研究》，《投资研究》2013年第1期。

蒋同明、白素霞：《新时代下我国无人经济的发展研究》，《宏观经济管理》2018 年第 7 期。

蒋瑜洁、钮钦：《数字经济环境下企业 CIO 的胜任能力特征探究》，《企业经济》2018 年第 4 期。

金丽国、侯远志：《西部地区城市化历史与现状分析》，《城市问题》2001 年第 5 期。

金荣学、解洪涛：《中国城市化水平对省际经济增长差异的实证分析》，《管理世界》2010 年第 2 期。

靖学青：《城镇化进程与西部地区能源强度——基于 1996—2011 年省级面板数据的实证分析》，《中国人口·资源与环境》2014 年第 11 期。

靖学青：《城镇化进程与中部地区经济增长——基于 1978—2011 年省级面板数据的实证分析》，《财贸研究》2014 年第 1 期。

蓝庆新、窦凯：《共享时代数字经济发展趋势与对策》，《理论学刊》2017 年第 6 期。

李兵、李柔：《互联网与企业出口：来自中国工业企业的微观经验证据》，《世界经济》2017 年第 7 期。

李凤亮、单羽：《数字创意时代文化消费的未来》，《福建论坛》（人文社会科学版）2018 年第 6 期。

李华、伍芸玉：《"人的城镇化"影响因素与愿景设计：自一个直辖市观察》，《改革》2015 年第 11 期。

李克强：《2014 年国务院政府工作报告》，http：//www.gov.cn，2014 年 3 月 5 日。

李克强：《李克强考察基础电信企业并主持召开座谈会时强调：推动提速降费 促进融通发展 壮大数字经济 加快新旧动能转换和经济结构转型升级》，http：//www.gov.cn，2017 年 7 月 31 日。

李克强：《认真学习深刻领会全面贯彻党的十八大精神促进经济持续健康发展和社会全面进步》，http：//gbzl.people.com.cn，2012 年 11 月 21 日。

李萍、田坤明：《新型城镇化：文化资本理论视阈下的一种诠释》，

《学术月刊》2014 年第 3 期。

李强、陈宇琳、刘精明：《中国城镇化"推进模式"研究》，《中国社会科学》2012 年第 7 期。

李善同、刘勇：《西部大开发中城镇化道路的选择》，《城市发展研究》2001 年第 3 期。

李同升、库向阳：《城乡一体化发展的动力机制及其演变分析——以宝鸡市为例》，《西北大学学报》（自然科学版）2000 年第 3 期。

李义杰：《共享经济视域下数字出版产业链整合研究》，《中国出版》2018 年第 5 期。

李育冬、原新：《生态城市建设与中国西北地区的可持续发展》，《北京师范大学学报》（社会科学版）2007 年第 5 期。

李忠民、周维颖、田仲他：《数字贸易：发展态势、影响及对策》，《国际经济评论》2014 年第 6 期。

李子联：《新型城镇化与农民增收：一个制度分析的视角》，《经济评论》2014 年第 3 期。

林卫斌、谢丽娜、苏剑：《城镇化进程中的生活能源需求分析》，《北京师范大学学报》（社会科学版）2014 年第 5 期。

刘海启：《加快数字农业建设　为农业农村现代化增添新动能》，《中国农业资源与区划》2017 年第 12 期。

刘华军、刘传明：《城镇化与农村人口老龄化的双向反馈效应——基于中国省际面板数据联立方程组的经验估计》，《农业经济问题》2016 年第 1 期。

刘嘉汉、罗蓉：《以发展权为核心的新型城镇化道路研究》，《经济学家》2011 年第 5 期。

刘静玉、刘玉振、邵宁宁等：《河南省新型城镇化的空间格局演变研究》，《地理研究与开发》2012 年第 5 期。

刘立峰：《对新型城镇化进程中若干问题的思考》，《宏观经济研究》2013 年第 5 期。

刘雪梅：《新型城镇化进程中农村劳动力转移就业政策研究》，《宏观经济研究》2014年第2期。

刘勇：《中国城镇化战略研究》，经济科学出版社2004年版。

龙海泉、吕本富、彭赓等：《基于价值创造视角的互联网企业核心资源及能力研究》，《中国管理科学》2017年第1期。

陆铭、高虹、佐藤宏：《城市规模与包容性就业》，《中国社会科学》2012年第10期。

陆学艺、李培林：《中国社会发展报告》，辽宁人民出版社1991年版。

路琪、周洪霞：《人口流动视角下的城镇化分析》，《宏观经济研究》2014年第12期。

罗珉、李亮宇：《互联网时代的商业模式创新：价值创造视角》，《中国工业经济》2015年第1期。

吕丹、叶萌、杨琼：《新型城镇化质量评价指标体系综述与重构》，《财经问题研究》2014年第9期。

马孝先：《中国城镇化的关键影响因素及其效应分析》，《中国人口·资源与环境》2014年第12期。

马子量、郭志仪、马丁丑：《西部地区省域城市化动力机制研究》，《中国人口·资源与环境》2014年第6期。

内蒙古自治区人民政府：《内蒙古自治区"十一五"发展规划纲要》，http://www.nmg.gov.cn，2009年5月15日。

牛文元：《中国新型城市化报告2012》，科学出版社2012年版。

牛晓春、杜忠潮、李同昇：《基于新型城镇化视角的区域城镇化水平评价——以陕西省10个省辖市为例》，《干旱区地理》2013年第2期。

欧向军、甄峰、秦永东等：《区域城市化水平综合测度及其理想动力分析——以江苏省为例》，《地理研究》2008年第5期。

潘明清、高文亮：《我国城镇化对居民消费影响效应的检验与分析》，《宏观经济研究》2014年第1期。

逄健、朱欣民：《面向战略转型的公司创业商机管理探析——基于数字经济的视角》，《四川大学学报》（哲学社会科学版）2014

年第 2 期。

裴长洪、倪江飞、李越：《数字经济的政治经济学分析》，《财贸经济》2018 年第 9 期。

戚晓旭、杨雅维、杨智尤：《新型城镇化评价指标体系研究》，《宏观经济管理》2014 年第 2 期。

齐红倩、席旭文、高群媛：《中国城镇化发展水平测度及其经济增长效应的时变特征》，《经济学家》2015 年第 11 期。

青海省人民政府：《青海省国民经济和社会发展"十五"计划纲要》，http：//www.qh.gov.cn，2013 年 5 月 24 日。

陕西省人民政府：《陕西省"十一五"城镇化发展专项规划》，http：//www.shaanxi.gov.cn，2008 年 1 月 1 日。

陕西省住房和城乡建设厅：《〈陕西省城镇体系规划（2006—2020 年)〉实施评估报告》，http：//www.sndrc.gov.cn，2015 年 12 月 20 日。

施炳展：《互联网与国际贸易——基于双边双向网址链接数据的经验分析》，《经济研究》2016 年第 5 期。

时慧娜：《中国城市化的人力资本积累效应》，《中国软科学》2012 年第 3 期。

四川省人民政府：《四川省国民经济和社会发展"十一五"规划纲要》，http：//www.sc.gov.cn，2006 年 3 月 21 日。

宋俊岭：《中国城镇化知识 15 讲》，中国城市出版社 2001 年版。

宋晓玲：《数字普惠金融缩小城乡收入差距的实证检验》，《财经科学》2017 年第 6 期。

宋旭、李冀：《地方财政能力与城镇化质量关系的实证研究——基于地级及以上城市数据》，《财政研究》2015 年第 11 期。

孙浦阳、张靖佳、姜小雨：《电子商务、搜寻成本与消费价格变化》，《经济研究》2017 年第 7 期。

孙淑琴：《城镇化中的城市污染、失业与经济发展政策的效应》，《中国人口·资源与环境》2014 年第 7 期。

孙长青、田园：《经济学视角下新型城镇化评价指标体系的构建》，

《河南社会科学》2013年第11期。

孙中和:《中国城市化基本内涵与动力机制研究》,《财经问题研究》2001年第11期。

汤向俊、马光辉:《城镇化模式选择、生产性服务业集聚与居民消费》,《财贸研究》2016年第1期。

王国刚:《城镇化:中国经济发展方式转变的重心所在》,《经济研究》2010年第12期。

王国刚:《关于城镇化发展中的几个理论问题》,《经济学动态》2014年第3期。

王家庭、贾晨蕊:《我国城市化与区域经济增长差异的空间计量研究》,《经济科学》2009年第3期。

王君、张于喆、张义博等:《人工智能等新技术进步影响就业的机理与对策》,《宏观经济研究》2017年第10期。

王磊、龚新蜀:《城镇化、产业生态化与经济增长——基于西北五省面板数据的实证研究》,《中国科技论坛》2014年第3期。

王敏、曹润林:《城镇化对我国城乡居民财产性收入差距影响的实证研究》,《宏观经济研究》2015年第3期。

王伟同:《城镇化进程与社会福利水平——关于中国城镇化道路的认知与反思》,《经济社会体制比较》2011年第3期。

王玉柱:《数字经济重塑全球经济格局——政策竞赛和规模经济驱动下的分化与整合》,《国际展望》2018年第4期。

王志强:《小城镇发展研究》,东南大学出版社2007年版。

魏娟、李敏:《产业结构演变促进城市化进程的实证分析——以江苏为例》,《中国科技论坛》2009年第11期。

吴靖:《中国城市化动力机制探析》,《经济学家》2007年第5期。

吴振磊、朱楠:《我国雾霾天气治理的城市化方式的转变》,《西北大学学报》(哲学社会科学版)2014年第2期。

郗希、乔元波、武康平等:《可持续发展视角下的城镇化与都市化抉择——基于国际生态足迹面板数据实证研究》,《中国人口·资源与环境》2015年第2期。

习近平:《决胜全面建成小康社会 夺取新时代中国特色社会主义伟大胜利——在中国共产党第十九次全国代表大会上的报告》, http://www.china.com.cn, 2017年10月18日。

习近平:《推动形成优势互补高质量发展的区域经济布局》,《求是》2019年第24期。

夏德孝、张道宏:《劳动力流动与城市化的地区差距》,《西北大学学报》(哲学社会科学版) 2008年第3期。

夏杰长:《数字贸易的缘起、国际经验与发展策略》,《北京工商大学学报》(社会科学版) 2018年第5期。

夏炎、王会娟、张凤等:《数字经济对中国经济增长和非农就业影响研究——基于投入占用产出模型》,《中国科学院院刊》2018年第7期。

向书坚、许芳:《中国的城镇化和城乡收入差距》,《统计研究》2016年第4期。

项莹、杨华:《数字产品中间投入与健康服务业发展研究》,《社会科学战线》2018年第4期。

谢杰:《工业化、城镇化在农业现代化进程中的门槛效应研究》,《农业经济问题》2012年第4期。

谢文蕙、邓卫:《城市经济学》(第2版),清华大学出版社2014年版。

新玉言:《新型城镇化——理论发展与前景透析》,国家行政学院出版社2013年版。

熊吉峰:《湖北与浙江农村城镇化动力机制比较》,《统计与决策》2008年第7期。

许秀川、王钊:《城市化、工业化与城乡收入差距互动关系的实证研究》,《农业经济问题》2008年第12期。

杨佩卿:《新型城镇化的内涵与发展路径》,《光明日报》(理论周刊版) 2015年8月19日。

杨佩卿:《新型城镇化视阈下推进新农村建设的路径选择》,《当代经济科学》2017年第1期。

杨新华：《新型城镇化的本质及其动力机制研究——基于市场自组织与政府他组织的视角》，《中国软科学》2015年第4期。

杨新铭：《数字经济：传统经济深度转型的经济学逻辑》，《深圳大学学报》（人文社会科学版）2017年第4期。

杨振宁：《城乡统筹发展与城镇化关系的实证研究——基于安徽的数据》，《农业经济问题》2008年第5期。

姚建华：《零工经济中数字劳工的困境与对策》，《当代传播》2018年第3期。

姚奕、郭军华：《我国城市化与经济增长的因果关系研究——基于1978—2007年东、中、西部、东北地区面板数据》，《人文地理》2010年第6期。

余江、孟庆时、张越等：《数字创业：数字化时代创业理论和实践的新趋势》，《科学学研究》2018年第10期。

袁继新、王小勇、林志坚等：《产业链、创新链、资金链"三链融合"的实证研究——以浙江智慧健康产业为例》，《科技管理研究》2016年第14期。

曾鹏、向丽：《中西部地区人口就近城镇化意愿的代际差异研究——城市融入视角》，《农业经济问题》2016年第2期。

曾世宏、夏杰长：《中国快速城镇化进程为何不能提升服务业就业吸纳能力——兼论转型升级背景下中国服务业与城镇化互动模式创新》，《财贸研究》2016年第2期。

曾昭法、左杰：《中国省域城镇化的空间集聚与驱动机制研究——基于空间面板数据模型》，《中国管理科学》2013年第S2期。

曾志伟、汤放华、易纯等：《新型城镇化新型度评价研究——以环长株潭城市群为例》，《城市发展研究》2012年第3期。

詹晓宁、欧阳永福：《数字经济下全球投资的新趋势与中国利用外资的新战略》，《管理世界》2010年第3期。

张二勋：《试论中国的城市化道路》，《地域研究与开发》2002年第1期。

张明斗：《城市化水平与经济增长的内生性研究》，《宏观经济研究》2013年第10期。

张培刚：《发展经济学教程》，经济科学出版社2001年版。

张沛：《中国城镇化的理论与实践——西部地区发展研究与探索》，东南大学出版社2009年版。

张启良、刘晓红、程敏：《我国城乡收入差距持续扩大的模型解释》，《统计研究》2010年第12期。

张善余：《中国人口地理》，科学出版社2003年版。

张太富、龚实愚：《西部地区城市化动力机制的构建》，《西北人口》2006年第3期。

张许颖、黄匡时：《以人为核心的新型城镇化的基本内涵、主要指标和政策框架》，《中国人口·资源与环境》2014年第11期。

张玉磊：《新型城镇化进程中市场与政府关系调适：一个新的分析框架》，《社会主义研究》2014年第4期。

张彧泽、胡日东：《我国城镇化对经济增长传导效应研究——基于状态空间模型》，《宏观经济研究》2014年第5期。

张自然、张平、刘霞辉：《中国城市化模式、演进机制和可持续发展研究》，《经济学动态》2014年第2期。

赵常兴：《西部地区城镇化研究》，博士学位论文，西北农林科技大学，2007年。

赵红军、尹伯成、孙楚仁：《交易效率、工业化与城市化——一个理解中国经济内生发展的理论模型与经验证据》，《经济学》（季刊）2006年第4期。

赵伟伟、白永秀、吴振磊：《西部地区人力资源状况对城市化的制约分析》，《西北大学学报》（哲学社会科学版）2008年第2期。

赵文林、谢淑君：《中国人口史》，人民出版社1988年版。

赵西三：《数字经济驱动中国制造转型升级研究》，《中州学刊》2017年第12期。

赵新正、宁越敏：《中国区域城市化动力差异研究——基于灰色关联分析法的分析》，《城市问题》2009年第12期。

赵永革、王亚男：《百年城市变迁》，中国经济出版社2000年版。

郑吉昌、夏晴：《服务业与城市化互动关系研究——兼论浙江城市化发展及区域竞争力的提高》，《经济学动态》2004年第12期。

郑鑫：《城镇化对中国经济增长的贡献及其实现途径》，《中国农村经济》2014年第6期。

中共中央、国务院：《国家新型城镇化规划（2014—2020年）》，http：//www.gov.cn，2014年3月16日。

中共中央马克思恩格斯列宁斯大林著作编译局编译：《马克思恩格斯全集》（第30卷），人民出版社1995年版。

中国第二历史档案馆：《中华民国史档案资料汇编》（第5辑·第2编），江苏古籍出版社1997年版。

中国金融40人论坛课题组：《加快推进新型城镇化：对若干重大体制改革问题的认识与政策建议》，《中国社会科学》2013年第7期。

中国经济增长与宏观稳定课题组：《城市化、产业效率与经济增长》，《经济研究》2009年第10期。

中国社会科学院人口研究中心《中国人口年鉴》编辑部：《中国人口年鉴（1986）》，社会科学出版社1986年版。

中国指数研究院：《中国新型城镇化发展理论与实践》，经济管理出版社2014年版。

中华人民共和国国家统计局：《建国三十年全国农业统计资料（1949—1979）》，中国统计出版社1980年版。

中华人民共和国国家统计局：《2014公报解读：新型城镇化——经济社会发展的强大引擎》，http：//www.zgxxb.com.cn，2015年3月9日。

中华人民共和国国家统计局：《2014年国民经济和社会发展统计公报》，http：//www.stats.gov.cn，2015年2月26日。

中华人民共和国国家统计局：《中国统计年鉴（2013）》，中国统计出版社2013年版。

中华人民共和国国家统计局：《中国统计年鉴（2014）》，中国统计出版社2014年版。

中华人民共和国国家统计局：《中国统计年鉴（2016）》，中国统计出版社2016年版。

中华人民共和国国家统计局：《中国统计年鉴（2018）》，中国统计出版社2018年版。

钟秀明：《推进城市化的动力机制研究》，《山西财经大学学报》2004年第4期。

周建、杨秀祯：《我国农村消费行为变迁及城乡联动机制研究》，《经济研究》2009年第1期。

周锦：《数字技术驱动下的文化产业柔性化发展》，《福建论坛》（人文社会科学版）2018年第12期。

周笑非：《内蒙古城市化与技术创新关联性分析》，《科学管理研究》2011年第3期。

周云波：《城市化、城乡差距以及全国居民总体收入差距的变动——收入差距倒U形假说的实证检验》，《经济学》（季刊）2009年第4期。

朱昊、赖小琼：《集聚视角下的中国城市化与区域经济增长》，《经济学动态》2013年第12期。

朱孔来、李静静、乐菲菲：《中国城镇化进程与经济增长关系的实证研究》，《统计研究》2011年第9期。

朱巧玲、龙靓、甘丹丽：《基于人的发展视角的新型城市化探讨》，《宏观经济研究》2015年第4期。

朱铁臻：《中国城市化的历史进程和展望》，《经济界》1996年第5期。

后　记

本书是在我的博士学位论文基础上完成的。今天，在这篇博士学位论文经过修改完善即将出版接受更多读者严格审阅之际，回首往昔年华，心中感慨万千。

从初出校园懵懵懂懂的大学毕业生，到具备一定科研学术水平的博士研究生，再到冲出"象牙塔"踏入社会的高校教师，这一蜕变的过程是漫长而焦灼的，是苦涩而痛苦的，但更是美好、喜悦而充实的。成长进步的路上每一步都饱含着师长、同学、同事、朋友和家人给予的指导、帮助、关心与照顾，心中对此充满感激。

最深的谢意献给为我"传道、授业、解惑"的恩师——姚慧琴教授。"学高为师，德高为范"，姚老师不仅是我的学术师长，更是我的人生导师。从硕士生到博士生，在姚老师的谆谆教诲和悉心指导之下，我的发现问题、分析问题、解决问题的经济学科研能力不断提高，并积累了一定的学术功底。姚老师不仅以其深邃渊博的学识涵养、缜密敏锐的学术思维、精益求精的科研态度、认真忘我的工作精神深深地影响着我，令我在学术上受益匪浅，指引着我在理论研究的道路上不断探索，而且教会了我许多书本文献里无法捕捉的待人接物与为人处世的原则和道理，升华了我的人生追求。姚老师平易近人、和蔼可亲、宽厚仁慈、从容豁达，对待每一件事都充满激情，她时常赐予我不惧怕不退缩不放弃的力量；姚老师对生活的信念和对理想的追求，潜移默化地感召着我，使我学会如何在困境中坚持，鞭策我在学习生活中持之以恒、永不懈怠，这些是我人生中最为宝贵的财富，将引领我在不断前行的路途中成长得更加

后 记

勇敢坚强，走向辉煌。总之，有生之年成为姚老师的学生，我倍感荣幸与自豪！

感谢"青年经济学家的摇篮"——西北大学经济管理学院对我的培养。感谢在攻读博士学位期间给予我无私帮助，并为我提供学术火花和答疑解惑的老师：感谢张龙副教授在计量经济学方面为我指点迷津，使博士学位论文在实证方面增色不少；感谢任保平教授在论文最终定稿时所提出的提纲挈领式的点评，这些毫无保留的指点和建议使论文的逻辑性得以进一步强化。感谢王正斌教授、徐璋勇教授、宋宇教授、卫玲编审、李树民教授在经济学认知方面给予我启迪，将我引进经济学殿堂，他们丰厚的学识、严谨的学风，以及为人师表的高尚风范深深地感染着我，为我树立楷模，同时亦师亦友的关系使我获益良多。感谢李文斌老师、何芳老师、李凯老师、戴俊丽老师在学习生活上给予我帮助，他们的关心和支持为我解决了许多后顾之忧。

感谢陕西省文化和旅游厅厅长任宗哲教授、西安交通大学经济与金融学院院长冯根福教授，他们能够在繁忙的工作科研之余抽出宝贵时间，对我的相关研究进行点拨与指导，让我感到醍醐灌顶，受益颇丰，学生将继续努力进取，不断丰富自己的理论基础和专业知识。感谢陕西学前师范学院韩奋发编审，在博士学位论文修改过程中他向我提供了大力的支持与帮助，为论文的最终完成推波助力。感谢陕西省社科院科研处处长王建康研究员，在专著出版过程中所做的努力与工作。

感谢西安邮电大学经济与管理学院和西部数字经济研究院在专著出版方面给予的资助。感谢经管院、西数院张鸿院长，经管院李永红副院长及陈静副院长在宏观工作中给予的支持和理解，感谢西数院执行院长苏锦旗博士在日常事务以及专著出版过程中给予的帮助和指导。

感谢中国社会科学出版社的出版支持，感谢赵剑英社长，感谢副总编辑王茵博士，感谢责任编辑王衡、责任校对朱妍洁，正是这些老师的真诚负责和悉心指导，拙作才得以最终面世。

特别地，感谢我挚爱的双亲及家人，作为支持、鼓励和包容我的坚强后盾，他们无微不至的关爱与呵护是我前进的动力和精神依靠，生活上为我付出，思想上给我鼓励，他们最无私、最鼎力的支持促使我能够在求学路上抛开一切杂念，不用为生活琐事而烦恼，专著能够顺利完成与他们为我创造的宽松、温馨、优越的家庭环境是分不开的，我将以实际努力成果来报答家人们对我的恩情。

　　回顾写作之路，要感激的人太多太多，再多的溢美之词也无法表达我心中的谢意。谨以此文聊表谢忱！